世界简史

杨学勤　编著

民主与建设出版社

·北京·

© 民主与建设出版社，2021

图书在版编目（CIP）数据

世界简史 / 杨学勤编著 . -- 北京：民主与建设出
版社，2021.8（2023.1 重印）
ISBN 978-7-5139-3657-6

Ⅰ . ①世… Ⅱ . ①杨… Ⅲ . ①世界史 Ⅳ . ① K1

中国版本图书馆 CIP 数据核字（2021）第 143587 号

世界简史
SHI JIE JIAN SHI

编　　者	杨学勤	
责任编辑	刘树民	
封面设计	黄　辉	
出版发行	民主与建设出版社有限责任公司	
电　　话	（010）59417747　59419778	
社　　址	北京市海淀区西三环中路 10 号望海楼 E 座 7 层	
邮　　编	100142	
印　　刷	三河市天润建兴印务有限公司	
版　　次	2021 年 6 月第 1 版	
印　　次	2023 年 1 月第 2 次印刷	
开　　本	710mm × 1000mm　1/16	
印　　张	20	
字　　数	370 千字	
书　　号	ISBN 978-7-5139-3657-6	
定　　价	68.00 元	

注：如发现质量问题，请联系调换。

前言

　　法国历史学家马克·布洛赫曾说："历史以人类的活动为特定的对象，它思接万载，视通万里，千姿百态，令人销魂，因此它比其他学科更能激发人们的想象力。"历史是国家和人类的传记，而读史可以使人打开通往诸多学科的门径，它不但是过往的印记，更是当代的借鉴、后世的教训。

　　古人记述历史的范围受限于他们当时所能认识的世界，这可以说明为什么具有悠久历史的美洲在 15 世纪末被欧洲人"发现"时，被称为"新大陆"。然而在科技发达的今天，世界越来越像一个大村庄，任何一个国家和地区都是世界历史体系中的一部分。对每一个读者来说，只有了解整个世界历史的进程，掌握人类社会整体发展的各个阶段，树立全球史观，才能正确看待现代人类面临的各种社会现象和社会问题。

　　然而世界历史漫长悠远，其间发生的历史事件、出现的历史人物错综复杂、头绪繁多，要从总体上把握人类历史的发展进程并不是一件容易的事情。人类从来都是分为不同的群体，在漫长的过去，他们生活在世界的不同地区，创造了有各自特色的文明，这就是人类历史多样化的特点。相应地，对于世界历史，研究者出版了各种典籍，有的写专门化、不同主题的历史，有的写不同国家和地区的历史，出现了当代历史研究中的细化和碎片化现象，使得普通读者很难找到入门之捷径。针对这种情况，有学者创建了"通史"这种体例，即在一定的历史观的指导下，通过精练的文字连贯地记叙各个时代的史实，涉及重大历史事件、杰出历史人物和多领域的文化等，内容广泛，对世界历史进行现代诠释，给人一种整体的认识。

　　为了帮助读者在较短时间内了解世界历史进程，丰富知识储备，我们精心编撰了这部《世界通史》，以时间为序，选取了世界历史上的重大事件、风云人物、辉煌成就、灿烂文化等内容，力求在真实性、趣味性和启迪性等方面达到一个新的高度，并通过科学的体例与创新的版式，全方位、新视角、多层面地阐释世界历史。全书分为世界古代史、世界近代史、世界现代史、世界当代史四大篇章，精彩扼要地勾勒出世界历史演进的基本脉络和世界各大文明的发展历程。为读者提供想知道的、需要知道的、应该知道的历史知识，帮助读者从宏观上把握世界历史，进而掌握人类历史发展的内在规律。

同时，书中还设置了多个知识板块，简要介绍了与文章相关的政治、经济、文化、科技等方面的知识，反映出社会发展历程。这些内容，或纵向深入，或横向延展，都以方便读者理解世界历史为出发点。

本书还精心选配了内容涵盖面广、表现形式丰富的图片，包括出土文物、历史遗迹、战争示意图、名人画像等，与文字内容互为补充与诠释，使读者仿佛置身于一座真实立体的历史博物馆，更加直观地了解世界历史。简洁精要的文字，配以多元化的图像，打造出一个立体直观的阅读空间，使读者获得图与文赋予的双重享受。

历史蕴含着经验与真知。在这里，我们用通俗流畅的语言来解读重大的历史事件、鲜活的历史人物、丰富的多元文化，把厚重的史实通过简洁明了的形式表达出来。阅读本书，读者可以在轻松愉悦中了解人类历史的发展进程，增长知识和胆略，提高历史修养，进而用世界胸怀和历史眼光更好地把握现在，展望未来。

目录

世界古代史

❧ 世界近代史 ❧

世界现代史

世界当代史

世界古代史

金字塔的兴建

　　埃及金字塔是法老们的陵墓。法老们死后，尸体被制成木乃伊，存放在金字塔里。

　　埃及金字塔的建筑群，散布在尼罗河下游西岸的萨卡拉一带，位于开罗以南 10 多千米处。金字塔的底座呈四方形，每面均以三角形的形状向上砌筑，建成后则成为一个棱锥式的石塔。因为它的四面都形似汉字的"金"字，所以汉语译作"金字塔"。

　　金字塔的兴建，代表了古代埃及在建筑方面取得的辉煌成就。金字塔既是埃及文化的最高成就，又标志着埃及文化日臻成熟。金字塔、神庙、宫殿等雄伟的建筑物，历经数千年，至今仍闪烁着艺术的光芒。

　　金字塔作为法老的陵墓，是由早王国时期的马斯塔巴型陵墓发展演变而来的，它体现了王权神化的思想。著名的胡夫金字塔，高 146 米，是法国埃菲尔铁塔建成之前世界上最高的建筑物，被称为世界古代七大奇观之一。

　　胡夫金字塔，也称大金字塔，位于埃及首都开罗西南约 10 千米的吉萨高地，它是世界上规模最为宏大，也是较为古老的金字塔，始建于埃及第四王朝第二个法老胡夫统治时期，被认为是胡夫为自己建造的陵墓。根据古埃及人死后必须妥善保存遗体的宗教信仰，古埃及的每位法老从登基之日起，便着手为自己修建陵墓，以求死后超度为神，胡夫统治时期正逢古埃及盛世，因此他的陵墓规模也空前绝后。

　　胡夫金字塔原高 146 米，后因顶端受到侵蚀，现在的高度为 137 米，大致相当于 40 层楼房那么高。在 1889 年法国巴黎的埃菲尔铁塔建成前，它一直是世界最高的建筑。整个塔身呈正四棱锥形，底面为正方形，占地

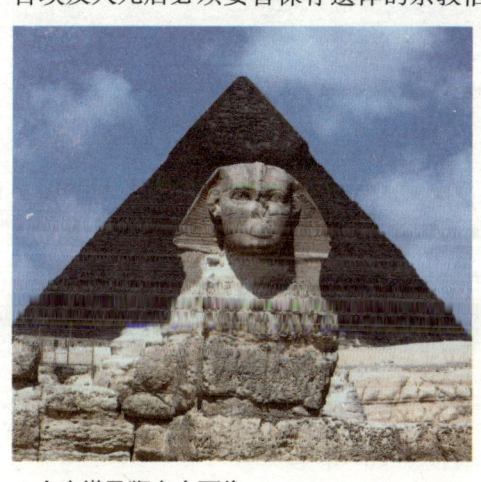

▲金字塔及狮身人面像

5 公顷，4 个斜面分别对着东、西、南、北 4 个方位，误差角度不超过 3 分。底边原长 230 米，由于年深月久的侵蚀，塔身外层石灰石存在一定程度上的脱落，目前底边缩短为 227 米，倾斜角度为 51 度 52 分。胡夫金字塔通身由近 230 万块巨石砌成，每块石头重 2.5 吨，石块的

国王的葬室

通风口

狭窄的斜坡

通风口

宏伟长廊

▲大金字塔内部结构示意图

接合面经过认真打磨，表面光滑，角度异常准确，以至于石块间都不用任何黏合物，全部依靠自然拼接，在没有被风蚀、破坏的地方，石缝中连薄薄的刀片也难以插入，可以想见其工艺之精湛。

胡夫金字塔的入口在其北侧面，距地面 18 米，从入口通过甬道可以深入神秘的地下宫殿，该甬道与地平线呈 30 度夹角，与北极星相对。由此可见，北极星在古埃及人的心目中有着某种特殊的意义。沿甬道上行则能到达国王殡室，殡室长 10.43 米、宽 5.21 米、高 5.82 米，与地面的垂直距离为 42.82 米，墓室中仅存一具红色花岗岩石棺，别无他物，这也正是后来某些考古学家怀疑金字塔不是法老陵墓的一个重要论据。

根据古希腊历史学家希罗多德等人估计，法老胡夫至少动用了 10 万奴隶，耗时 20 ~ 30 年时间建造完成金字塔。但最新的权威考古学家发现，金字塔应由劳工建造而非奴隶，其主体部分为贫民和工匠，而且采用轮流工作制，工期约为 3 个月。因为考古人员在金字塔附近地区发现了建造者们的集体宿舍等生活设施的遗迹和墓地，以及大量用于测算、加工石料的工具（作为随葬品），而奴隶是不会享受此种待遇的。

胡夫金字塔、哈夫拉金字塔和门卡乌拉金字塔在吉萨高地一字排开，组成灰黄色的金字塔群。这些单纯、高大、厚重的巨大四棱锥高傲地屹立在浩瀚的沙海中，向世人夸耀着古埃及人的智慧和伟大。其旁边更有气势磅礴的狮身人面像（高 20 米、长 57 米）相伴。狮子在古埃及人眼中是力量与神圣不可侵犯的象征，所以法老才选择它为自己守陵，它也确实忠于职守，一守就是 4000 多年。

集巨大、精密、和谐为一体的古埃及金字塔留给人们的不仅仅是建筑史上的奇迹，更体现了古埃及劳动人民在天文星象学、数学、力学等领域的极高造诣。

奇妙的金字塔

一、在建筑学上，金字塔是对那些大型锥体建筑物的统称。金字塔基座多为正三角形或正方形，也可能是其他的正多边形；侧面由多个三角形或梯形的面相接而成，顶部面积非常小，甚至呈尖顶状。

二、世界上许多不同的文明都建造过金字塔，其中最著名的有埃及金字塔、玛雅卡斯蒂略金字塔和阿兹特克金字塔（太阳金字塔、月亮金字塔）等。在数千年时间里，金字塔都是世界上最大的建筑物。

三、据估算，如果把建造古埃及最著名的胡夫金字塔的全部石块凿成平均一立方英尺（英美制单位）的小块，然后沿赤道排成一行，其长度相当于赤道周长的三分之二。

四、考古队在开罗近郊的吉萨金字塔区发现了大量金字塔建造工人的墓群，因此推翻了金字塔是由奴隶建造的传统说法。在古代埃及，每当尼罗河洪水泛滥的季节来临，闲下来的人们就会接受国家的雇佣，参与建造作为法老陵墓的金字塔。

▲描绘古埃及控制洪水的泥版画

古埃及人根据天狼星的位移和尼罗河河水的涨落情况来确定季节，进而在此基础上确立了历法。这种历法后来就演变成了太阳历。

回归年

回归年就是太阳绕天球的黄道一周的时间，所以又称为太阳年。回归年是比较常用的年长单位，它的准确定义为，太阳中心从春分点到下一个春分点所经历的时间间隔。这是因为由于地球绕太阳的公转，在地球上看来产生了太阳在天球上运行的现象，在太阳两次经过春分点的间隔内，地球正好绕日一周，是为一年。一回归年的长度为 365.2422 日，折合 365 日 5 时 48 分 46 秒，现在使用的历法就是以回归年作为基本计量年长的单位。

另外，由于一个回归年的十二分之一——30.43685 日近于两个朔望月时间长度之和，阳历也把一年分成 12 个月，但这里的"月"已与朔望没什么内在联系。

印度河流域城市文明

20 世纪 20 年代初，经考古工作者数十年的发掘，在印度河流域陆续发现了 200 余处城市和村落的遗址，其中最大的城市遗址是摩亨佐·达罗（在今巴基斯坦信德省境内）和哈拉帕（在今巴基斯坦旁遮普省境内）。由于哈拉帕遗址发现的时间早些，学者们便把印度河流域的古代文明称为"哈拉帕文化"。印度河流域文明的范围很广，从南到北相距约 1100 千米，从东至西约 1550 千米。一般认为印度河流域文明的创造者是达罗毗荼人。

印度河流域文明体现为城市文明，但其基础是建立在农业经济之上的。居民主要的生产活动是务农。这一时期的粮食作物有大麦、小麦，经济作物有棉花、胡麻，另外还有瓜果、

▲印度河流域出土的文物

哈拉帕印章

　　发掘显示，属于哈拉帕文明成熟时期的遗址，北起喜马拉雅山南麓，南至濒临阿拉伯海的肯帕德湾，东达印度首都新德里附近的阿拉姆吉普尔，西抵今巴基斯坦与伊朗交界，覆盖地域达50万平方千米以上，文明遗址有250多处，比同时期的美索不达米亚文明还要可观。在哈拉帕文明遗址中发现的石制印章，迄今已有2000多枚。它们由天青石、陶土、象牙、铜等各种材质制成。这些印章文字是目前世界上已知最早的文字体系之一，阅读方法也颇为有趣：上一行由左往右读，下一行由右往左读。但是印章文字的内容至今也得不到解读。

椰枣等园艺作物。在畜牧业方面，已驯养的牲畜有水牛、黄牛、象、狗、鸡、骆驼、山羊、绵羊等。这些驯养的动物，既是耕耘、运输的工具，又是人们肉食的来源。在手工业方面，有粮食加工，棉、毛纺织，制陶业，冶金业和珠宝业等。这些行业都促进了商业贸易的发展，当时的商业贸易不仅在印度本土进行，而且与西亚也有贸易联系。

　　印度河流域文明已有了城市建筑规划和极为完善的下水道疏通导引系统。哈拉帕和摩亨佐·达罗两城相距650千米，城市建筑非常相似。它们的周长都在5千米以上，都分为卫城和下城两部分。哈拉帕的卫城是用高达15米、基底厚达12米的砖墙围成的，这里可能是统治者的居住区；下城则为普通居民区。摩亨佐·达罗的建筑规模较哈拉帕更为宏大。卫城的四周设有防御的塔楼，西部可见一处规模宏大的谷仓；南部一组公共建筑物的中心为会议厅，面积约25米见方；东北部的建筑群中有一座很大的长厅。卫城中央有一个公共浴池，长12米、宽7米、深2.4米，南北两端的阶梯延至底部。浴池的北面又有多间小浴室，室内垒砌的高台上置放着水罐，应该是用来提供热水的。联系到普通住宅也大多备有水井及洗浴设施的情况，给人以古城居民特别爱清洁、讲卫生的突出印象。

　　城内的房屋大都用烧砖砌成，其规模和设施差别很大。穷家小户只有一两间简陋逼仄的小屋，与另一些广宅大厦形成鲜明对比。大户人家有中央庭院，四周环绕许多间房屋，还有大厅。有一幢巨大建筑物内甚至含多间大厅，外带一个储藏库。另有不少引人注目的二层楼房。

人们更讶异于古城的排水系统，其完善程度令人瞠目：二楼冲洗式厕所的水可经由墙壁中的土管排至下水道，有的人家还有经高楼倾倒垃圾的垃圾管道。从各家流出的污水在

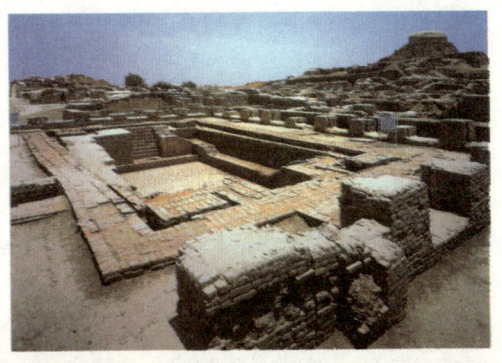

▲摩亨佐·达罗城遗址

由于被弃已久，摩亨佐·达罗古城的某些部位显示出岁月侵蚀的痕迹。值得一提的是古城具有完备的排水系统：一条阴槽以平缓的弧度转弯，以保持排水畅通。

屋外蓄水槽内沉淀污物，再流入有如暗渠的地下水道。这两座城市，一个在印度河的上游，一个在印度河的下游，是两个互不相属的国家的都城。

印度河流域文明也创造了自己的文字，这些文字主要保存在各种陶、石、象牙制的印章上。迄今所知属于印度河流域文明的字符约有 500 个。

从遗迹中可以看出，当时印度河流域文明已有了国家，哈拉帕、摩亨佐·达罗等大城市便是早期的奴隶制国家。

自公元前 20 世纪中叶起，属于印欧语系的雅利安人部落，带着他们的战车、人马、畜群、食物和供奉的神龛，一批接一批地从中亚经由印度西北方的山口涌入次大陆。雅利安人最初的故乡在南俄草原，后来驮着帐篷出外漂泊，寻找新的家园。其中进入伊朗高原的一支成为后来的米底人和波斯人，向南的一支进入印度河流域。

"雅利安"意为"高贵的"。这些以"高贵者"自居的白种人，把被他们所征服的皮肤黝黑的达罗毗荼人说成没有鼻子或只有扁平鼻子的、说邪恶语言的人，称其为"达萨"或"达休"（意为敌人）。在漫长的征服过程中，雅利安诸部落同"达萨"之间展开了激烈的战斗。《梨俱吠陀》的《因陀罗（雷雨神或战神）赞歌》这样唱道：

他使万物变化无常；

他使达萨瓦尔那屈服、消灭；

他像赢得赌金的赌博者，拿走敌人的财产。

噢，人们哟！他是因陀罗。

摩亨佐·达罗最终被彻底摧毁了。

两河流域的早期文明

西亚的底格里斯河和幼发拉底河中下游地区（今伊拉克境内及叙利亚北部一带），是人类最早的文化摇篮之一。希腊语称这块地方为"美索不达米亚"，意即两河之间。与尼罗河相似，两河也是每年定期泛滥，为经营农业提供了便利条件。美索不达米亚平原从西北向东南延伸，形似一弯新月。从公元前5000年开始锄耕农业，至公元前3500年，这里已开垦成河渠纵横、盛产大麦和椰枣的良田沃野，因有"肥沃的新月地带"之称。在古代，两河流域北部称亚西里亚，亦称亚述；南部称巴比伦尼亚，亦称示拿。巴比伦尼亚又分两部分，南部称苏美尔，北部称阿卡德。

两河流域自古以来就是西亚的通道和走廊，各民族交会之地。早在公元前5000年，已有苏美尔人居住在两河流域南部。约公元前3000年，苏美尔开始出现城市国家。后来的阿卡德人、巴比伦人、亚述人及迦勒底人等，先后在这里建国。多个民族的纷争和占领，无不留下他们各自充满异彩的文化。各种风格互相掺杂，多种渊源汇集，使文化艺术呈现出绚丽多彩的面貌。

早在5500年前，苏美尔人已经发明了文字。他们把字铭刻在石头上；或用斜尖的木棍儿、芦苇秆、骨头等，压刻在黏土做成的软泥板上，再经晒干、烘烤，制成泥板书。这种别致的书写方法，落笔时力度大，速度缓，印痕宽而深，提笔时力量小，速度快，印痕窄而浅，因而形成一头粗一头细

▲《吉尔伽美什》雕刻印章

印章显示国王吉尔伽美什将要砍下芬巴巴头的情景，在一旁帮忙的是蓄着胡子的恩奇都。

的笔画，好像楔子或钉子的形状，故称楔形字或钉头字。一部泥板书包括若干块刻有楔形字的泥板，按顺序放在木架上，供人使用。这种泥板书至公元 1 世纪才为羊皮书所取代。

楔形字在不同时代、不同地区，书写不同的语言。楔形字泥板图书默然埋藏地下 1500 年，直到 19 世纪才被释读成功。

古代两河流域的自然科学中，最发达的是天文学和数学。早在苏美尔时代，苏美尔人就发明了太阴历。他们以一昼夜为一天，以月亮的圆缺、周而复始为一月。他们还把一年分为 12 个月，其中 6 个月每月为 30 天，另外 6 个月每月为 29 天，共 354 天，并设闰月来补足。古巴比伦时代，人们已能将恒星和五大行星区分开，还观察出太阳在恒星之间所走的路径——黄道。后来他们又划分出黄道十二宫。

亚述帝国和新巴比伦时代，人们又把一个月分为 4 周，每周 7 天，分别以 7 个星的神名作为星期日至星期六 7 天的名称。这就是目前通行世界的以星期分割月份的由来。

苏美尔人和巴比伦人在数学方面采用两种计算方法：一种是十进位计算法，另一种是六十进位计算法。古巴比伦时代的数学家已经掌握了四则运算，能求出平方根和立方根，能解出 3 个未知数的方程式。他们会把不规则形状的田地划分为长方形、三角形和梯形来计算，然后得出面积总和。他们还会计算体积，能估算出一个截顶角锥形地窖的贮藏量。

《吉尔伽美什》

《吉尔伽美什》是迄今所知人类历史上最早的史诗，它是两河流域的人民创造出的许多优美的文学作品中最出色的一部。该诗描写了苏美尔人乌鲁克城的国王吉尔伽美什神话式的传奇故事，颂扬了为民建立功勋的英雄，反映了古代两河流域人民征服自然，探索人生奥秘的朴素愿望。这部作品产生于苏美尔城邦时代，以后经过历代人民口头相传、加工锤炼，至古巴比伦时期被编定成书。全诗共 3000 多行，用楔形文字分别刻在 12 块泥板上。

世界上已知的最早的英雄叙事诗是史诗《吉尔伽美什》。它是古代两河流域最具有代表性的文学作品。这部史诗反映了古代两河流域人民同各种暴力进行斗争的场景，歌颂了为人民建立功勋的英雄和英雄的壮举，同时表达了人们认识自然法则和探索人生奥秘的愿望。

古代两河流域的建筑和雕刻水平也是很高的。公元前22世纪，乌尔大寺塔建成，该塔分4层，自下往上各层面积逐渐缩小。据说当年各层颜色不一样，并各有其象征意义：一层为黑色，象征地下世界；二层为红色，象征人间世界；三层为青色，象征天堂世界；四层为白色，象征日月光明。现在，上三层已化为土丘，各层的颜色已经脱落。亚述帝国时代，最著名的建筑是萨尔贡二世的王宫。该王宫有高大的台基。王宫的大门宏伟壮丽，门的两边各有一高塔，门和塔都饰有玻璃和壁画，前面还屹立着

▲苏美尔楔形字的泥板

这块插在泥封中的泥板文书记录的是一桩诉讼案：一个叫阿般的人和他的妹妹白塔提分割财产。这桩诉讼案由公元前18世纪的国王尼克美帕判决。

人面牛身雕像。

古代两河流域在雕刻艺术方面有很多代表作。如乌尔王陵出土的金盔、金牛头木琴和乌尔军旗上的浮雕都很有代表性。

古巴比伦王国时期的雕刻代表作是汉穆拉比法典碑上的浮雕。浮雕上的太阳神兼司法神沙马什头戴多层宝冠，威武地端坐在宝座上，神情肃穆，在他面前站立的汉穆拉比恭顺地接受权杖。

苏美尔人城邦争霸

两河发源于土耳其境内，流经伊拉克后进入波斯湾。两河流域大致以今日的伊拉克巴格达城为界线，分为南北两部分。它的北部为亚述，南部为巴比伦。巴比伦又划分为苏美尔和阿卡德两部分。苏美尔人是两河流域

南部的主要居民，公元前5000年左右，他们结成氏族公社，主要从事农业，还饲养绵羊、猪、牛、驴等牲畜。公元前3000年左右起，苏美尔人先后建立起一些奴隶制城邦国家，著名的有乌尔、拉尔萨、乌玛等。

苏美尔城邦在两河流域南部星罗棋布，各城邦都由一个位于中心位置的城市和围绕这个城市的若干个村镇构成，都具有小国寡民的特点。

苏美尔城邦宗教氛围浓厚。每个城市都有几座神庙，其中的主神庙在城邦中的地位最高。神庙是当时城邦的经济中心，拥有很多可耕地。神庙土地属于城邦公有地，不能买卖。到了早王朝后期，城邦首领渐起私心，逐渐将神庙土地据为己有。

▲手持战斧的苏美尔战士

苏美尔神庙不仅是城邦的经济中心，而且是城邦的政治中心。城邦首领住在主神庙内，是该邦主神最高祭司。他主持祭祀活动，管理神庙经济，监督神庙工作人员。同时，他还主管修筑运河、城市防卫、战时统率军队、领导城邦会议等世俗事务。

苏美尔城邦的社会结构犹如苏美尔塔庙：高踞塔顶的是城邦首领；其

▲显示王室军威的军旗

旗中图画详细描绘了公元前2500年强大的乌尔军队的一次大捷。从中可以看到驴拉的四轮战车、战车上的驭手和战士，以及手持短矛与敌搏斗的场面、押送俘虏凯旋的情形。

下是由王室高级官员和神庙高级祭司所组成的贵族阶层；贵族以下是拥有小块土地的平民；平民以下是显贵家庭、神庙和宫廷的依附民，他们没有土地，只能临时租种神庙或贵族的土地；社会最底层的是归显贵家庭、神庙和宫廷所有的奴隶，他们一般来源于战俘，也有因极端贫困而被家长卖为奴隶的孩子以及卖身为奴的整个家庭。奴隶的处境非常悲惨，他们只是作为主人的财产和牲畜，并且身上烙有印记，可以被买卖。

苏美尔诸城邦虽然有着语言和文化的一致性，但是邦际的关系并不友善。为了扩大领土、控制水利灌溉权以及争夺霸权，各邦之间频繁发生战争。早王朝中期，基什取得了霸国的地位后，其国王麦西里姆曾以霸主的身份调解拉伽什与乌玛两邦之间的边界冲突，并为两邦画了分界线。后来，拉伽什逐渐强大起来，其第三代国王安那吐姆征服了巴比伦尼亚许多城邦，号称"苏美尔诸邦之霸主"。

苏美尔的每个城邦都由一群贵族来治理，在战争时期，他们会选出一位首领来统治，直到战争结束。

早王朝后期，苏美尔各邦之间的争霸战争更加频繁激烈。经过长期混战，两河流域逐渐形成了以乌尔和乌鲁克为霸主的南方同盟与以基什为霸主的北方同盟。南北两大军事同盟的形成，标志着两河流域南部小邦林立、独立自治局面的结束与地域性统一王国的出现。

在城邦争霸战争中，统治者为了支付繁重的战争经费，不断向人民征收苛捐杂税，从而加剧了城邦内部的社会矛盾。公元前2384—前2378年，拉伽什的国王卢伽尔安达横征暴敛，在全国各地派驻监督和税吏，向牧民和渔民收税，甚至夺取了他们赖以为生的驴羊、船只和渔场。手工业者因不堪重税而破产；靠剪羊毛为生的人须向城邦首领交纳银子，甚至主持祭典的神庙大祭司也被迫向城邦首领交纳贡税。在卢伽尔安达的残暴统治下，广大平民无法生存下去，纷纷起来反抗，终于罢黜了卢伽尔安达的王位，推举贵族出身的乌鲁卡基那执政。

乌鲁卡基那执政后，实行了目前所知世界历史上最早的一次社会改革。其主要内容是除弊兴利，即废除前国王的种种弊政，大兴有利于平民的改革。新政禁止以人身保障作为借贷条件、禁止欺凌孤寡以及减轻人民殡葬费用之类的措施，受到民众的欢迎。因为改革的目的是缓和拉伽什极为紧张的社会矛盾，以城邦主神的名义恢复正义，扶助贫困，抑制享有政治经济特权的贵族，所以乌鲁卡基那的改革具有进步意义。乌鲁卡基那改革后8年，拉伽什遭强敌乌玛与乌鲁克联军入侵，被兼并而亡。

乌玛国王卢伽尔扎吉西后来又先后征服了乌鲁克、乌尔和拉尔萨等城邦，成为"乌鲁克和乌尔之王"。然而，就在卢伽尔扎吉西准备统一苏美尔时，北方闪米特人的阿卡德王国兴起了。

迈锡尼文明

阿卡亚人（既迈锡尼人，希腊人的一支）创造的迈锡尼文明（公元前1500—前1100年），是指以迈锡尼为代表的南希腊的迈锡尼、梯林斯、派罗斯等地的早期奴隶制城邦文明。阿卡亚人于公元前1650年前后，从巴尔干半岛北部侵入中希腊和南希腊。此时他们正处于氏族社会的解体时期，从当时的竖井式的坟墓中可以看出来，随葬品有很大区别。到了公元前1500年左右，规模宏大的圆顶墓代替了竖井墓，同时在迈锡尼、梯林斯、派罗斯等地有宫殿和城堡出现。因此，圆顶墓的出现，标志着迈锡尼等地奴隶制城邦的产生和迈锡尼文明的开始。

迈锡尼文明时期，生产力迅速发展，金属冶炼和手工艺品的制造技术，超过了克里特文明时期的水平。迈锡尼社会是奴隶制社会，城邦的统治阶级包括国王、将军、贵族、官吏、祭司；政治机构有贵族会议和民众大会；社会的基层组织是公社，首领是长老。土地基本上分为私有和公有两种形式。奴隶多属于国王所有，但也有私人奴隶，他们从事手工业、农业等生产性或非生产性劳动。

迈锡尼文明时期出现了文字——"线形文字乙种"（或"线

▲迈锡尼建筑中的狮子门，以宏伟坚固著称。

▲公元前 1300 年左右的迈锡尼圆形墓

文 B"）。迈锡尼文明时期的建筑艺术有了长足的发展。梯林斯城墙厚度达 20 米，非常坚固。迈锡尼也有高大的城墙和塔楼，其石头城门——"狮子门"以宏伟坚固著称。

公元前 12 世纪初，以掠夺为目的的迈锡尼率南希腊诸国攻打小亚细亚的特洛伊城。

希腊人率领自己的联合舰队从位于优卑亚海峡的奥里斯出发，在小亚细亚海岸登陆后，在特洛伊平原上建立了一个巩固的大本营，然后迅速包围了特洛伊城。

特洛伊城地势险要，易守难攻。阿伽门农每次攻打都遭到特洛伊盟军的反击。战争持续了 9 年，双方损兵折将，死伤无数。

迈锡尼墓园

迈锡尼城堡内外有两座墓园。园内有众多王族墓葬，内藏丰富的金银陪葬品，其数量之多为世所罕见（仅其中一墓穴即有 870 件之多）。工艺水平也很高，其中大多数为克里特产品，也有来自埃及和小亚细亚、叙利亚等地的。圆顶墓不像竖井墓那样只在地下构筑简单的竖穴墓室，而是在地面凿岩和砌石筑成圆形墓室，前有墓道，上覆高冢，室内以叠涩法砌成圆锥状屋顶，形如蜂巢，故又称蜂巢墓。构筑这类随葬需要较高的石砌工程技术，它的形制虽源自克里特，在迈锡尼却规模益趋宏大。现存最大的一座圆顶墓内高 13.2 米，墓门高 10 米，门内过道以一块重达 120 吨的巨石为盖，可见其工程的艰巨。

转眼进入第十个年头，希腊联军中最勇敢的战将阿喀琉斯因和主帅阿伽门农争夺女俘而退出了战斗。其好友借用他的盔甲、盾牌和武器去攻城，结果被特洛伊人的统帅、太子赫克托尔杀死。阿喀琉斯知道后怒火冲天，重返战场，要为好友报仇。赫克托尔出城应战，与阿喀琉斯杀得难分难解，最终赫克托尔因体力不支而战死沙场。

特洛伊人见统帅被杀，发起了猛烈的反攻。海伦知道阿喀琉斯的弱点在脚后跟，便帮助小王子帕里斯寻找机会，用毒箭射中了阿喀琉斯的脚后跟。阿喀琉斯中毒身亡，帕里斯也在这场战役中被希腊将士用乱箭射死，战争陷入僵局。

特洛伊城久攻不下，阿伽门农只好采取了奥德修斯的计策。

一连数日，希腊人不再攻城，战场上出现了少有的平静。特洛伊人很奇怪。更奇怪的事发生了，一天早晨，特洛伊人突然发现躁动的希腊军营空荡荡的，海面上高挂着希腊联军旗帜的战舰向远处驶去。饱受战争之苦的特洛伊将士和老百姓欢腾起来，纷纷走出城门，庆祝希腊人的撤走。

突然，人们发现希腊军营中有一个巨大的木马。特洛伊人好奇地围着转来转去，并不明白是什么意思。他们猜测：希腊人攻打特洛伊，激怒了天神，天神派木马降临赶跑了他们。于是，特洛伊将士和百姓纷纷跪祭木马，感谢天神的保佑。特洛伊国王还吩咐手下将这宝物拉到城里。木马太大，城门进不去。国王下令推倒一段城墙，这才把木马拉进城里。

整个特洛伊城沸腾了，为庆祝胜利，一桶桶的美酒被喝得精光，守城将士都昏醉在岗位上。

黎明时分，茫茫的海面上突然闪现灯光，一艘艘战舰向特洛伊疾驶而来。这时，木马的肚子里冲出数十名全副武装的希腊勇士。守城的特洛伊士兵还未反应过来就成了刀下鬼。希腊勇士打开城门，10万希腊大军如潮水般涌进特洛伊城。10年未被攻破的特洛伊城瞬间被希腊人占领了。

迈锡尼等希腊城邦虽然获胜，但为时10年的战争也大大地削弱了他们的力量，使他们的防御能力大减。约公元前1125年，多利亚人从希腊半岛北部趁机入侵，征服迈锡尼诸城邦，迈锡尼文明至此结束。

古巴比伦王国

　　乌尔第三王朝灭亡后，阿摩利人在两河流域定居下来，并在那里建立了许多小国。这些国家长期混战，使这一地区尤其是两河南部重新陷入分裂的局面。

　　重新统一巴比伦尼亚并最后基本统一两河流域的是古巴比伦王国。大约在公元前1894年，另一支阿摩利人在其首领苏穆阿布姆的率领下，占据了巴比伦城并建立了国家。古巴比伦王国开始仅仅是一个弱小的并时常向他国称臣的小邦。但到了第六代国王汉穆拉比统治时期（公元前1792—前1750年），古巴比伦逐渐强大起来。

▲《汉穆拉比法典》石柱的顶部浮雕

此为汉穆拉比向坐在御座上的最高法官、太阳神沙马什祷告的情景。这位虔诚的国王在他的49个法柱序言中宣称自己是"诸王之神""明慧的智者"和"无敌的战士"。站着的汉穆拉比表现得很谦卑。

　　公元前18世纪，汉穆拉比在统一两河流域南部的过程中，建立起强大的中央集权的奴隶主专制国家。他总揽全国的立法、司法、行政、军事和宗教大权，并将自己加以神化，自称为伟大天神的后裔。他任命中央各部大臣，委派地方各级官吏。汉穆拉比大力兴修水利，发展农业，建立常备军巩固政权，并实行份地与军事义务相关联的兵役制度，同时保护士兵的份地。古巴比伦国家的军事力量因此得以强大。

　　汉穆拉比在治国方面最突出的政绩就是制定了《汉穆拉比法典》，这是世界历史上第一部比较完备的成文法典。

　　石碑上的《汉穆拉比法典》原文镌刻在51栏内，没有段落划分，各条法律之间也没有空格。后来的研究者将其划分为引言、法律条文和结尾咒语三部分。

　　汉穆拉比在序言里列举了自己的一

《汉穆拉比法典》的发现

1901 年 12 月的一天，在伊朗西南部苏萨古城遗址上，由法国人和伊朗人组成的一支考古队正在紧张地进行发掘工作。突然，泥土中浮现出一段经过打磨的黑色玄武石柱残部，石柱上面刻画着浮雕和字迹优美的楔形文字。这种文字在古代是王室专用字体，考古学家由此推测，这块石柱一定记载着相当重要的内容。

石柱的另外两块残部在几天后也被发现。人们将三块断裂的石柱拼合起来，正好拼成一个完整的椭圆柱形黑色石碑。经过解读后发现，石碑上的内容正是赫赫有名的古巴比伦国王汉穆拉比制定的一部法典，即《汉穆拉比法典》。

系列功绩。正文共 282 条，分为道德、国家和私人社会三部分。道德部分地位最高，是神的领域，涉及某些不可饶恕的罪行；国家部分代表王室利益，集中反映维护王室土地，履行兵役、杂役等义务；私人社会部分最为复杂，规定了诉讼手续、盗窃处理、军人份地、租佃、雇佣、商业高利贷、债务奴隶、继承权、伤害、赔偿和奴隶地位等领域。结语则夸耀了汉穆拉比统一全国，建立公正与和平的历史功绩。

《汉穆拉比法典》也存在许多不完善的地方。一方面，法典规定了许多残忍的惩罚手段，光死刑就分为溺死、烧死、刺死和绞死。另一方面，法典还保留了许多原始的习惯法，例如两个自由民打架，如果一个人被打瞎了一只眼睛，对方就要同样被打瞎一只眼睛作为赔偿；被人打掉牙齿，就要敲掉对方的牙齿。依照这种原则，如果房屋倒塌，压死了房主的儿子，建造这所房屋的人就得拿自己的儿子抵命。

此外，《汉穆拉比法典》对奴隶主、自由民和奴隶的规定也不同。尽管对于自由民的处理原则是"以牙抵牙，以眼还眼"，但是如果奴隶主把自由民的眼睛弄瞎，只要拿出一定数量的银子就可了事。如果被弄瞎眼睛的是奴隶，就连赔偿都可以免了。奴隶如果打了自由民的嘴巴，就要被割去双耳。属于自由民的医生给奴隶主治病，也是胆战心惊的。因为，如果奴隶主在开刀的时候死了，医生就要被剁掉双手。

为了巩固奴隶主的统治，法典还规定了一些更严厉的条款：逃避兵役的人一律处死；帮助奴隶逃跑或藏匿逃亡奴隶者，都要处死；如果违法的人在酒店进行密谋时，店主不把这些人捉起来，也要被处死。正是依靠这部残酷的法典，汉穆拉比时代的巴比伦社会，成为古代东方奴隶制国家中统治最严密的国家。

汉穆拉比统治时代是古巴比伦王国的鼎盛时期。他死后不久，王国便迅速衰落。

大约在公元前1595年，北方的赫梯人南侵，消灭了古巴比伦王国（又称巴比伦第一王朝）。之后，南方伊新城的统治者伊路买鲁在苏美尔地区的南端建立了一个新的王国，史称"海国王朝"或"巴比伦第二王朝"。后来，加喜特人发动军事进攻，从两河东北部侵入两河平原地区，占领了巴比伦并建立了加喜特王朝，即巴比伦第三王朝。而后，加喜特王朝又消灭了南方的海国王朝。

▲刻有《汉穆拉比法典》的石柱

加喜特王朝统治两河流域南部近400年后，在埃兰和亚述两个强敌的夹击下，加喜特王朝灭亡。之后，两河流域南部又陷入了分裂割据的局面，先后出现了许多为时短暂的地方小王朝。

希腊的"荷马时代"

公元前11—前9世纪的希腊历史通常被称作"荷马时代"，它因《荷马史诗》而得名。

荷马时代的社会较迈锡尼时代来说，确实是一种倒退，遍及希腊的氏族部落完全淹没了迈锡尼文明。但生产力水平却有很大提高，突出表现在希腊已从青铜时代进入铁器时代。考古学家在这一时代发现了用铁制成的斧、锄、刀、剑等生产工具和武器，还发现了铁匠作坊。《伊利亚特》中提到给射鸽运动员的奖品就是铁斧。铁器的发明，极大地促进了农业生产的发展，人们学会用双牛拉犁，在平原、盆地种植大麦、豆类等作物，在山坡、丘陵栽培橄榄、葡萄。农业的发展既提供了较多的生产资料，也刺激了分工的发展。手工业已脱离农业，成为独立的生产部门，出现了金属制造、纺织、皮革、造船等行业。生产的发展使商品交换应运而生。不过当时是以物易物，用于交换的主要物品是金属和牲畜，特别是牛，既是交换媒介，也是主要的财产形态。据《伊利亚特》介绍，此时的物物交换有两种类型：一是以牛易物，一是以牛易人（奴隶）。此外还有馈赠等其他形式。

▲荷马与诸神 浅浮雕

《河马史诗》

　　荷马，相传是古希腊两大史诗《伊利亚特》和《奥德赛》的作者。他是公元前9—前8世纪时一位朗诵史诗的盲艺人，他根据口头流传的篇章，整理了这两部史诗。《伊利亚特》写的是由于特洛伊王子帕里斯骗走了斯巴达王后海伦，引发希腊联军讨伐特洛伊的十年战争。史诗集中描写第十年希腊英雄阿喀琉斯和伊利昂城主将赫克托尔之间的决战，以赫克托尔的死告终。其中阿喀琉斯是一个理想的部落英雄形象。《奥德赛》则写战争结束后，希腊主将奥德修斯返乡途中的海上冒险和机智地维护自己的财产、与妻儿团聚的故事，它的形成比《伊利亚特》稍晚，反映了奴隶制度萌芽时期的生活场景，体现了对私人财产的捍卫，并通过奥德修斯之妻佩涅洛佩的贞洁勇敢提倡新的家庭道德规范。两部史诗的结构巧妙，布局完整，塑造了众多英雄人物，被称为"英雄史诗"。史诗基本主题是热爱现实，肯定人的奋斗精神，强调对人生采取积极进取的态度。

当时的阶级分化已初露端倪，动产的私有制已显而易见，不动产（土地）的私有制似乎也已产生。氏族贵族占有较多较好的土地和大量牲畜，村社农民只能耕种小块份地，失去份地的农民有的充当雇工，有的沦为乞丐。奴隶制已经产生，奴隶主要来源于战俘和被拐卖的人。男奴多用于放牧，女奴多用于家务和纺织，直接参与农业和手工业生产的奴隶还很少见。

希腊城邦制国家

在荷马时代末期，铁器得到普遍推广，希腊社会的经济也加快了发展速度，农、工、商业均有突出发展。与此同时，希腊在同东方频繁交往的过程中，大量汲取并利用了东方文明的丰硕成果，从而使希腊人站在较高的历史起点上，建构了不同于东方的国家体制。

由于社会经济的发展，两极分化进一步加剧，围绕土地、债务等问题，贵族与平民之间展开了激烈的斗争。在斗争中，原始公社制渐趋崩溃，代之而起的是阶级压迫的工具——国家。这一时期被称为"古风时代"。在希腊，国家的普遍形式便是城邦。希腊城邦的形成方式和途径大致分为三类：一类是在早期移民和后来大殖民运动中建立的城邦，一类是在氏族制度解体并征服其他居民的过程中建立的城邦，另一类是在自身氏族的制度解体和阶级分化的基础上通过"改革"产生的城邦。

城邦形成初期，贵族政治得到普遍实行，一切权力集中于由军事民主制时代的长老议事会转化而来的贵族会议手中。稍后，随着经济的发展，加之以平民为主的步兵逐渐取代了贵族骑兵，平民地位日益提高，他们向贵族政治提出挑战，要求打破贵族在政治上一统天下的

▲古希腊奴隶
奴隶的社会地位最为低下，低于希洛人、受契约束缚的农奴和被有条件正式解放的奴隶以及自由民。

局面。在对立双方势均力敌的城邦，一度出现了僭主政治。但随着对立双方力量的消长，有的城邦经过平民反对贵族的斗争而建立了民主政治，雅典就是一个例子；有的因贵族力量强大，建立起贵族寡头政治，如科林斯。长期维持贵族寡头统治的城邦只有斯巴达。

▲希腊犁车

古希腊人实行家庭制农业系统，各户独自种植粮食，经常采用的农具是这种人力牛犁车。随着缓慢的农业发展与日益增长的人口之间的矛盾产生，向外扩展殖民地便成了一种途径。

希腊半岛平原狭小，耕地较少，而且土地贫瘠，粮食产量不能满足日益增长的人口所需，爱琴海上的岛屿更是如此。倘若遇上自然灾害，粮食更是短缺，一部分人在故土无以为生，被迫背井离乡，去海外谋生，开拓殖民地。如公元前7世纪后期，铁拉岛上大旱，因而不得不采取抽签的方法，从两兄弟中选出一个外出殖民。土地私有制和商品经济的发展，也促使无地或少地的平民成群结队地前往遥远的海外寻求土地，谋求生路。从而形成了一个希腊历史上空前的大殖民运动浪潮，因此，古风时代又称"大殖民时代"。

最初的殖民运动是自发进行的，除上述主因外，还有多种情况：有的城邦为了缓和国内矛盾，把异己的"危险分子"遣往海外。如公元前8世纪末，斯巴达无公民权的"处女之子"因为没有分得土地，而与希洛人（国有奴隶）结盟，密谋起义，败露后便被强令外出殖民。有一些在国内政治斗争中失势的个人或集团，为逃避迫害，往往也选择离开故地，漂泊异域，建立新居。有的则因家乡被外族占领，不甘于受奴役而远走他乡。也有人出于不愿屈居人下的念头，而到新地方另立门户。更有一些人为某地富庶美好的传说所诱惑，出海寻找自己的乐土。这些人往往具有冒险和进取精神，富有追求自由、独立、平等的理想。

自发组成的殖民团体一般都不大，到新地方后即修筑城堡，聚居在一起，以防止土著居民攻击或海盗劫掠，同时选出元老院掌理政务，这些同舟共济的殖民者就成为新城邦的平等公民。公民享有分配的土地，并通过公民大会参与政事。公民中也有平民和贵族之分，那些最早的开拓者无疑

城 邦

　　城邦是早期国家的一种类型，以古希腊国家为代表。词源可追溯至古希腊文"波利斯"，原有城堡、国家、公民集体、城市之意，中文意译为"城邦"。希腊城邦有二三百个，形成时间、途径和背景不同，但有如下几个基本的共同特点"小国寡民；多数以一个设防城市为中心，结合周围农区组成；均有一个小范围的、极端封闭的公民集体；与公民集体的存在相适应，希腊城邦在政体中均包含民主制成分，共和政体居多；城邦军事制度的主体是公民兵制；城邦无独立的祭司阶层，公职人员兼祭司职能。除古希腊外，意大利、腓尼基等地中海沿岸地区也曾出现过与古希腊城邦相同的早期国家形态，比如早期罗马的公民公社。这类国家有时也被称作城邦。

便以其"立国"的功勋而享有更多的利益和荣耀。后来，随着人口增长和社会经济发展，许多城邦开始有计划地组织公民外出殖民，以掠夺土地、奴隶、原料和市场。

　　当时，黑海沿岸地区尚处于原始社会阶段。在小亚细亚，赫梯帝国已经崩溃，吕底亚尚未兴起；在西方，除了腓尼基人的一些殖民地外，没有什么强国。所以，希腊大殖民运动得以顺利进行，范围不断扩大。在意大利半岛南部、西西里的东部和南部、今法国的马赛等地以及西班牙沿岸、小亚细亚沿岸、马其顿和色雷斯沿岸、达达尼尔海峡和博斯普鲁斯海峡两岸、黑海四周等广大地域内，逾百个殖民地城邦先后建立起来。其中较著名的有科林斯人建立的叙拉古、斯巴达人建立的塔兰托、迈加拉人建立的拜占庭、米利都人建立的奥尔比亚等。这些子邦往往采用母邦的政制、文字、历法、宗教、习俗等，在城市内建有母邦所信奉的神祇的庙宇，也有些最初建立的殖民地后来再去建立殖民地，如阿哈伊亚人在意大利建立了锡巴里斯，锡巴里斯又建立了波塞多尼亚。

　　对于希腊人来说，殖民不啻一次地理大发现，它极大地拓展了希腊世界的范围，开阔了希腊人的眼界。通过殖民，希腊本土与地中海、黑海地区成为一个有密切经济文化联系的整体，这既有利于希腊吸收东方文明成果，也推动了落后地区的文明进程。殖民运动促进了工商业和海上贸易的发展，使工商业奴隶主的政治经济实力进一步壮大，也加强了平民阵营的力量，有助于平民反贵族的斗争和民主政治的建立。殖民运动的进一步发展巩固了希腊的小国寡民的城邦制度，使其始终未像东方国家一样，建立统一的专制帝国。

强大的亚述帝国

亚述帝国（公元前8—前7世纪）的建立，是通过不断的军事征服逐渐完成的。为亚述帝国的建立奠定基础的是公元前9世纪前期的亚述王那西尔帕二世。他率领军队打败了阿拉米亚人，洗劫了美索不达米亚和叙利亚，对北面的乌拉尔图予以重创，扩大了东部山区疆界，挥师直达西部的腓尼基海岸。

亚述帝国的创建者是公元前8世纪后期的提格拉特帕拉沙尔三世。他执政后进行了众多领域的改革。军事方面的改革主要是把常备军划分成七八个专门的兵种，如重装步兵、攻城兵、战车兵、骑兵、工兵、辎重兵等。同时他还改善了武器装备，军队里配备了铁制的弓箭、刀枪、盔甲等，制造并使用攻城用的投石机、冲城器和云梯。通过军事改革，亚述军队成为当时西亚、北非最强大的军队。亚述国王提格拉特帕拉沙尔三世把亚述人好战的习性体现得淋漓尽致，征服是他最大的欲望，每一次对外的征服都助长了他扩张的野心。公元前745年，提格拉特帕拉沙尔三世以协助平定反乱为名，在巴比伦国建立了新亚述政权。公元前744年，亚述人率先向东北开始扩张，顺利征服了米底各部落。

两次征战的胜利，助长了提格拉特帕拉沙

▲这头人面带翅公牛大约在公元前710年由萨尔贡二世建造，大约有4米高，重达14吨，充分显示了亚述人的雕刻艺术。

尔三世的扩张欲。公元前743年，他率领大军进攻大马士革城。大马士革城体坚固，守城将士和城中百姓，奋勇杀敌，拼死保守大马士革。亚述国王见久攻不下，急忙调集投石机，向大马士革城内发射巨大的石块和熊熊燃烧的油桶。投石机是古罗马和中世纪时代的一种攻城武器，凭借金属外壳的保护，机内的将士可把巨石投进敌方的城墙和城内，造成破坏。

一时间，整个大马士革城一片火海，城内士兵和百姓都无心继续守城。亚述将士还用装有巨大金属撞角的攻城槌对城门和城墙发起攻击，大马士革城被攻陷。

亚述国王对大马士革人的顽强抵抗极为恼火，命令士兵大肆屠杀城内军民，还让战俘躺在削尖的木桩上，直到死去。

亚述国王的暴行使周边震惊，以色

▲亚述军队步兵像

在国王提格拉特帕拉萨三世时代，亚述人建立了一支当时世界上兵种最齐全、装备最精良的常备军，分为战车兵、骑兵、重装步兵、轻装步兵、攻城兵、工兵等。

列、叙利亚、巴勒斯坦等十九国结成联盟，在黎巴嫩山区展开了对亚述人的反抗会战。亚述人凭借精良的装备及训练有素的将士击败了联军。

十九国联军俯首称臣后，亚述国王开始北伐乌拉尔图。乌拉尔图倚仗险峻的地势和顽强的抵御，使亚述人连胜势头有所收敛。然而，亚述人不甘心，又转而西征，并大获全胜。公元前714年，亚述再次北伐，国王率大军翻山涉水，抄小道直奔乌拉尔图的腹地。乌拉尔图守兵猝不及防，锐气尽挫，整个穆萨西尔城被亚述人洗劫一空。

对外征服是亚述国的传统，不管是哪届国王，都充满了征服的欲望。萨尔贡二世统治时期（公元前722—前705年），亚述继续向外扩张领土。萨尔贡二世刚一即位就发兵攻陷了撒马利亚，消灭了以色列。公元前714年，他又大举进攻乌拉尔图，攻占其圣城穆萨西尔。到阿萨尔哈东执政（约公元前681—前669年）时，他于公元前671年率军越过西奈半岛，击败埃及军队并占领了埃及首都孟菲斯。最后到亚述巴尼拔统治时期（约公元前 668—前 627 年），亚述军队又攻陷了埃及古都底比斯，彻底消灭了东方的埃兰。至此，亚述的版图达到了最大规模：东起伊朗高原西部，西临地中海东岸，西南至埃及，北抵乌拉尔图，南濒波斯湾。这时的亚述已成为一个地跨西亚、北非的属于铁器时代的大帝国。

被征服地区的人民不断反抗，亚述社会内部的各种激烈的矛盾斗争，直接导致了亚述帝国走向衰亡。

帝国末期，亚述周围出现了一些强国——东方的米底、北方的吕底亚、南方的迦勒比（新巴比伦），这也是导致亚述帝国走向衰亡的重要原因。

公元前 655 年，埃及摆脱了亚述帝国，重新独立。公元前 626 年，巴比伦尼亚的迦勒比人宣布独立，建立了新巴比伦王国。以后，它同米底结盟共同进攻亚述。公元前 612 年，两国联军攻陷亚述帝国的首都尼尼微。公元前 605 年，亚述西部的最后一个据点卡尔赫米什也被攻破，亚述至此宣告灭亡。

"血腥的狮穴"尼尼微

公元前 8 世纪后期，亚述国已经成为两河流域最强大的国家。亚述国王对不肯投降而在战争中失败的国家，报复极其残酷。破城之后，亚述士兵残酷地对待城里的人们，敲碎他们的头颅，割断他们的喉管，火烧他们的房屋，抢走他们的财产，还掳走他们的妻子和儿女。

公元前 743 年，亚述军队攻陷了叙利亚首都大马士革。由于城中军民拼死抵抗，城破之后被亚述士兵斩下的头颅，竟然堆成一座小山。亚述人还把成千的战俘，绑在上端削尖的木桩上，让他们慢慢在痛苦中死去。对于孩子，亚述人也不肯饶过，统统杀掉。城中所有的贵重物品，都被运回亚述。

由于亚述帝国统治者侵略的种种暴行，作为亚述帝国都城的尼尼微便被称为"血腥的狮穴"。

腓尼基

腓尼基位于地中海东岸北部的狭长沿海地带。它不是一个国家的名称，而是一个地区、一个民族的名称。

公元前 30 世纪末—前 20 世纪初，腓尼基境内出现了许多独立的城市国家。其中著名的有西顿、推罗、乌伽里特、毕布勒等，由于这些独立的、面积狭小的城市国家之间彼此对立和互相攻伐，加之又地处周围一些强国向外扩张势力的碰撞点上，所以它们经常遭到强国的侵略和操纵，成为强国的附属品。

公元前 20 世纪中叶以后，腓尼基诸城市国家处于埃及和赫梯的统治之下，后来又遭到海上民族的入侵。虽然他们在公元前 10 世纪左右一度独立和复兴，但公元前 8 世纪以后，又遭亚述帝国和新巴比伦王国的侵略。到公元前 6 世纪，波斯帝国兼并了腓尼基。

由于腓尼基的手工业、商业和航海业都很发达，使它在许多领域影响着地中海一带地区。手工业中享有盛名的是染织和造船。腓尼基人能从海生贝壳动物身上提取紫红色颜料，经这种颜料染过的毛、麻织品，鲜艳夺目而不褪色。腓尼基人还是优秀的造船者，他们用黎巴嫩山上的雪松制造出来的船只，远近闻名。腓尼基的商业更为著名，腓尼基人有商业民族之称。早在公元前 30 世纪，腓尼基各城市国家就与埃及、两河流域以及叙利亚的埃勃拉国有着贸易往来。从公元前 20 世纪起，腓尼基商人就在小亚细亚沿岸、爱琴海诸岛、塞浦路斯和黑海沿岸建立了不少商业区。公元前 10 世纪前期，腓尼基人又向西部地中海发展。公元前 10 世纪—前 6 世纪 400 年间，

▲这是公元前 8 世纪腓尼基人象牙雕刻上的图案：一只母狮撕咬着一个少年。腓尼基工匠经常从非洲沿海地区的商站进口大象长牙，并因制作这样的雕刻而出名。

腓尼基人垄断了地中海贸易。在经商的过程中，他们建立了许多商业据点和殖民城市，其中最著名的是在公元前9世纪末建于北非沿岸的迦太基。腓尼基人还是古代勇敢而又智慧超群的航海家。公元前600年左右，埃及法老尼科曾委托腓尼基人乘船围绕非洲航行，历时3年获得成功。

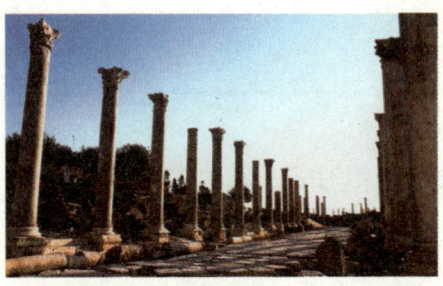

▲黎巴嫩提尔城的列柱大街

提尔城是腓尼基文化的中心，据史料记载，该城始建于公元前2750年，在公元前969年前后达到鼎盛。

腓尼基人在公元前13世纪创造了腓尼基字母文字。据说，一个名叫卡德穆斯的腓尼基工匠，一次在别人家干活忘记了带一件工具，便拿起块木板，用刀在上面刻画些什么，吩咐奴隶送给家中的妻子。卡德穆斯妻子看完木片，二话没说就交给奴隶一件工具。原来卡德穆斯在木片上刻下的便是第一个腓尼基字母。久而久之，腓尼基文字便逐步传播开来。

腓尼基字母比当时的象形、楔形文字更实用，因为它在象形文字和楔形文字外形基础上抽象出一系列简单的符号，组成22个字母。这套字母是线形符号，没有元音，只有辅音。腓尼基字母因通俗易懂和书写简便，后来便传播到了东西各地：向东传入阿拉米亚人居住区，形成了阿拉米亚字母，而阿拉米亚字母又演变出印度、阿拉伯、亚美尼亚、维吾尔等字母；向西传入希腊，希腊人在此基础上加入元音，创造了希腊字母，而希腊字母派生出的拉丁字母和斯拉夫字母后来发展成为东西欧各国字母的基础。

玻璃的发现

相传，玻璃是由古代腓尼基商人偶然发现的。一次，一支腓尼基船队在运输天然碱途中遇大风浪，只得靠岸。这些商人便从船上搬下一些碱块在沙滩上砌灶做饭。第二天，海上已经是风平浪静。正当收拾好锅灶上船起锚之时，他们忽然发现岸上有许多珍珠一样闪闪发光的东西，这便是世界上最早的玻璃。

王政时代的罗马

　　大约在公元前 2000 年初，来自北方的某些印欧语系部落通过阿尔卑斯山的隘口进入意大利，向南推进，直至他们建立的村庄和他们的羊群布满这只意大利长筒靴的后跟和鞋尖。其中在半岛中部台伯河流域拉丁姆地区定居下来的一些部落，称作"拉丁人"。在拉丁人居住的地方曾出现一些有围墙的城寨，位于台伯河畔的罗马城便是其中之一。它以帕拉丁等 7 个山头村落结合而成，故罗马城又称为"七丘之城"。

　　关于罗马城的来历，在古罗马民间流传着一个家喻户晓的传说故事。相传，当年希腊联军用"木马计"攻破特洛伊城之后，特洛伊勇士伊尼亚等人逃离了火光冲天的特洛伊城。他们分乘几条船，历经艰险，最后在意大利西海岸登陆。当地的国王把自己的女儿嫁给伊尼亚，难民们也得到安置。以后伊尼亚的儿子继承王位，迁移到台伯河下游，在那里建立了一座亚尔巴龙伽城。

　　不知又过了多少年多少代，到依米多尔做亚尔巴龙伽城国王的时候，王位被他的弟弟阿穆留斯篡夺了。阿穆留斯为确保僭取的王位稳固，便强迫依米多尔的女儿西里维亚做了不能结婚的女祭司。事有凑巧，一日，美丽的西里维亚来到一条小河边休憩，路过的战神玛尔斯对其一见钟情，竟使她怀孕，后来生下一对孪生儿子。

▲抢夺萨宾女于　17 世纪　彼得罗·科尔托纳

相传，罗马城建好后，罗慕洛曾邀请邻近各部落前往参加庆典活动。萨宾人最喜热闹和竞赛，所以来的人特别多，还慎带着妻子儿女共同来看新建的罗马城。那一天，他们尽兴地玩乐，拼力地参加各项比赛，整个罗马城沉浸在一片欢腾之中。可是，突然间罗慕洛发出了预定的行动信号，罗马的男人们顿时倾巢出动，冲向狂欢的人群，把各自看中的萨宾姑娘抢到手，用棍棒把她们毫无准备的父兄赶出城去。

阿穆留斯闻知大怒，立即处死了西里维亚，并下令将孩子扔进台伯河淹死。然而，装孩子的篮子却在河口附近被岸边茂密的灌木丛挂住了。兄弟俩的哭声引来一只找水的母狼，于是把他们衔走，给他们喂奶，从而保住了两条小命。再后来，他们被一个牧人发现，抱回家抚养，取名罗慕洛和勒莫。兄弟俩长大后，成为远近闻名的勇士。他们得知自己的身世后，便率领当地的牧羊人去攻打亚尔巴龙伽城，杀死阿穆留斯，把王位交还给了外公侬米多尔。

之后，两兄弟回到牧人发现他们的台伯河畔，在帕拉丁山冈兴建新城。新城奠基之时，兄弟二人却因城市的命名问题发生争执，结果罗慕洛杀害了勒莫，以自己的名字称呼这座城市，后来慢慢就演变成了现在的名称——罗马。至今罗马城仍以一只母狼哺乳两个婴儿的图案作为城徽。

罗马从传说中的罗慕洛建城到公元前509年罗马共和国建立，这一段历史习惯上被称为"王政时代"。王政时代是罗马从氏族社会（父系）向阶级社会过渡的时代。

王政时代的罗马是一个大的部落联盟，也就是罗马人公社。它由3个特里布组成，每个特里布包括10个库里亚，每个库里亚包括10个氏族，共计300个氏族。

古罗马名城

庞贝：位于意大利那不勒斯东南维苏威火山脚下。兴建于公元前8世纪，公元前88年成为罗马的一个行政省（公元79年被维苏威火山湮没）。城内有罗马最大的露天竞技场、公共浴室。

君士坦丁堡：位于欧亚两洲之间的一个三角形半岛上。建于公元前7世纪，公元330年被定为东罗马都城，是古代世界中最伟大的首都之一、西方世界首屈一指的名城。

迦太基：位于突尼斯首都突尼斯东北处。兴建于公元前814年，公元前29年成为罗马行省的省会。它是罗马经济、文化、宗教、政治中心，3世纪中叶开始衰落。目前遗留有露天剧场和安东尼浴室等著名建筑。

　　王政时代前期，罗马实行"军事民主制"的管理制度。它的主要管理机构有库里亚大会、元老院和勒克斯。库里亚大会即罗马的民众大会，由各氏族的成年男子参加。它有权通过或否决一切法律，选举包括勒克斯在内的高级公职人员，决定战争和审判重大案件。元老院，即长老议事会，由 300 个氏族族长组成，有权预先讨论向库里亚大会提交的议案，还直接掌握收税、征兵、媾和等重要职权。勒克斯由库里亚大会选举产生，是罗马的军事首长、最高法官和祭司长。王政时代后期，由于铁器工具的普遍使用和受伊达拉里亚文化、希腊文化的影响，社会经济发展显著，财富积累明显，古老的氏族制度面临着瓦解，家长制家庭逐渐从氏族中分化出来，成为社会的基本经济单位，贫富进一步分化，私有制和阶级关系逐渐萌芽。社会上出现了贵族和平民、保护人和被保护人的对立。军事民主制中的民众意志逐渐淡化，王权意志日益增强，罗马社会正在急剧地向阶级社会过渡，塞尔维乌斯的改革，又加速了这一历史进程。

　　公元前 6 世纪后期，罗马的阶级分化逐渐加剧，平民和氏族贵族之间的矛盾日趋白热化。第六王塞尔维乌斯为了适应历史潮流，也为了有利于伊达拉里亚人的统治，依靠平民的支持，对罗马社会进行了改革。改革的主要内容有：

　　重新登记罗马居民，并按财产数量划分为 5 个等级，这些等级提供数目不等的百人队（森杜里亚）。无产者不入级，他们只象征性地组织一个百人队，共 193 个百人队。创设百人队大会（森杜里亚大会），取代库里亚大会并代行其职权。百人队的成员都可参加，每个百人队有一票表决权，这样第一等级可以凭借其百人队数量上的优势（98 个），操纵表决。把罗马公社按城区划分为 4 个地域性部落，以取代原来的 3 个血缘部落。新成立的地域性部落也叫特里布，每一个特里布有自己的首领和统一的宗教信仰。

　　塞尔维乌斯的改革在巩固罗马在拉丁姆地区地位的同时，也进一步摧毁了罗马的氏族血缘关系，加速了氏族社会的解体，基本上完成了由氏族制度到国家的过渡。

　　公元前 509 年，罗马推翻了伊达拉里亚人"高傲者"塔克文的统治，推举布鲁图和柯来提努为执政官。罗马从此结束了王政时代，进入了共和国时代。

希波战争

　　希波战争是由于波斯帝国向西扩张而引起的。从公元前 546 年开始，波斯先后征服了小亚细亚各希腊城邦，截断了希腊与黑海的交通，占领色雷斯和黑海海峡。黑海沿岸本是希腊各城邦特别是雅典的粮食供应地、商品销售及奴隶来源的场所。波斯的占领直接威胁着希腊各邦的生存和经济发展。公元前 500 年，小亚细亚希腊人发动反对波斯的武装起义。首先发动起义的城邦米利都请求希腊半岛各邦协同作战，但仅有雅典和爱勒多利亚派出 25 艘战舰前来支援。大流士一世派兵于公元前 493 年攻占米利都，并以雅典人曾援助米利都为借口，发动了远征希腊本土的侵略战争。

　　因此，希波战争的直接原因是波斯对小亚细亚希腊人的压迫以及由此引起的反抗和雅典等邦的干预，更深一层的原因则是波斯统治者拓疆辟土的侵略野心及由此产生的对希腊各邦发展造成的严重威胁。

　　公元前 492 年夏，大流士一世派水陆两路大军沿色雷斯海岸南下，向希腊半岛进攻，但无功而返。此后，波斯一面继续备战，一面派遣使臣进行外交讹诈，遭到雅典、斯巴达等邦的严词拒绝。

　　两年之后，大流士一世调集 10 万大军第二次远征希腊。波斯军在距雅典 40 多千米的马拉松草原登陆，马拉松会战开始。这是一场力量极为悬殊的较量。

　　当时，雅典城内仅有 1 万多名士兵。统帅米太亚得根据马拉松平原三面环山一面濒

▲这幅瓶画表现了一个希腊人被击倒后反戈一击，举剑砍向波斯人的情景。

海，地形狭长的特点，抢先占领了战略要地，层层设防，封锁住通往雅典的道路，并派士兵中的健将斐力庇第斯去斯巴达求援。斐力庇第斯星夜赶路，整整两天两夜，跑了240千米，终于在9月9日到达斯巴达。而斯巴达国王因宗教惯例，在月圆之夜不能立即发兵。

米太亚得曾在波斯军队服役，非常熟悉波斯军平原作战中央突出的特点。于是他将方阵重兵和骑兵的主力布置在两翼，中间安排较弱的方阵重甲步兵来引诱波斯人的进攻。战争一开始，米太亚得指挥中间兵力边战边退，波斯骑兵步步紧逼。等到波斯主力进入伏击阵地后，雅典两翼方阵重兵和骑兵潮水般掩杀过来。波斯军队大败，从海上仓皇退走。

马拉松战役虽然失败了，但是波斯人西侵的野心还是不能收敛。公元前486年，薛西斯继承王位后，又开始积极备战。公元前480年，薛西斯率领大军50万，战舰1200余艘，又分水、陆两路向希腊进发。

《希腊波斯战争史》

《希腊波斯战争史》常称为《历史》，它的作者是古希腊第一个著名史学家——希罗多德。全书共9卷，内容基本上可以分为两大部分，第一部分是序文，叙述了黑海北岸的西徐亚人、希腊城邦及波斯帝国的历史、地理、民族和风俗习惯，导引出东西双方冲突的起源，并记述了希波战争爆发的历史背景。第二部分是主要部分，集中叙述了希波战争的经过和结果，从公元前549年小亚细亚的爱奥尼亚人反波斯统治的起义写到公元前478年希腊人占领色雷斯的赛司托斯城。

《希腊波斯战争史》一书内容丰富，非常生动地叙述了西亚、北非以及希腊等地区的地理环境、民族分布、经济生活、政治制度、历史往事、风土人情、宗教信仰、名胜古迹等，宛如古代社会一部小型百科全书。该书是人类历史上第一部具有世界性的通史著作，是第一部用历史叙述体写成的历史著作。希罗多德创立的以史实为中心的记叙体成为后来欧洲历史著作的正规体裁。

　　面临波斯军的大兵压境，包括雅典、斯巴达在内的 30 多个希腊城邦，组成反波斯联盟，一致推举最擅长军阵指挥、最勇猛善战的斯巴达国王列奥尼达斯为统帅。列奥尼达斯决定在温泉关阻止波斯陆军插入希腊腹地，使他们不能与海军会合。

　　温泉关地势险要，隘口很窄，只能容一辆战车通过，是希腊的一道天然屏障。波斯人连续发动几次进攻，都被顽强的希腊联军击退。波斯人死伤惨重，进军受阻。

　　就在双方僵持不下的时候，波斯人在俘虏的一名希腊联军士兵带领下，沿秘密小道直插温泉关后方。波斯军长驱直入至中希腊，占领了阿提卡。雅典军民在泰米斯托克利的领导下，同波斯军在萨拉米海湾展开了世界古代史上绝无仅有的殊死决战。经过一整天的激战，雅典海军击败了拥有 1000 多艘战舰的波斯海军。此战扭转了整个战争局面，奠定了希腊人胜利的基础。希腊军从防御转入进攻，战争进入后期阶段。

　　公元前 478 年，对海外利益不感兴趣的斯巴达退出战争，雅典至此取得了领导权。同年冬，主张继续作战的各邦代表会聚提洛岛，正式结成以雅典为首的"海上同盟"，史称"提洛同盟"。这个同盟逐渐变成雅典同斯巴达争霸希腊的工具。与此同时，提洛同盟军队继续同波斯作战，先后占领了波斯在爱琴海域和小亚细亚南岸的许多地方。

　　公元前 449 年，雅典与波斯都无力彻底战胜对方，不得不握手言和，签署了停战协定。结果，波斯放弃爱琴海的霸权，允许小亚细亚希腊城邦独立。因雅典谈判代表是卡利阿斯，便把这次和平协定称为《卡利阿斯和约》。至此，希波战争以希腊，尤其是雅典的胜利而告终结。

▲列奥尼达斯在温泉关战役中

在温泉关战役中被波斯军重重包围时，列奥尼达斯解散了他的部队，只留下 300 名近卫队员战斗到全军覆没。关于斯巴达人永不投降的传说就来源于他的事迹。

亚历山大大帝

亚历山大帝国是在马其顿王国的基础上建立起来的。古马其顿位于希腊半岛北部，大体上相当于现在的原南斯拉夫、保加利亚和希腊相互毗连的部分。公元前5世纪后期—公元前4世纪初期，马其顿王国初步形成。随后的科林斯会议，标志着希腊城邦独立时代的结束和马其顿在希腊霸权的确立。

公元前336年夏，正当马其顿与希腊联军准备进军波斯之际，马其顿发生了宫廷政变。在这个突如其来的政变中，腓力二世在其女儿的婚宴上被刺身亡，年仅20岁的儿子亚历山大随之继位。从儿童时代起，亚历山大就有了称霸世界的志向，梦想着建立丰功伟业。据说，每当他获悉父亲胜利的消息时就会发愁，唯恐自己会因此而不能享受到征服世界的光荣。从16岁起，他就随父征战，在著名的喀罗尼亚战役中，他指挥马其顿的骑兵，锐不可当地击破了敌人的右翼，为战役的胜利立下了功劳。亚历山大少年时曾师从希腊著名学者亚里士多德，深受希腊文化的熏陶，并一度随父参加喀罗尼亚战役。因此，他即位时已是一位具有相当政治、军事才能的人物了。当时，国内形势非常紧张，腓力二世创造的希腊联盟以及先后

▲这是一幅表现不戴头盔的亚历山大大帝追击大流士战马的图画。

征服的北方属地，都纷纷叛变。亚历山大以他卓越的军事才能，击败各种反叛势力，巩固了马其顿在希腊的霸主地位。

平定内乱后，亚历山大立即开始了对东方的远征。

公元前334年春，亚历山大率步兵3万、骑兵5000和战舰160艘，向波斯大举进攻。这时，波斯帝国已趋衰弱，大流士三世又昏庸无能，根本无力同强大的亚历山大军队相抗衡。马其顿、希腊联军渡过赫勒斯滂海峡后，占领了小亚细

▲亚历山大骑马雕像

在一次突围中，亚历山大骑着坐骑布斯法鲁斯率军粉碎了波斯军队的进攻。该图见于他的下属西顿王的石棺。

亚半岛。第二年，亚历山大又挥师南下，攻打叙利亚，与波斯皇帝大流士三世的60万兵马展开了著名的"伊苏斯之战"。战役开始后，他率领精锐的右翼重装骑兵，突然以凌厉的攻势攻击波斯军左翼，然后直取大流士，使波斯军队全线溃败，还俘虏了大流士三世的母亲、妻子和两个女儿。亚历山大拒绝了大流士三世的求和，接着又打败了波斯海军的主力推罗海军，控制了地中海，进而兵不血刃地占领了埃及，最后在公元前331年春天挥师进军两河流域，开始进攻波斯本土，同年9月，在古亚述首都尼尼微附近的高加米拉与波斯军队展开了决战。波斯兵力号称百万，并有200多辆刀轮战车，但还是遭到惨败。大流士三世东逃，为巴克特里亚总督所杀，后者不久又被亚历山大擒获并处死，盛极一时的波斯帝国最终覆灭在亚历山大的铁骑之下。

后来，亚历山大还进兵中亚细亚，遭到游牧部落的强烈抵抗。公元前327年，他率军南下入侵印度，又遭到印度人民的反抗，加之士兵水土不服，厌战情绪空前高涨，亚历山大才不得不停止远征，于公元前325年返回新都巴比伦，历时10年之久的东征至此结束。

亚历山大出征时，是马其顿、希腊联军的统帅，充其量是个巴尔干半岛的小霸主。经过长达10年的征战，建立了地跨欧、亚、非三洲的奴隶制大帝国，其疆域西起希腊半岛和马其顿，东到印度河上游流域，南达尼罗

河第一瀑布，北至中亚的药杀水（今锡尔河）。其领土之广阔，可谓空前。随着他的远征，不少希腊学者来到东方，研习当地的科学与文化，直接促进了东西方科学文化的互补和交流；为了鼓励马其顿人和东方人的融合，他竭力鼓励马其顿人和东方人通婚，自己首先带头娶了大流士三世的女儿。亚历山大采取各种积极措施，把希腊推向了鼎盛。

公元前 323 年 6 月 13 日，亚历山大准备再次远征时，患病逝世，终年 33 岁。

马其顿方阵

马其顿方阵是马其顿国王腓力二世在希腊方阵的基础上创立的阵型，亚历山大大帝常将它与骑兵配合，称为钻锤战术。

马其顿方阵中共有 256 名士兵，分为 16 排，每排 16 人。士兵们全身披挂青铜头盔、胸铠和胫甲，手持盾牌、利剑和长矛。矛长达 6 米，后排的矛更长，前 5 排的枪尖都搭到第一排士兵的肩膀上。这样后几排长矛与前几排长矛就能保持同等长度，能一起刺击敌人。作战时，整个方阵常常以密集队形跑步向前推进，正面攻击力非常强，势不可挡。亚历山大大帝就曾靠马其顿方阵击败了希腊、波斯。但这种方阵也有很大缺点。一旦敌人突破侧翼和后方，方阵中的长矛兵就无法抵挡手持短兵器的敌人的近身厮杀，而且只要驱散两翼骑兵，长矛手就会遭到敌人弓箭手的射杀。另外，马其顿方阵对地形的要求很高，在山地和丘陵地带难以保持阵型。公元前 168 年，罗马军团大破马其顿方阵，马其顿方阵随之退出了历史舞台。

亚里士多德

在历史上很少有人能够对多个学术领域产生巨大的影响，而亚里士多德就是这少数人的其中之一。他的研究涵盖了所有当时已知的学科，在例如政治学、逻辑学、星象学、物理学以及神学等方面均有突出建树。

亚里士多德生于公元前384年马其顿的一个海港城市斯丹格里斯，可能是有史以来最有影响力的思想家。他的父亲是马其顿国王阿明他斯三世的御医。亚里士多德在童年时代就父母双亡，公元前367年，亚里士多德的监护人将他送至位于雅典的学术研究院学习，而该院的创办人就是伟大哲学家柏拉图。柏拉图死于公元前348年，正值当时雅典的反马其顿思想盛行的时候，于是亚里士多德离开了这座城市。接下来的几年他行游小亚细亚，并学习自然历史。

阿明他斯三世驾崩后，他的儿子腓力二世继位。公元前342年，腓力二世聘请亚里士多德为太傅，指导他14岁的儿子亚历山大的课业，而这个孩子就是之后赫赫有名的亚历山大大帝。公元前336年腓力二世遇刺身亡，之后亚历山大就很少有时间上课了，而亚里士多德也就回到了雅典。公元前335年，他在雅典建立了一所学校，称作吕克昂学园。这所学校也称作逍遥学派学校，因为亚里士多德喜好一边在院子里闲逛，一边布道讲学。公元前323年，亚历山大驾崩，又引发了全民反马其顿情绪，亚里士多德被迫逃亡到了希腊东部的埃维厄岛上的卡尔西斯，即他母亲的出生地。公元前322年，他在那里逝世。

亚里士多德兴趣广泛，在哲学、逻辑学、政治学、生物学、物理学、星象学和宇宙哲学方面留下了47部著作，而他的这些著作和讲学笔记直到他去世之后很久才编辑出版。

在《推理法》一书中，亚里士多德拟定了正式的逻辑学规则，即从已知条件得到一个必要性结论的推理艺术。这一直是逻辑学的根基，直到19世纪时被数理逻辑（一种近似数学的学

▲《雅典学园》绘于1510年，是意大利文艺复兴艺术家拉斐尔的作品。这是一幅描述亚里士多德以及其他古代哲学家参加一次学术探讨会的壁画。

科）取代。现在的逻辑学学生在学习数理逻辑之前还得先学习亚里士多德的《推理法》。《形而下学》一书包含他对物理学和宇宙哲学的研究，其中包括一篇题为《星象学》的论文，文中亚里士多德试图找到一种对天气现象的自然解释。也正是这部著作定义了我们今天常用的术语——气象学。

但是亚里士多德《天堂》中关于星象学的想法就不那么成熟了，亚里士多德摒弃"无限"的概念，他坚信宇宙是由一系列以地球为球心的同心球组成的。如果最外层的球面是在无限远处，那么其上的行星就不能在有限的时间之内完成它的旋转周期。他也同样不接受"真空"的存在，因为他认为一个移动的物体在真空中将不会遇到任何阻碍，从而获得无限大的速度。

当然，亚里士多德也接受主流理论，例如物质是由 4 种基本元素——土壤、空气、水和火组成的。但他自己还加上了第五种元素——以太（一种构筑天界的物质）。他坚信地球与天界遵循着不同的运行规则，在地球上，任何东西都可以被侵蚀，并且会产生变化，而天界则是永恒不变、完美无瑕的。

亚里士多德证明地球是球形的，因为他在一次月食的观测中发现地球在月亮上的投影是有弧线边缘的。他同时发现，当人们向南或向北走时，夜空中新的恒星会出现在一侧的地平线之上，而其他的恒星则会消失在与之相反方向的地平线之下。这种现象不需要走很远就能观察到，这就证明了地球并不是很大。亚里士多德估算了地球的直径，得出的结果与真实值相差不超过 5%。

亚里士多德最成功的是作为一个生物学家。他辨认出了超过 500 种动物，而且认真将它们分门别类。他注意到海豚用胎盘为后代提供营养而后将活体产出，于是将海豚归于兽类而不是海洋鱼类（如非胎生的鲨鱼）。他还认为动物是不可能同时拥有长牙和角的。他还描述了鸡胚胎的形成过程以及母牛的"四室"胃。

他使用了若干套分类系统，最重要的是建立在"运动"与繁们方式的基础上的。亚里士多德认为"内热"是一切运动的能源：热是由心脏产生的，血液则将这种热传遍全身，然后在脑部冷却。后来，他将动物分为有血动物和无血动物两类，基本上与现在的脊椎动物与无脊椎动物的分类吻合。

纪念死者

从公元前 6 世纪起，古希腊人就开始制石碑来纪念死去的人们。最早的石碑表现死者的体貌特征，而后来的石碑则记录了死者人生的重大事件。图中是一个女子手捧两只和平鸽，而鸽子象征古希腊爱与生育女神阿芙洛狄忒。古希腊神像和石碑一般都会上油彩，所以最初应该是光彩夺目的。古希腊雕塑家使用金属工具将大石块雕刻成为所要的石碑，而石料一般采自当地，多为白大理石和软石灰岩块。大理石与石灰岩块是用一根带有凿边的长金属棒锤击岩石接面而切割下来的，而后，大块的岩石被锯成了石板。

亚里士多德相信在繁殖过程中雄性提供形态或灵魂，而雌性则赐予物质和灵魂以生命。父母的"生机热"越多，他们的后代就越类似于他们。胎生动物在所有动物分类中地位最高，随后是产卵动物、体内孵卵的卵生动物、体外受精的卵生动物、出芽生殖动物，最后就是从黏质物或者化脓物质中自发生成的动物（也就是我们知道的微生物）。由这样的排列，亚里士多德总结出了"自然的阶梯"理论，这个理论一直作为动物分类学的基础，直到 18 世纪才被颠覆，因为这个理论是与任何进化论观点都相矛盾的。

罗马的奴隶起义

面对新的形势，罗马奴隶制社会长期酝酿的各种矛盾开始充分暴露出来，各种斗争日趋尖锐。在这期间，爆发了两次著名的奴隶起义——西西里奴隶起义和斯巴达克起义。

西西里奴隶起义发生过两次（公元前 137—前 132 年，公元前 104—前

101年），优努斯和克勒翁、萨维攸和阿铁尼奥分别是起义的领袖。他们曾多次打败前来镇压的罗马军队，并一度分别在恩那城和特里奥卡拉城建立起自己的政权，最后均以失败而告终。西西里奴隶起义沉重打击了罗马奴隶主的统治，拉开了罗马共和国后期斗争的序幕。

当罗马忙于第三次米特拉达梯战争的时候，意大利本土爆发了大规模的奴隶起义——斯巴达克起义。

公元前80年，希腊东北部的色雷斯被罗马征服，战将斯巴达克被俘后沦为奴隶，成为一名供罗马贵族娱乐的角斗士。为了争取自由和权利，公元前73年，斯巴达克带领70多名角斗士杀死卫兵，逃到维苏威深山里。斯巴达克被推选为起义首领。许多逃亡的奴隶和农民纷纷参加起义军，很快发展到1万人，起义军的势力日益壮大起来，影响范围也越来越广。

公元前72年，罗马当局派军围剿起义军。维苏威山是断崖山，山后是悬崖峭壁，罗马军把进出的道路封死，欲围困起义军。斯巴达克一边命人在前面吸引敌人的注意力，一边命主力从后山绕到敌后偷袭罗马军。结果大败罗马军，起义军名声大振，队伍进一步扩大。

起义军队伍壮大起来后，斯巴达克决定将队伍转移到罗马实力较弱的意大利北部。罗马元老院命瓦利尼乌斯率领1.2万大军分三路截击。斯巴达克采取各个击破的策略，先后打败两路大军。两路失败的罗马军与第三路军会合后继续反攻，将起义军困在山洞里。起义军正好得到了休整机会。休整完毕，起义军在营中点起篝火，吹响号角，迷惑敌人，然

▲竞技场上的厮杀图

在古罗马，到处都有大规模使用奴隶劳动的大庄园，奴隶被称为"会说话的工具"。奴隶主为了取乐，建造巨大的角斗场，强迫奴隶成对角斗，并让角斗士手握利剑、匕首，相互拼杀。一场角斗竞技下来，场上留下的是一具具奴隶的尸体。

后趁夜色从崎岖的小道突破重围。天亮后，罗马军才知中计，急忙率军追赶。起义军又利用有利地势设下埋伏，打了罗马军队一个措手不及。

公元前 72 年初，斯巴达克军队增到 12 万人，已具相当规模。于是，斯巴达克便按照罗马军队的形式将自己的部队进行了改编，除了由数个军团组成的步兵外，还建立了骑兵、

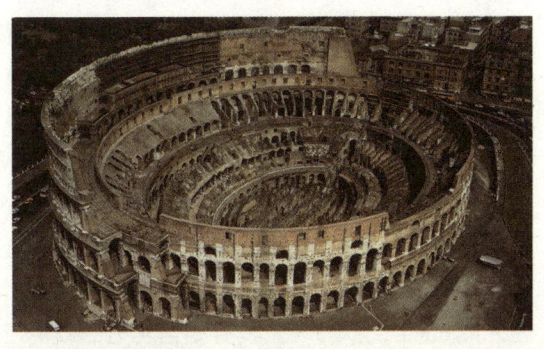

▲古罗马大竞技场

大竞技场作为罗马帝国繁荣时期的建筑物，除了是戏剧演出的场地，还经常作为角斗表演的场所。1818 年曾有人对它做出这样评价："只要古罗马竞技场还矗立着，罗马就岿然不动。一旦竞技场倒塌，罗马也就倒下；一旦罗马倒塌，世界也就完了。"

侦察兵、通信兵和小型辎重部队。此外，斯巴达克还组织制造武器，对士兵进行训练，并制定了严格的兵营和行军生活规章。起义军声威大震，控制了整个坎佩尼亚平原。不久，斯巴达克决定继续北上，但是他的副手克里克苏由于和他产生分歧，拒绝北上，带领 3 万余人原地留守。

罗马元老院对起义军的发展极为担忧，遂命楞图鲁斯和盖利乌斯统率两个军团对起义军进行围剿。首先给了留守的克里克苏部致命一击，克里克苏阵亡。然后，罗马军又兵分两路夹击斯巴达克军。斯巴达克集中兵力先打击堵截的罗马军团，后又乘胜回头对追兵发起了猛攻，罗马军团再次惨败。

取得这场胜利后，斯巴达克不再向北转移，而是挥师南下，向西西里岛进军。罗马当局惊慌失措，派克拉苏统率 6 个军团约 9 万人镇压起义军。这时斯巴达克大军已挺进到意大利半岛的南部，准备从这里渡海去西西里岛。但是被西西里收买而毁约的海盗没能给他们提供船只。斯巴达克只好组织起义军编制木筏，但海上的风暴使他放弃了计划。这时罗马大军赶到，起义军被围。斯巴达克打算趁夜率军冲破罗马防线渡海去希腊，但未能实现。

公元前 71 年，斯巴达克命精锐骑兵攻击敌人较弱的地方，自己率军集中攻击中路。斯巴达克被敌人重重包围，中枪 10 余处，壮烈牺牲，6 万多士兵战死。斯巴达克的余部继续战斗达 10 年之久。

斯巴达克起义使奴隶主阶级的统治秩序遭到沉重打击，城邦制的危机也进一步加深了。统治阶级进一步意识到必须寻找一种新的统治方式，以加强对奴隶等被压迫阶级的统治。斯巴达克起义也深刻影响了罗马奴隶制经济，此后，授产奴隶制剥削方式逐渐被奴隶主所接受，隶农制也开始出现。

斯巴达克起义后，罗马社会各种矛盾更加白热化，统治阶级内部争权夺利的斗争愈演愈烈，进一步加快了罗马由城邦共和制向帝制转变的步伐。公元前 60 年，罗马 3 位具有相当实力的政治巨头克拉苏、庞培和恺撒为了共同的利益结成秘密的政治同盟，史称"前三头同盟"。三人瓜分了罗马国家的权力，其同盟的实质是三人的独裁统治。

亚历山大帝国的衰亡

历史上，一个政权无论曾经多么强大，都有它走向衰老、死亡的那一天，庞大的亚历山大帝国同样也不能例外。

亚历山大的东侵，给东方人民带来了极为深重的灾难，使他们饱受战

▲亚历山大征服巴比伦
高加米拉大捷后，曾盛极一时的波斯帝国土崩瓦解，亚历山大大帝乘着战车，抬着从波斯缴获的战利品，回到了巴比伦城。

乱之苦。但是在客观上，亚历山大的东侵又使得希腊文明与埃及、巴比伦和印度的文明得以接触、交流、融汇，增加了各民族间互相整合的机会，加快了人类历史由分散走向整体的进程。

公元前 333 年亚历山大的远征军在叙利亚的伊苏斯战役中打败了大流士三世率领的波斯军。这次战役使古希腊和古代东方的关系告一段落。

为了让帝国这台庞大的

机器更为有效地运转，亚历山大采取了一系列措施：定都巴比伦城，把统治中心放在东方，保留波斯帝国的行政制度，实行分省统治；鼓励东西方种族间的通婚，借此缓和民族矛盾；以马其顿和希腊人充当骨干力量，借此保证征服者的统治地位；袭用东方专制政体，并利用宗教进行统治，鼓吹君权神授，从而使帝国的统治呈现出东方、马其顿、希腊城邦 3 种体制的混合的特色。

亚历山大虽然以武力建立了庞大的军事帝国，但这个帝国既没有统一的经济基础，也没有共同的语言，所以其解体几乎是不可避免的。

公元前 323 年 6 月，亚历山大病逝。他的部将为争夺对帝国的控制权而长期彼此征战，帝国迅速瓦解。到公元前 3 世纪初，庞大的帝国一分为三，形成 3 个较大的王国：一个是马其顿王国，它恢复原状，成为一个疆域不大的民族王国，虽然未能直接统治其南面的希腊诸城邦，但基本上控制了这些地区；另一个是托勒密王朝统治下的埃及王国，埃及王国的特点是自然资源丰富，又有大海和沙漠做坚固的屏障，因此后来也成为 3 个王国中维持最久的一个；最后一个塞琉古王国，它由帝国的亚洲诸行省组成，是 3 个王国中疆域最为辽阔的一个。三足鼎立格局的形成，似乎预示着一个新的历史时期的来临，但这些国家奴隶制度的本质并没有发生根本性的改变，只是城邦政治普遍为中央集权制所代替。希腊文化与东方文化之间的相互融合，展现出进一步发展的趋势。这些王国存在的时间长短不一，到公元前 30 年，便先后被罗马所灭亡。这标志着亚历山大帝国的神话至此已完全终结，同时也预示着一个新的时代的来临。

罗马共和国的灭亡

苏拉出身于没落的贵族世家，他为人刚愎自用，机敏狡猾，而且野心勃勃。公元前 88 年，苏拉当选为罗马共和国执政官后，通过联姻与贵族结盟，成为贵族派的领袖。随后，苏拉因争夺米特拉达梯战争的指挥权和以马略为代表的民主派展开了激烈的斗争。

公元前 83 年，苏拉在结束了第一次米特拉达梯战争后返回意大利，不久即战胜了以马略为代表的民主派，并于次年冬以胜利者的姿态进入罗马，

▲罗马人认为农业是最高贵的职业，但当自给自足无法实现时，人们发现奴隶和佃农耕种了大部分土地，城市地主在榨取他们的劳动成果。

重掌政权，发布《公敌宣告》。随后，他血腥屠杀马略的追随者，建立起罗马历史上第一个独裁统治。

苏拉被元老院宣布为终身独裁官。为加强和巩固其独裁统治，苏拉恢复并加强了对元老院的严密控制，取消部落表决制，恢复百人队表决制，剥夺了保民官的权力，并将其同党充实到元老院。但是，苏拉的独裁并不巩固。公元前78年，苏拉一死，他的各项政策便逐渐被废除。苏拉独裁开创了毁灭共和制的先例，使罗马政权为之转变。

公元前70年，克拉苏和庞培一起当选为执政官。克拉苏，就是那个镇压斯巴达克起义的刽子手，早年曾追随苏拉，聚敛了大量财富。出于政治野心，他广疏钱财，以收买人心，扩大个人影响。据说，在向神献祭的某节日，他一次就从自己的私产中拨出十分之一款项来举办盛大宴会。宴请之余，还向全体罗马公民发放了3个月谷物津贴。

庞培生性刚毅勇猛，长于谋略，曾因作战勇敢而被苏拉授予"伟大的庞培"称号。他在清剿海盗等内外战争中屡建军功，后来居上，成为罗马最有权势的人物。庞培曾是苏拉的部将，还做了苏拉的女婿，后来却见风使舵，倒向民主派。他的一句名言是：崇拜朝阳的人自然多于崇拜落日的人。

恺撒，全名为盖约·儒略·恺撒。盖约是本人名，儒略（一译朱里亚）是氏族名，恺撒是家系名。他少怀大志，勤奋好学，具有渊博的学识和出色的演说及写作才能，还在很年轻的时候就积极参加了反对苏拉派的活动，揭露过前马其顿行省总督贪污案。虽然论权势他不如庞培，论资财不及克拉苏，但却在平民中具有较高的声望。

古罗马建筑

　　主要建筑材料：凝灰岩用作碎石建筑核心外层、基台的贴面、列柱的基座和柱头；石灰岩用于建筑的装饰贴画和地板上；大理石板用作豪华的地板和内墙表面装修，或切割成各种图形；马赛克（镶嵌砖）用作地板材料或皇宫建筑的墙面和圆顶天花板；赤陶用作屋瓦和建筑上的雕塑装饰；罗马砖用作铺面材料（大型混凝土建筑）。

　　建筑风格：拱形结构及半圆形结构，圆柱屏风，最著名的有凯旋门。

　　建筑类型：住宅建筑，最著名的是哈德良别墅；公共建筑，最著名的是哈德良的万神殿、大竞技场、罗马广场和圆形剧场。

　　公元前45年，恺撒在击败了庞培之后，成为罗马唯一的最高统治者。其后，他通过各种途径先后拥有了执政官、终身保民官、大元帅、大祭司长等各种头衔。恺撒当政后，并没有对其政敌进行迫害和屠杀，而是采取温厚宽容的政策，赦免了很多上层人物。同时实行一系列改革，如扩大公民权授予范围，给受迫害的犹太教徒以宗教信仰自由，在各行省划出份地安置了约10万名老兵和贫民，减轻负债者的债务，向3.2万公民无偿分发粮食，严惩贪污勒索的总督，等等。他颁行了新历法，定1年为365日，4年一闰。这项名为"儒略历"（朱里亚历）的罗马太阳历，自公元前45年元旦起实行，一直被

▲在这块罗马浮雕上，一个不戴帽子的凯尔特人正在抵抗罗马士兵，保卫家园。对此，恺撒做出了野蛮的反应，在他占领了凯尔特的关隘之后，砍掉了所有拿武器的人的双手。

西方世界沿用到 1582 年。此外，他还关心并下令建筑广场、剧院和庙宇，使罗马城市更加美轮美奂，雄伟壮观。

这时，却有有关恺撒要登位称帝的传言在罗马四处传播开来。据说，他使用了象征王权的象牙王笏和黄金宝座，并将自己的画像同罗马君王像悬挂在一起，还在罗马的庙宇中塑造自己的雕像。因恺撒把埃及女王克里奥帕特拉接到罗马，于是又有流言说，恺撒称帝后将册封克里奥帕特拉为罗马皇后，立其子恺撒瑞恩为皇位继承人云云。

实际上，城邦共和政制已不再适应当时庞大的罗马国家发展的需要，走向帝制乃大势所趋。恺撒曾公然宣称："共和国——这是空洞的话，没有意义，没有内容。"然而，罗马近 500 年的共和传统早已深入人心，自"高傲者"塔克文被逐以后，罗马就没再出现过帝王，因而从苏拉到恺撒，尽管都建立了独裁统治，却谁也不敢贸然称孤道寡。恺撒改组元老院，热衷于共和制的演说家西塞罗就哀叹元老们都成了"恺撒的奴隶"。相传，在一个公共场合，执政官安东尼突然走到恺撒身旁，把一顶王冠戴到他头上。可是，只响起稀稀拉拉的掌声，多数人显出了惊愕的表情。恺撒愣怔片刻，讪笑着将王冠取下，扔到地上。安东尼赶忙拾起来，又一次给他戴上，这次被他迅速摘下扔掉了。顿时，人群中爆发出热烈的欢呼声，人们纷纷起

▲这是一幅表现恺撒被刺死的绘画。尽管事先受到警告，恺撒还是没带武器便来到元老院，在凶手中，他认出布鲁图——他之前非常信任的人，死前他说道："你也这样，我的儿子！"

立向他致敬。

与此同时，一场反对恺撒的阴谋也在暗中酝酿。阴谋的首要策划者为布鲁图和喀西约。布鲁图是深受恺撒信任和器重的人物，相传系恺撒与其情人塞尔维利娅的私生子。他在内战期间追随庞培，据说恺撒曾晓谕其下属不要伤害他：如果他投降，就俘虏他；如果他拒不投降，则随其自便。战后，布鲁图不仅没受到追究，还被任命为山南高卢总督和城市法官，甚至被写进恺撒的遗嘱，确定其为第二继承人（第一继承人是屋大维）。意大利思想家马基雅维利说过这样的话："如果布鲁图装成一个傻瓜，他就会成为恺撒（意为皇帝）。"喀西约也是内战结束后获得赦免的贵族共和派人物。史载，共有60名元老贵族参与了阴谋。

不过，他们的保密工作却没有做好，关于有人要暗杀恺撒的流言，很快便在罗马的街头巷尾传播开来。有位巫师为恺撒卜卦时，警告他3月15日那天不要出门，但他不以为意。阴谋者恰好将谋杀日期定在公元前44年的3月15日，并由布鲁图出面，邀请恺撒届时到元老院参加一次临时会议。恺撒不顾种种凶险迹象，如期前往，他甚至拒绝卫队的护送。走在路上时，又有人向他手中塞了一张字条，上面写着："小心反叛行为！"然而，这些努力都未能阻止他迈向死亡的脚步。

恺撒刚进入元老院议事厅，便被几十名一拥而上的凶手围住，每个人都向他刺了一刀。他突然在行刺者中看到了布鲁图，惊诧地说了句："你也这样，我的儿子！"当即放弃抵抗，颓然倒地，伏卧在其旧日政敌庞培雕像底座旁的血泊中。

恺撒去世后不久，执政官安东尼、骑兵长官雷必达和恺撒的养子屋大维，密谋磋商，公开结成政治同盟，即"后三头同盟"。三头共同执掌罗马政权，并三分行省。三人的地位和权力还获得了公民大会的承认，披上了合法的外衣，成为名副其实的三人独裁统治。

然而，盟约并未永久阻止内部争夺。屋大维首先于公元前40年剥夺了雷必达的军权，又于公元前31年6月在阿克兴海角一战中战胜安东尼。安东尼在亚历山大城陷落时自杀。次年，屋大维返回罗马，建立并巩固了个人独裁统治，罗马帝制最终取代了共和制度。

罗马共和国的灭亡是罗马经济、政治发展的必然结果。一方面，罗马共和国中期以后，奴隶制经济发展迅速，土地兼并日益严重，大地主的形成和小农的破产瓦解了小农经济，城邦赖以存在的经济基础逐渐崩溃，这就使得城邦灭亡成了历史的必然。另一方面，罗马征服了地中海世界后，事实上已经成了一个地域辽阔的帝国，阶级关系和社会矛盾都发生了深刻的变化，原来建立在城邦基础之上的共和政体已不能与这一变化相适应，只有代表更广泛利益的奴隶主阶级专制政权，才能够胜任对广大奴隶等被统治阶级的专政。

罗马帝国的崛起

在城邦制基础上建立起来的罗马共和政体，从地处意大利一隅的蕞尔小邦跃居为囊括地中海区域的奴隶制大帝国后，在阶级关系发生变化和阶级斗争日益加剧的形势下，其共和政体已不能适应当时罗马社会的发展，因而势必要建立军事独裁以巩固和加强整个帝国范围内的奴隶主阶级的统治。屋大维出身于骑士家庭，但他4岁时父亲就去世了。他的外祖母是恺撒的姐姐。公元前48年，屋大维进入祭司学校学习。两年后，跟随恺撒前往西班牙，参加对庞培支持者作战。恺撒没有儿子，他十分喜爱这个年轻人，便把他收为养子，让其继承自己的大部分遗产。

当恺撒被暗杀的消息传出时，年仅19岁的屋大维正在希腊，他立即渡海回到意大利，并将自己的名字改作盖约·屋略·恺撒·屋大维安努斯。恺撒生前心腹大将安东尼时任罗马执政官，他以傲慢的口吻对屋大维说："青年人，除了恺撒的名字以外，你还想要得到什么呢？钱，我已经没有多少了。

▲屋大维像

这个踌躇满志的青年，19岁时继承恺撒的伟业，31岁时统治罗马世界，治理帝国达半个世纪之久。这尊大理石雕像雕刻的屋大维显得平静而庄严，做凯旋的姿势，其脚边的丘比特象征着他的伟大诞生。

难道你还要恺撒的政权吗？"这预示着一场夺权的斗争已势不可免。

在后来的斗争中，元老院曾想利用屋大维来对抗安东尼和雷必达。不过，屋大维并非那样易于摆布，他有自己的主意。他在罗马广场拍卖了自己的财产，将拍卖所得全部用来招募原来恺撒的部下，很快组建起一支装备精良的军队。就是以此为起点，并以"恺撒"的名字相号召，屋大维迅速崛起，最终结束了罗马的长期内战，也结束了罗马共和国的历史，而成为罗马的唯一主宰。但他并未直接称帝，而称"普林斯"（意为第一公民），即"元首"。这种统治形式称作"元首制"。

公元前27年1月13日那天，一个戏剧性场面出现了。屋大维来到改组后的元老院，发表演说。他表示要把一切权力交还元老院，恢复共和制，同时宣布自己退休。这着实令那些元老感到意外，震惊之余，一些人开始"抗议"元首这种不顾国家需要，只图个人轻闲的想法，随后便纷纷请求其留任国家元首之位。结果，经过一番装模作样的推让和再三挽留之后，又重新做过一整套安排：屋大维把手中一切大权交还元老院和人民，元老院

亚克兴海战

亚克兴海战是罗马内战中，屋大维战胜安东尼的决定性海战。

公元前31年，屋大维率军8万、战船400艘渡海东征，安东尼和埃及女王率军10万人、战船500艘来到希腊西海岸迎战。安东尼将舰队分为左、中、右3个编队成一线展开，并准备亲自率领右翼迂回攻击屋大维，女王率预备队尾随。屋大维也将舰队分成左、中、右3个编队，也成一线展开，迎战安东尼。

9月2日，战斗打响。屋大维充分发挥自己舰队船体轻、航速快、机动灵活的优势，避开安东尼战舰远程矢炮的轰击，运用撞击、火攻、接舷等战术进行攻击。安东尼船体庞大，机动性差，顿时陷入了被动挨打的境地。埃及女王见势不妙，率领预备队逃走。安东尼见大势已去，无心再战，下令撤退。不久屋大维攻入埃及，安东尼和埃及女王相继自杀。罗马内战结束。

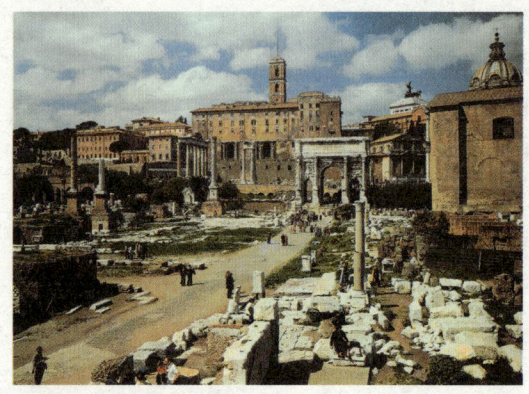

▲失去了装饰性的库里亚（右前建筑）以及国家档案馆（正面带拱门建筑）

库里亚大会是古罗马时期解决公社生活中那些最重要的问题的会议，如选举高级公职人员、宣布战争、通过或否决新法案、对判处死刑的案件做出最后定夺等，后来成为罗马城行政区划名称。库里亚是罗马共和国乃至帝制时期元老院的会场。国家档案馆存放着当时罗马所有的官方文件和一部分财富。

则通过一系列法令委任他各种重任，手续完全符合共和制原则。屋大维非但没有隐退，反而合法地取得了帝国的军政大权。

1月16日，元老院又正式授予其"奥古斯都"（意为神圣、伟大）的尊号，要求全国像敬神一样敬奉他。同时，在元老院议事厅设置了一面金盾，上面镌刻着对他的赞美词。后来，他的黄金雕像也在罗马广场上竖立起来，上面的铭文是："他恢复了陆地上和海上长期以来被破坏了的和平。"他甚至被许多城市奉为保护神，在各地建有供奉他的祭坛和神庙。公元前2年，元老院又授予他"祖国之父"的名誉。

在元首制下，屋大维一身兼任元首、执政官、保民官、首席元老、最高统帅、大祭司长等职，独揽行政、军事、司法、宗教大权。元老院和公民大会都成了他手中的工具。有人在街上呼喊他"恺撒"，他也不加制止。这时的罗马共和国实际上已经成为一个帝国，屋大维也成了这个帝国的第一个皇帝。

屋大维将原来70个左右的军团缩编为28个精锐军团。他继续推行扩张政策，发动了多次侵略战争。史载，公元9年，日耳曼人掀起大规模反抗起义，瓦鲁斯率领的3个罗马军团被日耳曼部落首领阿尔米尼乌斯诱入莱茵河东的条陀堡密林，遭到围击致全军覆没，瓦鲁斯自杀。消息传来，据说屋大维痛心疾首，竟至以头撞门，大声呼叫："瓦鲁斯，还我军团！"

在屋大维时代，罗马帝国的疆域进一步扩大，其北界推到莱茵河、多瑙河一线。到图拉真做皇帝时，罗马帝国版图扩展到最大规模：它在亚洲包括小亚细亚半岛、美索不达米亚北部，直到西奈半岛一带；在非洲直抵北非西部；在欧洲伸入不列颠和多瑙河以北的达西亚等地。地中海变成了它的"内湖"。连当年的亚历山大帝国也只相当于它的行省。罗马帝国成为名副其实的空前大帝国。

屋大维在位期间，将罗马城修建得焕然一新。规模宏伟的万神殿就是那时开始兴建的，前后用了150余年方才建成。因此有人说："他找到的罗马是一座砖瓦造的城市，他留下的罗马是一座大理石的城市。"继其之后，历代罗马皇帝都不断以新的建筑来装饰首都，最著名的有被称为罗马城永恒标志的大竞技场（弗拉维圆形剧场）、图拉真公共浴场和哈德良为纪念图拉真而建立的庙宇等。

屋大维卒于公元14年8月19日。罗马元老院为他举行了盛大的葬礼，并决定将其列入"神"的行列，称其为"奥古斯都"（意为神圣者）。屋大维开创了古罗马历史上的稳定发展时期，出现了经济、文化欣欣向荣的繁荣局面，这种局面在罗马帝国广大的疆域内延续近200年，史称"罗马和平"时期。

为了维护自己的独裁统治，屋大维特别注意提高奴隶主阶级的地位，扩大他们的特权。他明确规定，元老必须出身贵族，服满规定年限的军役，拥有100万塞斯退斯的地产。元老可以担任军事长官、行省总督以及执政官之类的高级职位。仅次于元老地位的是骑士，其财产应为40万塞斯退斯。骑士有资格担任督察使等财务官员，还可以担任重要的军政职务，诸如舰队司令、供粮总监、埃及太守和近卫军长官等。骑士可以作为元老候选人，元老之子在进入元老院之前必须先做骑士。这样一来，共和制后期彼此争斗的这两个等级，都在帝国社会中享受着元首政治的恩宠，因而也都大力支持元首政治，成为元首政治的中坚力量。

无产平民由于具有自由公民身份，而且是雇佣兵的来源之一，所以屋大维对他们实行

▲屋大维的妻子利维亚曾经对丈夫施加了巨大的影响。

既镇压又笼络的两手政策：一方面，严格限制平民的政治活动，以避免暴动的发生；另一方面，又以所谓的"面包和竞技场"策略，即发放救济粮、举办娱乐活动和给予各种施舍等措施来收买他们。屋大维的这些手段的成功运用，使罗马城市的无产平民或耽于娱乐，或充当政客权贵的门客党羽，或充当雇佣兵，渐渐失去了早先的政治作用。对奴隶阶层，屋大维则实行严厉的统治和残酷镇压的政策。

屋大维对外采取了灵活多变的政策。在东方，他采取了较为缓和的手段来处理罗马和安息之间的紧张关系；在西方，则继续推行侵略扩张政策。经过数年的侵略战争，罗马疆域扩张到东起幼发拉底河，西至大西洋，南到撒哈拉沙漠，北至多瑙河与莱茵河。

罗马帝国的分裂

公元 395 年，罗马帝国正式分裂为东、西两部分。分裂后的西罗马帝国，重演了"三世纪危机"时的悲剧。

"三世纪危机"时期，随着罗马帝国隶农制的进一步盛行，隶农逐渐成为罗马农业生产的主要劳动力，隶农的身份和地位也日益恶化。这个悲剧的结果是，奴隶逐渐被排斥出生产领域。罗马统治阶级为挽救摇摇欲坠的政权，只好千方百计地维护奴隶制生产关系，从而使罗马社会的阶级矛盾和民族矛盾进一步激化，广大奴隶、隶农和其他下层人民的反抗斗争此起彼伏。公元 4 世纪以后，罗马境内发生的人民起义，影响巨大的有 3 次：巴高达运动、阿哥尼斯特运动和西哥特起义。公元 3 世纪中期曾经爆发的巴高达运动被镇压下去后，公元 4 世纪末期又重新发展起来，并由高卢蔓延到西班牙，到公元 5 世纪中期，声势浩大的农民战争，致使罗马在不列颠、高卢、西班牙的统治完全瓦解。阿哥尼斯特运动于公元 4 世纪 30 年代开始在北非爆发，很快达到高潮，其参加者主要是奴隶、隶农和农民。公元 373 年，其起义主力遭到残酷镇压后，余部仍坚持斗争，直到汪尔达王国的建立。这次运动极其沉重地打击了罗马在北非的统治。

罗马帝国内部的危机和人民起义给外族入侵提供了可乘之机，散布在帝国北境之外的半游牧民族日耳曼人开始不断地侵犯罗马边境。日耳曼人有很多分支，如法兰克人、哥特人、汪达尔人、勃艮第人、盎格鲁人等。在罗马人眼里，他们都是用牛油涂发，满身腥臭的"蛮族"。公元 4 世纪后半期，亚洲的匈奴人西进，居住在多瑙河下游的西哥特人受到挤压，经西罗马政府允许，于公元 376

▲在今天的英格兰与苏格兰交界处，哈德良长城从海岸延伸开来，壮观的景象使人回忆起当年强大的罗马曾占据不列颠，但到公元 5 世纪中期，罗马在这里的统治已危在旦夕。

年渡过多瑙河，徙居罗马境内。罗马人的意图是让他们以"同盟者"身份为帝国御边。但入境后，西哥特人并未得到罗马人曾经答应向其提供的粮食，迫于饥饿，他们只好出卖自己的子女。罗马军官用狗换取他们的孩子。公元 378 年，不堪忍受奴役的西哥特人举行起义，经阿德里安堡一战，罗马皇帝瓦伦斯率领的数万罗马军团全军覆没。瓦伦斯受伤后藏进一间茅屋，结果被烧死在里面。这之后直到公元 5 世纪，一支支日耳曼人如潮水般涌入西罗马。当地的奴隶、隶农和农民把他们当作"解放者"，同他们站在一起反对本国统治者。

公元 395 年，阿拉里克被推举为西哥特人首领。从公元 401 年起，他几次三番侵扰意大利，皆为罗马统帅斯提利克所败。但斯提利克却无意将其彻底击垮，意欲利用他与东罗马帝国对抗。阿拉里克坚持要从西罗马的国库中支取 4000 镑黄金，激起罗马人民对斯提利克的不满。公元 408 年，西罗马皇帝霍诺里乌斯下令处死斯提利克，并拒绝阿拉里克的要求。阿拉里克遂率军来攻，这时罗马人已无大将可用，不得已遣使求和。到公元 4 世纪 70 年代，西罗马帝国的领土仅仅剩下受过多次攻击的意大利半岛没被占领。

公元 476 年 9 月，日耳曼人奥多雅克废黜最后一个罗马皇帝罗慕洛。至此，西罗马帝国在人民起义和外族入侵的浪潮中最终灭亡。

西罗马帝国的灭亡是罗马奴隶制危机、封建制因素成长的必然结果。导致西罗马帝国灭亡的根本原因。就在于罗马社会的基本矛盾，即日益发

世界简史

▲罗马的末日

绘画表现的是公元 410 年，西哥特人劫掠罗马城的惊恐场面。

展的社会生产力与奴隶制生产关系之间的矛盾。如果说奴隶、隶农和其他下层人民的反抗斗争从内部动摇着罗马奴隶主阶级统治的基础，那么统治阶级内部的腐败、混战则进一步加速了西罗马帝国的覆灭。另外，骑士阶层、流氓无产者和马略军事改革所带来的消极影响，东西罗马的分裂和自保，帝国军队以及帝国政权本身的蛮族化，以及西罗马帝国统治者对西哥特人的政策失误，等等，也对罗马帝国的分裂和西罗马帝国的灭亡产生了不可忽视的影响。

阿德里安堡之战

公元 376 年，居住在多瑙河下游的西哥特人受到来自东方的匈奴人的冲击，请求到罗马帝国境内避难，获得许可。但罗马人肆意压榨和欺凌西哥特人，西哥特人愤而起义，占领阿德里安堡。公元 378 年，罗马皇帝瓦伦斯亲自率领 6 万大军前往阿德里安堡镇压。罗马军队按传统方阵展开，中央是步兵，两翼是骑兵，首先发起攻击。西哥特人在山坡上用四轮马车围成堡垒御敌。罗马军队因连日赶路极度疲惫，攻击未能奏效。西哥特人的骑兵趁机出动，攻击罗马军队右翼骑兵，将其击溃，随即向罗马中央步兵发起攻击。罗马人的方阵阵形大乱。西哥特步兵也趁机冲出堡垒，对罗马军队发起正面攻击。罗马人互相践踏，乱成一团，在西哥特人骑兵和步兵的夹击下惨败。此战，罗马人损失 4 万人，包括皇帝瓦伦斯在内的许多将领阵亡。罗马元气大伤。

安息帝国

在历史上，安息曾先后臣服于亚历山大帝国和塞琉古王国，直到公元前247年安息才宣告独立，建立了阿尔萨息王朝。安息建立之初，仍受到塞琉古王国的威胁，直到公元前1世纪中叶才随着国家的日趋强大而慢慢摆脱了塞琉古王国的束缚。国王密特里达特一世时期，安息帝国积极向外扩张，占领了伊朗高原西部、两河流域和中亚细亚南部，开始成为一个强大的帝国。

安息帝国在政治上实行君主制，王位由阿尔萨息家族世袭，但王权受贵族和僧侣议事会的限制。在奴隶主阶层中，有7个显贵氏族处于领导地位，操纵着国家的军事、政治和经济大权。国家军队以骑兵为主，分重装骑兵和轻装骑兵，贵族在军队中占有重要地位。安息境内的两河流域经济发达，是帝国的经济命脉，东部山地、沙漠以及边缘草原地带比较落后，居民仍属游牧部落。

从公元前1世纪中叶起，安息帝国与东侵的罗马帝国之间长期进行着战争。公元前54年，为增加自己的政治资本，克拉苏率领罗马军队包括7个重步兵军团、1个轻步兵军团和4000名骑兵共4万余人向东进发，开始入侵安息。当时，附属于安息王国的亚美尼亚国王阿尔塔瓦兹德早有脱离安息统治的想法。克拉苏便与他密谋，"罗马军沿美索不达米亚沙漠推进，"强渡幼发拉底河后向底格里斯河进攻，然后和阿尔塔瓦兹德的军队从两面对安息腹地实施钳形夹击，歼灭安息军队。

安息王国位于幼发拉底河以

▲公元前2世纪用黏土制成的帕提亚的战士头像

▲角状饮杯

尼萨是安息都城，这个角状杯是在尼萨附近被发现的。

东，境内主要是沙漠。安息王国以帕提亚人为主，过着游牧和半游牧生活，但是却建有一支完全由骑马的弓弩手组成的强大军队。他们使用的弓与一般的弓有很大差别，这种弓是由许多块兽角组成的，拉起来很费劲，发出的箭射程远。

克拉苏入侵的消息很快传到安息国王耳中，于是他命令青年将领苏里拉斯率领骑兵迎敌。苏里拉斯是一位无所畏惧且极富幻想力的人，他命一队人马突击亚美尼亚部队，自己率领1万名骑兵，向底格里斯河方向的沙漠腹地退却，打算诱使罗马军进入沙漠，一举歼灭。他还配备了1000匹骆驼载运大量的箭，保证武器补给。

公元前53年，克拉苏占领了当年亚历山大渡过底格里斯河的地点尼斯发拉门后，获悉安息的骑兵正向底格里斯河方向退却，克拉苏命令部队向北进发，决定沿捷径，穿过沙漠袭击罗马军。4月底，罗马军队在宙格马附近强渡幼发拉底河。安息军队在苏里拉斯的指挥下避免与其发生正面战斗，而是以袭击战的形式消耗敌军，并在不断的偷袭中将敌军慢慢引诱至无水的沙漠深处。善于远距离奔袭迂回的安息军队，使阿尔塔瓦兹德军受到惨重损失，被迫退出这场战争。

6月，罗马军队进至卡尔海地区。正值夏天的沙漠炎热异常，缺水成了罗马军的最大问题，罗马军干渴难耐。补给队伍时常被截，缺粮少水，罗马军疲惫不堪。

已消除后顾之忧的苏里拉斯见时机成熟，下令发起全面反攻。骁勇的安息骑兵从四面迂回包围罗马军。罗马军强打起精神，组织成密集的战斗队形，准备迎战。但安息人并不做正面交锋，而是在四周不停地运动，同时向罗马军万箭齐发。很快，罗马军队形大乱，丧失斗志的士兵在沙地上艰难地东奔西突。暴雨般的乱箭使罗马军全线崩溃，克拉苏在战斗中被杀死。罗马军几乎全军覆没。尽管安息帝国对西方的罗马帝国长期处于战争状态，但是对东方的中国却始终和睦相处，关系密切。公元前2世纪末，张骞出使西域时，曾派副使访问安息帝国，安息国王派大将率骑兵2万到边境迎接。从此，双方往来密切，东西方交通有了很大发展，"丝绸之路"成了当时重要的国际商道。"丝绸之路"的西段大部分在安息帝国境内，这不仅促进了中国与安息帝国之间商业的发展，而且也加强了东西方文化的交流。

丝绸之路

丝绸之路大致可分为两条。一条为陆上丝绸之路，形成于西汉时期，即自长安西行穿河西走廊，出玉门关、阳关，越葱岭，至西亚地区；另一条为海上丝绸之路，兴盛于宋代。时因陆上丝绸之路为西夏所断，宋朝只好从海上与西亚、阿拉伯地区。以及南亚等地区的诸国进行联系与交往，而形成了中外海上交通的"丝绸之路"。两条丝路在中国古代历史上发挥了极重要的作用。

安息帝国是一个松散的联合体，长期的对外战争和内部矛盾严重地削弱了中央政权的统治，国家逐渐丧失了抵御外来侵略的能力。公元227年，安息帝国在新兴的萨珊波斯的大举入侵下，军队节节败退，很快便被萨珊波斯吞并。

亚欧民族大迁徙

匈奴是中国漠北的一个游牧民族，兴起于公元前3世纪左右的战国时期，秦汉时强盛起来，人口约为200万。秦汉时期，匈奴多次入侵河套、山西以及河北等地，对秦汉北部边疆构成了严重威胁。秦始皇曾派大将蒙恬北伐匈奴，并修筑了万里长城，以抵御匈奴骑兵。

西汉初年，匈奴又不断南下，骚扰汉王朝的北部边境。从汉高祖到汉武帝，多对匈奴采取和亲政策。汉武帝时，汉、匈之间的战争不断升级，结果匈奴大败，势力渐衰。公元前54年，匈奴分裂为南、北二部。南匈奴归附汉朝，北匈奴在汉朝军队的打击下瓦解。东汉初，匈奴再度分裂为南、北二部。南匈奴与汉朝友好，后逐渐与汉人融合；北匈奴对南匈奴和东汉政权则持敌视态度。公元91年，北匈奴在东汉和南匈奴的联合打击下败亡，北匈奴的一部分由单于率领离开漠北向西迁移。著名的匈奴西迁故事，就在这个时候开始了。

西迁的匈奴人大约有 20 余万，他们首先在大漠西北乌孙所辖的悦般地区停留下来。公元 105 年—106 年，北匈奴曾遣使来到汉朝，请求和亲，汉帝没有同意，从此北匈奴失去了与汉朝的联系。公元 2 世纪中叶，因不堪忍受鲜卑人的压迫，北匈奴离开居住了 70 余年的悦般而西迁康居。因前往康居的道路极为艰险，所以只能挑选勇敢善战者前往，剩下的老弱妇幼仍留在悦般。留下来的这些人后来逐渐与柔然（阿瓦尔人）部融合。

康居位于中亚锡尔河流域，与占据阿姆河流域的大夏（大月氏人）为邻，北匈奴在此停留了近百年。公元 3 世纪中叶，因受到贵霜帝国和康居的联合攻击，北匈奴再次被迫离开康居迁往粟特。公元 4 世纪中叶，北匈奴人又离开生活了一个世纪的粟特西迁至东欧顿河流域。进入欧洲的匈奴人，首先与阿兰人发生冲突。结果，阿兰人大败。不久，匈奴又乘胜

▲匈奴人复原图

进犯东哥特，这次进犯的结果是引发了日耳曼人的民族大迁徙。

匈奴西迁历时 280 年，长途跋涉 6000 余千米，不仅跨越了整个中亚，而且深入欧洲腹地。在匈奴西迁的推动下，亚欧大陆众多游牧民族纷纷卷入民族大迁徙的浪潮中。

公元 5 世纪—6 世纪，斯拉夫人开始南迁，他们越过多瑙河，不断进攻罗马边境。公元 578 年，约 10 万斯拉夫人进占色雷斯、马其顿和帖撒利等地。到 7 世纪初，斯拉夫人已遍布巴尔干半岛北部各地，后来又经过几个世纪的大迁徙，各地斯拉夫人经过长期的融合，逐渐形成了今天东欧的各个民族国家。

▲法兰克人复原图

日耳曼人

　　日耳曼部落很早就居住在莱茵河以东、多瑙河以北、维斯瓦河和北海之间的广大地区，包括法兰克人、哥特人、撒克逊人、汪达尔人和伦巴第人等。他们一般具有相同的宗教信仰和社会制度，使用相近的语言。日耳曼人中每位杰出的武士首领都有一支扈从队，他们战时守卫在首领身旁，效忠于他。首领则向他们提供给养、武器及战利品。这种制度有助于后来封建制的形成，因为封建制正是建立在骑士对封建领主忠诚的基础上的。日耳曼人的首领或国王主要是根据勇猛程度和出身选举产生。作战英勇、贵族出身的部落成员更有希望成为首领或国王。打仗时首领和国王身先士卒，奋勇冲杀，至于权力则较为有限，许多事务都由部落会议决定。

　　日耳曼人早在公元1世纪就从北欧南下，成为罗马帝国北部的强邻。不过，当时罗马军团十分强大，稳守边境毫不费力。随着帝国的衰微，罗马对边境的控制也频频告急。公元1世纪，日耳曼人已经占据了东起维斯瓦河，西至莱茵河，南达多瑙河，北抵波罗的海的广大地区，罗马人把这片广袤的大地称为日耳曼尼亚。

　　公元4世纪后期，由于受到来自匈奴的攻击，日耳曼人开始像潮水般涌入罗马帝国境内，由此形成了日耳曼部落大迁徙的浪潮。最先进入帝国的是西哥特人，但罗马政府对他们特别残暴，强迫他们种地、服兵役，甚至将他们卖为奴隶。西哥特人不甘屈辱，发动起义，罗马的奴隶、隶农、矿工也纷纷加入了起义队伍。公元378年，西哥特人同罗马帝国在阿德里安堡决战，罗马被击败，皇帝瓦伦斯被打死。公元5世纪初，西哥特人再次对罗马发动进攻，汪达尔人也由北方入侵。公元395年，罗马帝国分裂为东西两部分。公元410年，罗马城被攻陷。西哥特人在洗劫罗马城和意大利半岛之后，又向西进军，最后定居在高卢南部和西班牙北部。公元419年，建立西哥特王国，这是罗马帝国版图内的第一个日耳曼人国家。汪达尔人则进入北非，建立了独立的汪达尔王国，结束了罗马帝国在北非的统治。伦巴第人则占领了北部意大利的波河平原，建立了伦巴第王国。其他日耳曼部落也纷纷冲进西罗马帝国。另外，日耳曼人中的盎格鲁人、撒克逊人、朱特人，则从原先居住的威悉河、易北河流域出发，登上不列颠岛，征服了原有居民凯尔特人，建立了自己的文明，盎格鲁－撒克逊人从此成为英格兰的主要民族。公元 5 世纪初，西罗马帝国的土地已大部丧失，帝国名存实亡。公元 476 年，日耳曼雇佣军的首领奥多雅克废黜了西罗马最后一个皇帝罗慕洛·奥古斯都，西罗马帝国灭亡。欧洲民族大迁徙至此结束。

由匈奴西迁引发的这场历时几个世纪的民族大迁徙，不仅打破了亚欧大陆南耕北牧的传统格局，突破了地域间的封闭，而且还加强了亚欧大陆各地区、各民族间的经济文化交流和民族融合，奠定了现代亚欧大陆主要民族和国家的基础，从而形成了世界历史的新格局和新版图。

法兰克王国

公元 1 世纪，法兰克人居住在莱茵河的下游。公元 406 年，法兰克人随同西哥特人、勃艮第人一起进入罗马帝国的高卢地区（今法国境内）。公元 481 年，克洛维成为法兰克人的军事首领，经过多年征战，法兰克开始走向强大。到公元 511 年克洛维去世时，法兰克王国已将罗马高卢的大部分地区征服。

在征服的过程中，占领罗马皇室领地的法兰克国王将其作为奖赏，赐予他的廷臣、将军、亲信、教会和修道院。这些新兴法兰克地主与被保留下来的罗马大地主一起，构成了法兰克国家的地主阶级。法兰克地主阶级的发展历程，同时也是自由农民丧失土地沦为依附农民的历程。代表地主阶级利益的封建统治者将封建化的成果以法律的形式确定下来，这就构成了法兰克封建化的一条主线。这一过程可分如下 3 个阶段：

第一阶段是内战时期。这个时期的特征是王权衰弱，社会动荡不安。长期的战争破坏使较脆弱的自由农民只好投身于大地主的门下，法兰克的封建生产关系也由此产生，其结果是大土地所有制的成长和自由农民逐渐沦为依附农民。

第二阶段是宫相查理·马特的采邑制改革时期。他下令将土地作为

"采邑"进行分封，但受封者必须以服骑兵役为条件，且不得世袭。这一改革取得了明显成效：加强了法兰克王国的军事力量，促进了法兰克封建生产关系的发展。

第三阶段是加洛林王朝时期。公元751年，宫相丕平发动政变并登上了王位，建立了加洛林王朝。这个王朝在查理曼统治时期，通过开疆拓土，形成了一个版图广大、民族众多的帝国，史称查理曼帝国。

查理曼，又被称为查理，他从小在宗教环境下长大，对基督教极为虔诚，但没有受过良好的文化教育。他的父亲丕平在公元751年创建加洛林王国时，他才9

▲公元800年圣诞日，教皇利奥三世在罗马圣彼得教堂为查理加冕称帝，宣称这个外族首领为"伟大的罗马人皇帝"，标志着西欧基督教化即罗马和日耳曼的融合基本完成。有人认为查理大帝的加冕标志着神圣罗马帝国的开端，然而大多数人还是认为那时的帝国应该叫作法兰克帝国。

岁。公元768年，丕平患水肿病死于巴黎，留下了查理曼和卡洛曼两个儿子，法兰克人召开民众大会，选举这两兄弟为国王，平分全部国土。但卡洛曼放弃了对王国的监管，进修道院当了僧侣，3年后去世。公元771年，经全体法兰克人同意，查理曼被拥戴为唯一的国王。

查理曼统治法兰克王国时期，开始了大规模的领土扩张行动。他一生共发动了50多次远征，并亲自参加了30次远征。其中最长的一次战争，是对北方撒克逊人的征服。他以传播基督教为借口，从公元772年起，先后发动8次进攻，时间长达33年，最终征服了撒克逊人，使他们成为法兰克王国的臣民。通过几十年的征战，法兰克王国扩大到了相当于今天的法国、瑞士、荷兰、比利时、奥地利以及德国、意大利的大部分地区，成为当时西欧空前强大的国家。800年，查理曼进军罗马，援救被罗马贵族驱逐的教皇利奥三世，并被教皇加冕为"罗马皇帝"。从此，法兰克王国成为"查理曼帝国"，查理曼则成为"查理大帝"。他把自己的帝国当作古代罗马帝国的延续，查理曼的加冕被一些历史学家认为标志着神圣罗马帝国的诞生。

采邑制

采邑制是中世纪早期西欧的一种封建土地所有制。墨洛温王朝末期由于大土地所有制的发展，自由农大量破产，国家无可用之兵，中央的政治、经济、军事力量衰落。公元8世纪30年代，宫相查理·马特改变无条件分赠土地的办法，实行采邑制。没收叛乱贵族和部分教会土地封给官员和将领，受封者必须服兵役和履行封臣义务，而且只限本人，不得世袭。双方如有一方死亡，或封臣不履行义务，分封关系终止。如愿继续以前的关系，必须重新分封。通过采邑制，建立了以土地关系为纽带的国王与受封者之间的主从关系，加速了自由农民的农奴化进程，为形成阶梯式的封建等级制奠定了基础。骑兵逐渐代替步兵，兴起骑士阶层，中小地主力量加强，且提高了国家的政治与军事力量。公元9世纪以后，采邑逐渐变成世袭领地。

查理曼对基督教极为热诚和虔信，在他统治时期，下令教会和寺院办学，在宫中成立学院，广泛招聘僧侣学者前来讲学。他还从中等人家和低微门第人家中挑选子弟，与富贵子弟共同接受教育。甚至任命出身贫穷、学习优异的青年教士为主教。在定都阿亨后，他大兴土木，修建了许多金碧辉煌的宫殿和教堂。随着建筑的兴盛，绘画、雕刻等艺术也有所发展。查理曼还派人搜集和抄写了许多拉丁文和希腊文手稿，虽然他对抄本内容一无所知，但却为后代保留了许多古典作家的著作。公元814年，查理曼去世，终年70岁。其子路易即位后，力图继续维护统一。但是随着地方封建主独立地位的加强，王权逐渐衰弱，中央政权已无力控制局面。公元817年，路易将帝国疆土分给自己三个儿子：罗退尔、丕平、路易。幼子查理出生后，因为疆土分配问题，父子反目，父子、兄弟之间展开了骨肉相残的斗争，法兰克王国陷入内乱之中。在战争中，国王路易和其次子相继死去，形成了罗退尔、路易、查理兄弟三人争夺疆土的局面。

当时，罗退尔的势力最强，统治着中部地区；东部日耳曼人地区被路易统治；查理统治着西部地区。兄弟之间相互攻击，战乱不断。公元843年，兄弟三人开始和谈，三方正式签订《凡尔登条约》，将帝国分为三部分：今日的德国西部分给路易，称日耳曼；今日的德国属查理，称法兰西；路易和查理之间加上意大利中、北部留给了罗退尔。条约还规定，罗退尔沿袭皇帝称号。至此，兄弟相残的局面才告结束。

罗退尔死后，他的三个儿子又瓜分了他的领土，长子统治意大利，次子统治洛林，小儿子得到普罗旺斯。公元870年，小儿子去世，日耳曼路易和法兰西查理在墨尔森签订条约，将其侄的领土瓜分。此后，三个王国在外邦势力的入侵下，疆域有所改变，但不大。查理曼帝国的三分，奠定了后来法兰西、德意志和意大利三国的基础，促进了西欧封建制度的发展。

拜占庭帝国

公元395年，罗马帝国一分为二，西罗马帝国急剧败落，走向灭亡，在其废墟上建立起许多新的欧洲国家。以君士坦丁堡为首都的被称为"东罗马帝国"，因其都城地处古希腊商业殖民城市拜占庭的旧址上，所以又被称为"拜占庭帝国"。

拜占庭帝国的版图包括欧洲的巴尔干半岛，亚洲的小亚细亚、叙利亚、巴勒斯坦、两河流域，以及非洲的埃及等地，横跨欧、亚、非三大洲。拜占庭帝国地处东西方交通要道，经济较为发达，社会环境比西部相对安定，保持了国家机器的完整性，并逐步走向封建社会。

拜占庭的封建化的背景是频繁的对外战争。公元6世纪初，拜占庭在东西方几乎没有可以与其抗衡的竞争对手，从而导致其扩张野心的膨胀。查士丁尼当政时期，拜占庭疯狂向西扩张，倾力举兵西进。公元533年，拜占庭帝国的铁蹄踏进汪达尔王国。公元535年，又移兵意大利，向东哥特王国进攻，受到东哥特人民的奋力抵抗。拜占庭军队在意大利艰难作战20年，终将东哥特王国消灭，但自己也损失惨重。东哥特的战事还没有结束，拜占庭大军又踏上远征西班牙的西哥特王国的征程，并将西班牙东南部以及科西嘉岛、撒丁岛和巴利阿里群岛占领。至此，查士丁尼的西征才算结束。

▲拜占庭时期的象牙雕刻

为了提高军队的战斗力，公元610年建立的希拉克略王朝开始将其从前曾在局部地区实行过的军区制在整个帝国推行起来。帝国将土地作为军饷，按照军种和级别颁发给各级官兵。士兵定居在其部队驻守的地区，平时经营田产，以土地经营所得装备自己。军区制将本国公民作为军队的主要来源，在全国范围内建立起一整套军事化体制。

军区制的实行，有着深远的历史影响。首先，它使拜占庭拥有了充足而稳定的兵源。其次，在战争不断和自然灾害频繁的情况下，军区制为小农的复兴创造了条件。军区制的成功推行，使拜占庭稳定了以巴尔干半岛为中心的疆域，同时使已经进入巴尔干半岛的斯拉夫人臣服，成为拜占庭的臣民。除此之外，拜占庭还因此打垮了阿瓦尔人，击败了波斯人，并将阿拉伯人的扩张势头阻止在小亚细亚和东地中海一带。可以说，军区制的推行为拜占庭此后数百年的强盛奠定了坚实的基础。

另外，军区制的推行也为军事大地产阶层和贵族势力的崛起创造了条件，为拜占庭封建化开辟了道路。各军区的将军和中央政府的一些高级官职，由于各种原因，逐渐变成世袭，这样就形成了军事贵族阶层。军区的将军们握有对农民的管理、调动大权和征税权，极易将小农牢牢地控制在自己手中。他们的兴起对小农阶层构成了巨大的威胁，到公元11世纪末，拜占庭的小农几乎不复存在。科穆宁王朝时期，军区制被监领地制所取代，按规定，自由农民成了依附农，拜占庭的封建化自此宣告完成。

封建化的完成，加强了拜占庭的国力，但它长期发展的结果，却是地方割据势力的膨胀，这就导致了帝国力量的削弱。至12世纪末，已无力抵抗塞尔柱突厥人入侵的拜占庭人，不得不向罗马教皇发出求救信，由此引发了一场长达近200年的西方封建主对东方的掠夺战争——十字军东侵。这场漫无天日的浩劫，使拜占庭帝国元气大伤。此后，拜占庭帝国虽然恢复了帝位，但只能偏安于君士坦丁堡。拜占庭帝国从此彻底退出了历史舞台。

▲查士丁尼大帝及廷臣

这是拜占庭时期最著名的镶嵌画之一，描绘的是查士丁尼大帝在大主教的陪伴下主持教堂奉献礼的情景。

延续了千年之久的拜占庭帝国的对外影响主要体现在文化扩张方面，特别是对东正教的传播上。通过这种方式，拜占庭将其文化和政治模式传播给了东欧的斯拉夫人。所以有的人说："拜占庭对东方的斯拉夫世界来说，犹如罗马对西方的日耳曼世界一般。"

拜占艇战术

在历史上，虽然拜占庭曾出现过几次中兴，但在四周强敌压境的情况下长期处于守势。在军事上，拜占庭奉行防御战略，尽可能避免战争。整个国家划分为几个军区，一旦外敌来犯，他们会坚守，并不反击，然后等待附近军区的援军增援后将敌人赶走。拜占庭军队通常将敌人逼到坚固的山口和渡口，然后利用有利地形协调进攻，击败敌人。拜占庭陆军的骨干力量是名将贝利撒留创建的"铁甲骑兵"。这支骑兵博采众家之长，既装备了西欧人的重甲和长矛，又使用波斯人的弓箭。在战场上，这支骑兵和步兵联合作战，能够进行复杂的队形变换。另外，富裕的拜占庭人还花费大量的金钱组建雇佣军来保卫他们的国土。拜占庭的海军不仅数量众多，而且拥有一种神秘武器：希腊火。凭借这种神秘武器，拜占庭曾多次击败敌人的舰队。有时，拜占庭人也会根据对手的不同情况主动发起进攻。在春天和冬天，他们进攻斯拉夫人；在寒冷和阴雨天气，他们进攻波斯人。

意大利城市共和国

查理曼帝国分裂后，意大利被罗退尔所统治。公元855年罗退尔去世之后，意大利从此便陷入了长达10个世纪之久的政治纷争之中，在1861年之前，一直没有得到统一，甚至连名义上的中央政权都没有产生过。

公元7世纪—8世纪时，意大利的手工业与农业分工就已开始了。到公元9世纪—10世纪，许多地方出现了定期集市。罗马时代的旧城也非常活跃，逐渐成为工商业的中心。在伦巴底和托斯坎纳出现的一系列新兴城市，开始与东地中海沿岸各国发展贸易往来，从而得到东方贵重的货币资本，并将这些资金及时地投入到手工业、商业和银行业中。手工业生产因此日趋发达，分工也日趋细密。银行业的发达，使意大利一些城市的货币在国际市场上大量流通。

富裕起来的意大利城市为捍卫自身的利益、取消封建义务、铲除发展工商业的障碍，与统治它们的教俗封建主展开了激烈斗争。通过斗争，它们不仅获得了对城市的统治权，而且逐渐控制了周围的广大地区，形成了一些城市国家。城市国家统治权所达到的地方，那里的封建贵族和农民也都随之变成了城市国家的公民。城市国家所辖地区，甚至包括许多小市镇和众多农村。

▲比萨是意大利著名的城市共和国，著名的比萨教堂与斜塔建立时，比萨城贸易兴隆，与近东地区交往密切。

意大利城市国家在政体上与欧洲其他封建国家截然不同。欧洲大陆当时盛行君主政体，而意大利城市国家却实行共和政体。国家行政机构起初是全体成员大会和地方执政官议会，后来由选举产生的委员组成议会取代了原来庞大的全体成员大会，由其决定立法、宣战、媾和等城市国家的重大事项。执政官虽由市民选举产生，但一般为显贵家族所垄断。在执政官之下设立各种委员会，各个城市所设有所不同，各城市的统治权大多为贵族和富商所掌握。当时，意大利著名的城市共和国有威尼斯、佛罗伦萨、热那亚和比萨等，它们都是意大利从事航海和工商业的城市共和国，威尼斯更为突出。威尼斯是世界著名的水上城市，在长约 3.2 千米、宽约 1.6 千米的群岛和泥滩上逐渐形成最初的城市，公元 9 世纪 40 年代，成为独立的城市共和国。至 15 世纪时，威尼斯发展成一个包括克里特岛、塞浦路斯岛和爱琴海众多岛屿在内的广阔的海上大帝国，显赫一时。15 世纪末年，欧洲新航线开辟以后，大西洋沿岸成为商业重心，威尼斯城市共和国逐渐走向衰落。

朝鲜半岛的统一

早在公元前 4—前 3 世纪，朝鲜半岛北部就出现过一个古朝鲜。公元前 194 年，燕人卫满灭古朝鲜建立卫氏朝鲜。公元前 108 年，汉武帝灭卫氏朝鲜，在该地区设置了乐浪、玄菟、临屯、真番四郡，并派驻太守进行统治。公元 3 世纪初期，东汉王朝灭亡，中国东北一个边疆少数民族政权高句丽兴起，并于公元 4 世纪初灭了乐浪郡，在其北与中原王朝展开领土之争，在其南与百济、新罗长期争战不休，形成历史上的"朝鲜三国时代"。在这个时期，当高句丽和百济争雄时，地处朝鲜半岛东南一隅的新罗乘机与隋、唐王朝媾和。因此高句丽与百济发现新罗已构成对他们的威胁时，便联合向其展开进攻。新罗于是求助于当时的唐朝，在唐朝的协助下，公元 676 年新罗完成了朝鲜半岛的统一。

朝鲜半岛统一后，类似于中国的封建制度便很快建立起来。他们首先形成了土地国有制，公元 687 年又颁布实行禄邑制，由国家对文武官员授予一定数量的收租地作为禄邑。这一制度的实行，导致了土地兼并的发展。于是，公元 722 年，开始推行丁田制，对 15 岁以上的男性公民一律授予一定数量的土地，分为口分田和永业田，前者限于本人终身享用，不得买卖或转让，后者可以世袭。农民因此而被附着于土地上，成为缴纳田租、贡品和担负各种徭役的国家依附民。封建土地制度在全国确立起来后，为适应封建制度的需要，新罗还参照唐朝的政治制度，建立起了一套比较完善的中央集权的国家体制。

田柴科颁行

公元976年，高丽王朝将全国可耕地和山林进行登记，将部分土地和山林按等级分给文武官吏和府兵。文武百官按"人品"（身份）分为79品，给予田柴（田为耕地，柴指烧柴林）。国家把土地的收税权授予受田者，只限当代，不得世袭。后又颁布了公廨田柴制度，国家各机关都分得土地收税权，用作行政经费。田柴科的颁行确立了高丽王朝对全国土地的支配权，成为专制集权国家体制有力的物质基础。

新罗末年，国势衰微，农民起义连绵不断，地方封建势力割据。公元918年，弓裔部将王建夺得政权，改国号高丽，建立高丽王朝，定都开京。公元936年，重新统一朝鲜半岛。高丽王朝实行中央集权制，公元976年，实行田柴科制，即按不同等级分赐土地，以加强中央集权。并设有一套完整的官僚机构，中央掌握着一支强大常备军。公元10世纪末和11世纪末3次击退契丹入侵，捍卫了国家独立。12世纪为高丽最强盛时期，政治稳定，经济、文化高度繁荣。12世纪后期起土地兼并重新盛行，田柴科制被废除，爆发了席卷全国的农民大起义。1392年，高丽王朝大将李成桂发动政变，废高丽末王，改国号为朝鲜，建立李姓王朝。

中世纪的城市自治

中古初期，西欧城市的外貌就像一座堡垒，其目的是防御敌人进攻。城市通常不大，人口也不多，但住得非常拥挤。市场是一块较大的空地，往往位于城市的中心。市场四周是市议会、店铺、回廊和各种摊子。居住在城市里的主要是手工业者。

在公元5世纪西罗马帝国灭亡后相当长的时期内，西欧几乎没有城市。

后来，由于生产力的发展，手工业从农业中分离出来，手工业者时常到市场出售自己的制品。他们总是到那些水陆交通比较方便、人口聚居较多的地方赶集，流动的商人也带着外地产品到集市上来贩卖。后来，手工业者就来这里开设作坊，商人们也定居下来开设商店。于是，这些集市便渐渐发

▲这幅15世纪的微型画，记录了弗兰德尔公社接到城市特许状时的情景。

展成为城市。在西欧，这种以工商业为中心的城市，是在公元10世纪以后才兴起的。

　　大批不堪忍受领主剥削压迫的农奴和处于农奴地位的手工业者，从农村逃亡到城市定居，从而使城市日益发展。但城市里的手工业者，仍然是城市领地所属的领主的农奴，他们还得向领主交纳赋税。

　　为了获得城市自主权，

▲弗兰德尔商人获得了城市特许状，图中文献为"约翰五大宪章"，它授予伦敦市民选举市长的权利。

欧洲很多城市与领主甚至国王开展斗争，典型的有法国琅城起义。1108年，法国东北部的琅城人民用大量的金钱向城市领主琅城主教购买了城市自治权，同时也用重金向法国国王路易六世购得了城市自治特许权。但不久，琅城主教撤销约定，收回城市自治权，而国王也在接受了琅城主教的贿赂之后撤销了先前颁发的特许状。琅城人民义愤填膺，遂于1112年发动了大规模起义，将主教处死并打败了国王的军队。法国国王被迫再次给琅城人民颁发了城市自治特许状。欧洲城市经过近百年的斗争，终于获得了独立，有了自治权，市民变成了自由的人。一个农奴，只要在城市里住上一年零一天，就可获得自由。在城市里，他们成立了市议会，选举出市长和法官，铸造货币，并且组织统一的军队。

为了保障自己的利益，同一行业的手工业者就结成行会。每个手工业者必须隶属于一个行业，每个行会选举自己的首领，设立自己的会场。行会规定，所属成员不得制造粗劣的产品，不得囤积大量原料，不得雇用超过规定的帮工和学徒，尽力避免相互的竞争。行会同时又是军事组织，担负着防守城市的任务。

手工业行会

中世纪西欧城市里手工业者为保护自身利益，按不同行业建立的封建性组织，最早出现于10世纪的意大利。11世纪—12世纪，法、德、英等国的城市纷纷兴起，普遍产生行会。初期的手工业生产规模小，市场有限，再加上社会动荡不安，很难正常进行。为抵抗封建主的欺凌，避免行业内部和外来者的竞争，生产者便组成行会。行会初期在保卫城市、保卫手工业生产和促进生产经验与生产技术的积累上，起了积极的作用。行会的全权会员是本行业的作坊主，称师傅。学徒和帮工协助师傅生产，学徒可依次升为帮工和师傅。14世纪末起，随着生产的发展和市场的扩大，行会变成生产发展的障碍。它极力反对扩大再生产，限制技术革新和使用新设备，阻挠学徒、帮工的晋升，成为少数人把持的保守组织。学徒逐渐沦为雇佣工人，少数师傅成了资本家。

▲德意志奥格斯堡的各种徽章，它们分别代表着当时各行的手工业者——面包师、裁缝和酿酒工（左起）。

商业活动日趋繁荣，各国和各城市的商人都互相往来赶集，他们随身带来了许多货物和钱币。由于每个领主和城市铸造的钱币在名称、成色和重量上各不相同，所以一切银钱交易都需要严格审查它的兑换价值，再加上长途搬运大量的银币和铜币既不方便也很危险，所以，商人在自己的城市里将钱币交给兑换人，取得兑换人的凭据，再凭这张凭据，在另一个城市里兑取当地的货币。这样，就出现了兑换商的行业，而这种凭据，就是所谓"汇票"。有时商人也可以向兑换人借钱，由借钱人出具一张有归还期限的票据，到期偿付借款和利息。这样，银行也就在城市里应运而生。

城市的出现孕育了世俗文化，反映市民心态的城市文学也逐渐产生，各种大学也纷纷建立。城市文化的兴起为文艺复兴的出现打下了基础。

封建主因为需要购买城市的手工业品和从东方运来的奢侈品，迫切需要货币。于是他们开始把劳役和实物地租改为货币地租。大多数农民因为担负沉重的货币地租而经常负债，境况更加恶化。从14世纪起，西欧各国不断发生规模巨大的农民起义，城市里的平民也广泛开展摆脱领主束缚的斗争。

中世纪的庄园生活

在中世纪的西欧各国庄园中，法国的庄园最有代表性。那时，国王、各级封建主和教会的领地都划分为许多庄园，遍布全国各地。庄园大小不等，通常由一个或几个村庄组成，庄园的生产目的主要是为领主及其侍从提供生活资料，同时为农奴制农民提供生活必需品。

查理大帝统治时期，自由农民大量破产，农村公社基本消失，代之而起的是封建庄园。庄园的全部土地属于封建主，而耕地通常分成两种：一种是封建主的自营地，由封建主的管家监督农奴耕作。另一种是农奴的份地，由封建主派给各个农奴家庭使用。农奴死后其儿孙如果继续耕种，则必须向封建主缴纳继承金。庄园里有教堂、堡垒、仓库以及封建主和农奴的住房。农民生产是为满足自己家庭生活的需要和为封建主提供消费资料，不是为了交换，是自给自足的自然经济。需要购买的东西不多，只有盐、铁和少量香料。

▲这幅插图选自 12 世纪供见习修女阅读的《少女宝鉴》手稿，描绘了庄园农奴在收获季节辛苦劳作的场面。

英国的封建庄园制度，形成于 10 至 11 世纪之间。教俗贵族的侵夺、丹麦人的袭扰和贡税负担的加重，造成了大批自由农民的破产。为了筹集对丹麦人作战的军费，从阿尔弗烈德时期开始偶尔征收的丹麦金，到其后继者时期几乎变成了常税。沉重的负担使自由农民纷纷破产，土地并入封建主之手，封建庄园在英国各地就这样出现了。

在西欧庄园制度下，农奴的生活比较有保障。以英国为例，13 世纪—14 世纪时，全国每户农奴平均拥有 22—26 只羊。此外，农奴已不同于奴隶，他们在政治上已具有一定的权利和地位。

封建等级制

指封建主阶级内部按经济、政治地位划分为不同等级的制度，其各个等级享有不同的特权目的是协调封建主阶级的内部关系，维护封建统治。封建等级制是以土地的层层分封为纽带建立起来的。国王把大部分土地封给大封建主，如公爵、伯爵和侯爵，后者把部分土地封给中等封建主，如子爵和男爵，中等封建主再把土地封给最低的封建主骑士。上级是其下一级的封主，下级成员是上一级的封臣。天主教会也按照封建等级制分为教皇、红衣主教、大主教、主教、神父、助祭和副助祭等不同的品位，各有不同级别的神权，即教阶制。东正教除无教皇和红衣主教外，其教阶制与天主教类似。占人口绝大多数的农民，完全被排斥在封建等级制之外。城市市民称第三等级，政治上也处于无权的状态。建立封主和封臣关系要举行隆重的仪式，称分封礼。封主要保护封臣，封臣必须效忠封主并履行相应的义务。

在庄园内，农奴除了耕种自己的份地外，领主还要求农奴履行季节性极强的劳役即布恩工，但这要在领主或其总官向农奴发出"邀请"并按规定提供酒饭的前提下方能进行。因为原则上农奴向领主提供布恩工是出于友爱，如同当农活吃紧时他们也要相互帮助一样。按毕晓普斯托恩、诺顿和登顿的惯例，佃农如果使用自己的犁履行两个犁地布恩工，在这两天中一天吃肉，另一天吃鱼，另外还有足量的啤酒。犁队中凡使用自己耕牛的人甚至可在领主家中用餐。所有承担割麦布恩工的人，其午餐有汤、小麦面包、牛肉和奶酪，晚餐有面包、奶酪和啤酒。次日，他们将有汤、小麦面包、鱼、奶酪和啤酒。在午餐时，面包不限量，晚餐每人限用一条。

西欧农奴制度伴随庄园制度的确立而产生，但它的瓦解时间要早于庄园制度的瓦解。在英国，农奴制度在 14 世纪末期就已经不复存在了。农奴制度在英国的瓦解与 14 世纪末瓦特·泰勒农民起义有关，慑于农民起义的巨大威力，英国许多封建主废除了劳役制度。英国农奴制瓦解的又一原因是商品经济的发展，商品经济的高速发展必然会侵蚀和最终摧毁封建农奴制度。

西欧各国农奴制度瓦解的时间不尽相同，法国农奴制度 15 世纪已基本上废除，而西班牙、德意志等地农奴制度存在时间较长，一直延续到资产阶级革命前夕。

▲这幅弗兰德尔绘画反映了典型的庄园生活，庄园主正和他的总管商量收获葡萄，农民则锄地、采果实、修枝等。农民们不光种地，还有法定义务必须从事劳役，建桥、修路，即使交钱也不能免除。农民的居住条件也很差，家中没有床，更无任何娱乐活动，生活是单调且一成不变的。中世纪庄园并非理想的经济方式，其经济形态十分封闭，人们生活水平只够维持生存，且是进步缓慢的生产单位。庄园就是一个社会，是集政治、宗教、军事、经济等多种功能综合在一起的社会。每个庄园都有自己的法庭、军队和行政管理制度，国王也无权过问，庄园主就是这块领土的主人，在这块土地上拥有完全的权力。随着城市经济的出现和国家权威的再现，庄园制经济便逐渐衰弱下去。

德国的城市同盟

12世纪—13世纪，德意志城市发展迅猛，但城市发展到一定规模后，却又受到了种种限制。各地设立关卡，任意征税，加之许多无地骑士、强盗骑士团伙公开抢劫，这些都严重地阻碍了城市工商业的发展。为了保护自身的利益，一些城市联合起来，结成城市同盟。

城市同盟曾出现于德国的许多地区，其中最重要的是汉萨同盟。此外，还有莱茵同盟和士瓦本同盟。

在拉丁语中，"汉萨"一词意为"商业公会或集团"。在13世纪，汉萨同盟开始萌芽，是一个以从事贸易为目的的松散的商业联盟。汉萨同盟自14世纪中叶起进入鼎盛时期，最多时曾联合了200多个北欧城市，它们东起波罗的海东南岸，西到尼德兰的广大地区。同盟的最高权力机关每3年召集一次代表会议，第一次同盟会议召开于1363年。按规定，入盟城市必须派1—2名本市议会的议员作为代表出席会议。会议决议由代表投票表决，决议具有法律效力，全体成员城市必须遵守，对违反决议的城市的处罚一般是勒令出盟。汉萨同盟没有常设管理机构，也没有共同的金库和常备军，作战所需军事力量是临时集结的各城市的陆海军。1363年—1370年，汉萨同盟曾和瑞典等国结盟，大败丹麦国王瓦尔德马四世，迫使其缔结斯特拉尔松和约。丹麦被迫承认了汉萨同盟在波罗的海和北海地区的贸易特权，同时丹麦也可以在松德海峡从事渔业捕捞。

汉萨同盟的商业贸易范围南达英格兰，北至波罗的海沿岸诸国。同盟在海外贸易的中心城市设有商站，比较重要的有伦敦、布鲁日、卑尔根、维斯比和诺夫哥罗德等城市的商站，每个商站还在附近城市设若干分站。商站享有治外法权，它们可以不执行当地的

▲繁忙的汉堡港口

把汉萨各港口与其他贸易中心联结起来的帆船，仅带着标有航向的沿海略图出海。

法律，管理和运营按照同盟的法规进行。

15世纪中叶以后，汉萨同盟逐渐走向衰落。衰落的原因主要有3个：一是欧洲各中央集权民族国家相继形成后限制其在本国的活动；二是新航路开辟后欧洲的商业重心发生了重大南移；三是同盟内部各集团间的矛盾日趋加深，窝里斗现象十分严重。1494年，莫斯科大

▲奥格斯堡是一个行会中心。1368年，6家行会的代表被选出组成市政会。图中显示，新成员在市政厅的会场就职。

公伊凡三世首先把北德商人逐出诺夫哥罗德，并关闭汉萨同盟在该城的贸易商站。新航路开辟后，欧洲的商业重心转到了大西洋沿岸各城市，尼德兰和英国的城市迅速崛起，它们的经济实力逐渐超过了汉萨同盟。至1500年，荷兰人在波罗的海的船只总数已大大地超过了汉萨同盟。北德城市此后再也无力与荷兰竞争，北海和波罗的海的商业特权由此丧失。16世纪末，汉萨同盟的影响已不复存在。1669年，汉萨同盟正式宣布解散。

莱茵和士瓦本同盟在德国历史上也曾有过重要影响。莱茵同盟创建于1254年，与汉萨同盟不同，它拥有同盟武装和舰队。他们要求有统一的君权，取消关卡和关税壁垒。参加莱茵同盟的城市有50个之多，后来由于城市与诸侯的矛盾趋于缓和，同盟在1257年曾一度解散。14世纪后半期又因情况发生变化而重建。1381年，莱茵同盟与士瓦本同盟合并。1388年，合并后的同盟被击败，以后便一蹶不振，1450年宣布解体。

士瓦本同盟始建于1331年，最初参加同盟的为士瓦本地区的14个帝国自由城市，如乌尔姆、康斯坦茨、奥格斯堡等。与莱茵同盟一样，它也曾一度解散，1376年重建。1377年，在罗伊特林根战胜符腾堡伯爵乌尔利希后，同盟气势大盛，士瓦本地区其他城市纷纷入盟。1381年与莱茵同盟合并，扩大吸收了巴伐利亚和法兰克尼亚的部分城市，同盟成员最多时高达80多个。1388年，同盟被神圣罗马帝国皇帝、诸侯及骑士组成的联军击溃，1389年宣告解散。

神圣罗马帝国

10世纪中叶，德国萨克森王朝国王奥托一世力图利用教会势力抑制大封建主，加强王权。961年，罗马内部发生冲突，奥托应一派之请带领大批人马侵入意大利，并控制了教皇。962年2月，教皇为奥托加冕，称奥古斯都，奠定神圣罗马帝国的基础。1154年，德皇腓特烈一世攻陷罗马，帮助教皇镇压罗马共和国。教皇感恩，为腓特烈加冕，称其为"神圣罗马帝国"皇帝，正式在罗马帝国名称之前冠以"神圣"二字。帝国的疆土以德国和意大利的中、北部为主，有时包括瑞士、尼德兰、捷克和法国的勃艮第、普罗旺斯。13世纪末，皇权开始衰落。1806年7月，莱茵地区在法国大革命的影响下成立"莱茵同盟"，宣布独立，这是对帝国的沉重打击。同年8月，神圣罗马帝国最后一位皇帝弗朗西斯二世在拿破仑的强迫下退位，帝国灭亡。

"黄金之国"加纳

加纳地处塞内加尔河和尼日尔河上游一带（今马里西部和塞内加尔东部）。由于境内盛产黄金，素有"黄金之国"之称，后来的西方殖民者称加纳为"黄金海岸"。

加纳大约建立于公元3世纪，国民主要是尼格罗种索宁凯人。公元9世纪—10世纪是加纳王国的鼎盛时期。国王实行专制统治，拥有一支强大的军队，并建有一套比较严密的朝廷机构，其中包括法院、起诉院和内阁。中央派总督管理各地，地方须向中央纳税。家庭奴隶普遍存在，家奴可以买卖或转让，国王和奴隶主常用奴隶来殉葬。加纳还保留了母系氏族遗风，王位按母系继承。10世纪—11世纪达到极盛，版图西临大西洋，东至尼日尔河与巴尼河汇合处，北到沙漠重镇奥达果斯特，南达塞内加尔河上游。

加纳盛产黄金，吸引了北非及各地商人到此进行贸易。国王实行垄断，规定开采的金块全部归国王所有，民众只能淘取金沙。商人从国外运进一驮子盐要交一个金第纳尔，出境则收两个金第纳尔。巨量的财政收入使得加纳非常富裕，国王生活奢华，穿金饰金，连马鞍、马桩、狗项链都是用大块黄金铸成的。

▲表现加纳人淘洗金沙的图画

加纳的富裕使其不断遭到别国的侵袭。阿拉伯人征服北非后，其商人从摩洛哥来到加纳，用带来的盐、铜、织物换取黄金、象牙和奴隶。公元9世纪时，柏柏尔人时常侵扰加纳。1054年，摩洛哥穆拉比德王朝的阿布·贝克尔率兵占领奥达果斯特，又于1076年占领加纳城，加纳被迫称臣纳贡，并迁都尼日尔河上游。1087年加纳人民起义，重新获得独立，但商路中断，国力衰微。13世纪前期，加纳被其藩属马里王国所灭。

桑海王国也是一个西非古国，又译松加依王国，发祥地在加奥南部的登迪，由桑海人在公元7世纪中叶前后所建。11世纪迁都加奥。1325年，马里攻占加奥，桑海王国遂沦为其属国。14世纪中叶后，逐渐取得独立。1464年—1492年索尼·阿里在位时，改称大王，夺取廷巴克图、迭内等富庶的尼日尔河中游地区。1493年，大将杜尔夺取王位，兴起阿斯基亚王朝。杜尔发展生产，厉行改革，统一度量衡，建立常备军，鼓励学术，使帝国达到极盛，其版图西到塞内加尔河下游，东至艾尔高原，北抵撒哈拉的塔加扎，南及塞古。农业、纺织业发达，农奴制度盛行。文化达到很高的水平，国内建有图书馆和大学。15世纪末，桑海王国开始向封建社会过渡。16世纪后发生内乱，国势渐衰，奴隶和农奴不断起义。1590年—1591年，摩洛哥大举入侵，桑海王国遂亡。

英法议会政治

　　议会政治是指国会或类似的代议机构在一国的政治生活中居于重要地位。中世纪时期，英国、法国、尼德兰、卡斯提、阿拉冈以及卡斯提与阿拉冈联合后组成的西班牙，议会政治已开始存在。英国是实行封建议会政治的典型国家，它的议会政治源于《自由大宪章》和《牛津条例》的制定。

　　《自由大宪章》制定于1215年。国王约翰登上英国王位后与法国发生了战争，为了筹集战争军费，约翰向各封建主征收款项，规定不交或迟交即受罚款。这种专横的做法，引起了世俗贵族的不满。加上约翰一向专横暴戾，勒索无度，也触犯了中小贵族和市民的利益。大封建主利用人们对约翰的不满，在市民和骑士支持下组织武装，进攻伦敦，迫使约翰于1215年6月签署了《自由大宪章》。1258年，英国大贵族们又在牛津开会，通过了进一步限制王权的决议——《牛津条例》。《自由大宪章》和《牛津条例》的制定，在英国历史上具有重大而深远的意义，它首次打破了法律高于王权的原则，初步提出了组成国会管理国家的思想，奠定了英国封建社会税制原则的基础，纳税主体有权决定纳税事宜。

▲英国国王约翰像

《自由大宪章》

　　《自由大宪章》是英国封建专制时期宪法性文件之一，也称《大宪章》，是 1215 年 6 月 15 日英国贵族胁迫约翰王在兰尼米德草原签署的文件。文件共 63 条，用拉丁文写成。多数条款维护贵族和教士的权利，主要内容有：保障教会选举教职人员的自由；保护贵族和骑士的领地继承权，国王不得违例征收领地继承税；未经由贵族、教士和骑士组成的"王国大会议"的同意，国王不得向直属附庸征派补助金和盾牌钱；取消国王干涉封建主法庭从事司法审判的权利；未经同级贵族的判决，国王不得任意逮捕、监禁任何自由人或没收他们的财产。此外，少数条款涉及城市，如确认城市已享有的权利、保护商业自由、统一度量衡等。《自由大宪章》是对王权的限制，国王如违背之，由 25 名贵族组成的委员会有权对国王使用武力。《自由大宪章》后来成为近代资产阶级建立法治的重要依据之一。

　　《自由大宪章》和《牛津条例》签署后，国王约翰和他的继任者都没有诚意遵守，人们于是继续进行斗争。1263 年，勒斯特伯爵西蒙·孟福尔联合骑士和市民打败并俘虏了国王。1265 年，英国召开了由封建贵族、主教以及各郡骑士代表和各大城市市民代表参加的封建主大会。1295 年，英王爱德华一世为筹集军费召开国会，出席会议的社会成分和 1265 年会议完全一致。此后国会经常召开会议，并以 1295 年的国会为榜样。于是 1295 年的国会被称为"模范国会"。1297 年国会正式获得了批准赋税征收的权力。14 世纪初，国会又获得了颁布法律的权力，同时成为王国的最高法庭。英国国会从 1341 年起，又分为

▲在英国和法国，13 世纪是人口增长、疆域扩大的时代，这幅画卷描述了宫廷里的仆人为主人准备丰盛的宴会的情景。

▲正在举行加冕仪式的爱德华一世

上、下两院。上议院由教俗贵族组成，下议院由地方骑士和市民代表组成。至此，等级代表会议与国王相结合的统治形式在英国正式确立。

法国中世纪的三级会议在存在形式和开会方式上与英国国会有所区别，但对王权的制衡作用也是相当明显的。

1302年，法王腓力四世与教皇发生冲突，为了寻求社会各阶层的支持，召开了法国历史上第一次三级会议。会议由高级僧侣、贵族和市民三个等级的代表组成，会议召开方式是由国王召集，三个等级分别开会，每个等级只有一票表决权。法国三级会议的职能包括：国王要征收新税，事先必须要经过三级会议同意；赋税的开支及国家有关和战等重大问题，都要交由三级会议讨论。

与英国、法国的代议机构相类似，尼德兰、卡斯提、阿拉冈以及从斐迪南到查理一世统治时期的西班牙的议会也有限制王权的作用。

总而言之，西欧各国大多自中世纪中期就形成了制约王权的议会政治，它们与东方集权专制国家在行政制度上的区别是非常明显的。

法国扎克雷起义

法国的扎克雷起义发生在英法百年战争的第一阶段，"扎克雷"意为乡下佬，是法国封建主对农民的蔑称。13世纪以后，封建贵族以货币地租和高利贷，加重对农民的榨取。1348年，黑死病又在法国蔓延，使农民生活状况恶化，经济萧条。百年战争初，国王和大批贵族被英军俘虏，王子查理为了筹集赎金，对农民增加捐税，且农村破坏惨重，民不聊生。1358年5月，吉尤姆·卡尔率领农民在法国北部博韦区揭竿而起。起义以闪电般

▲ 1358 年，由于百年战争所带来的农地荒废、英军的蹂躏和赋税的增加，农民纷纷起来抗议。图为暴动中袭击骑士的农民们。

的速度席卷了法国北部及巴黎附近地区。在农民吉约姆·卡尔领导下，起义者高喊着"消灭所有贵族，一个也不留"的口号，捣毁贵族的住宅和城堡，杀死领主，焚烧登记农民义务的账册。与此同时，巴黎的市民也举行起义。3000 名手工业者在艾田·马赛的率领下冲进王宫，杀死宫内两名近臣。国王查理逃出巴黎，在北方集结军队准备反扑。1358 年 6 月 10 日，起义农民队伍六七千人与封建贵族和国王组织的一支一千余人的军队在博韦地区麦罗村进行决战。面对如此众多的起义军，国王查理不敢轻举妄动，遂采用欺骗手法，假装和农民谈判，将起义领袖卡尔骗到军中并扣留。失去领袖和指挥的农民，群龙无首，顿时成了乌合之众，遂被贵族军队击败。此后，统治者又到处捕杀起义者，先后杀死农民达 2 万余人，卡尔也在大屠杀中丧命。至此，一场较大规模的农民起义被镇压下去。这次起义打击了法国的封建制度，为以后资本主义的产生创造了条件。

▲一群全副武装的人在洗劫一位法国富商的家。

英法百年战争

1337 年，英国对法国宣战，战争断断续续，直到 1453 年才宣告结束，史称"百年战争"。

1328 年，法国卡佩王朝国王查理四世没有子嗣，死后王位被瓦洛亚家族的腓力六世继承。查理四世是腓力四世的儿子，腓力四世外孙、英王爱德华三世想以外孙的名义继承王位，法国贵族予以拒绝。矛盾由此激化，导致战争爆发。王位继承问题实际上只不过是战争的导火线，战争的真正目的在于争夺领土。另外，弗兰德尔的归属问题也一直是两国矛盾的焦点。

1337 年 11 月，英王爱德华三世率军入侵法国。对于岛国英国来讲，制海权是入侵法国成败的关键。1340 年 6 月，爱德华三世率领 250 艘战舰约 1.5 万人攻击斯鲁斯海里的法国舰队。法国舰队接到消息后急忙出海迎战，拥有 380 艘战舰和 2.5 万人的法国舰队向英国舰队压过来。爱德华三世不敢硬碰，为诱歼法军，英舰队开始有条不紊地佯退。见英军要逃，法舰队急速追击，阵形开始紊乱。英军舰队突然掉转船头，向法军冲去。虽然数量处于劣势，但英国海军更擅长海战。他们弓箭齐发，投掷物像暴雨一样砸向敌船。英国的小船在法军舰船间来回穿梭，寻找时机破坏敌人船桨。法国舰船失去灵活性，企图逃跑，但未能逃脱英军

▲百年战争中发生在斯鲁斯港口外的大规模海战。

的追击，几乎全军覆没。英国夺得了制海权，为陆上战争解除了后顾之忧。

1346年，丧失海军的法王腓力六世大怒，他将自己精锐的重装骑兵派到前线。当时的英国以步兵为主，没有与之相抗衡的骑兵。法王想用强硬的马蹄使英军粉身碎骨，号称6万余人的法国骑兵在克雷西与2万英军步兵相遇。爱德华三世命令部队放慢进攻速度，引诱法军来攻。当两队尚有一定距离时，英军强弩手发出的箭雨向法国骑兵飞去。原来，英军为对付身披铠甲的骑兵，偷偷制造了一种秘密武器"大弓"，这种弓箭射程远，射速快，精确度高，能在较远处射穿骑士的铠甲。法军被箭雨打乱了阵脚，溃不成军。英国步兵抓住时机猛攻上去，与法军展开白刃格斗。身着笨重铠甲的法军陷入了被动，很快被英军击败。英军控制了陆上进攻的主动权，一举占领了法国的门户诺曼底，不久又攻占了重要港口加莱。英国的弓箭让法军吃尽了苦头，从卢瓦尔河至比利牛斯山以南的领土都为英国人所占。

阿金库尔战役

阿金库尔战役发生于1415年10月25日，是英法百年战争中著名的以少胜多的战役。1415年8月，英王亨利五世率军约6000人在塞纳河口登陆后向加来进军。法国军队在加来以南阿金库尔要塞奉命截击。英国装备了英格兰长弓的弓箭手按照楔形分布，骑兵全部下马作战，阵前设置尖头栅栏，以阻挡法国骑兵冲击。法国骑兵首先发起进攻，但泥泞的土地给骑兵前进带来了很大困难。英国弓箭手集中射击法国骑兵的马匹，身穿沉重盔甲的骑士纷纷落马，结果打乱了从后面冲上来到法国步兵的阵型，使他们也遭到了英国弓箭手的射击。少数冲到英军阵前的法国骑兵遭到了英国步兵的顽强抵抗，被全部消灭。随后，英国弓箭手手持短兵器和步兵一起冲锋，将陷在泥潭中行动不便的法国骑兵全部消灭。这场战斗改变了英国人在英法战争前期的被动局面，从此以后英军节节胜利，直到贞德出现。

▲左图为法王腓力四世在位时发行、爱德华三世从1344年开始铸造的首批金币，右图为纪念1340年斯鲁斯海战中英军胜利而铸造的金币。

为抵抗英国的侵略，夺回丧失的土地，法王查理五世改编军队，整顿税制，还任命迪盖克兰担任总司令。迪盖克兰指挥法军避开英军的锋芒，采用消耗、突袭和游击战术，发挥新组建的步兵、野战炮兵、新舰队的威力，使英军节节败退，陷入困境。法国趁势夺回大片领土，并恢复了骑兵。

可是，法国内部矛盾日益加剧，贵族争权夺利，农民起义不断。刚登上英国王位的亨利五世乘机重燃战火，不久法国的半壁江山又沦入英军手中。英军继续向南推进，开始围攻通往法国南方的门户要塞奥尔良。法国贵族却没有一个敢去解围。

农民出身的少女贞德经过一番波折，成为解救奥尔良的统帅。她以"神遣的救国天使"名义，手持一把剑和一面旗帜带领法军冲进英军营中。她身先士卒，把旗帜高高举起。贞德的勇气鼓舞着法军，他们顽强拼杀，一次次击败英军的进攻。为攻下英军最后一个堡垒，贞德高举旗帜第一个爬上云梯，但不幸被箭射中而掉落下来。但她顽强地站起来，又冲了上去。守城的士兵出城支援，一举击溃英军。被围困长达7个月之久的奥尔良城得救了，贞德成为法军的灵魂。1430年，在康边附近的战役中，贞德为勃艮第党人所俘，以4万法郎的价格卖给英国人。1431年5月24日，贞德在卢昂被宗教法庭以女巫的罪名处以火刑。"圣女"贞德的死激起法国军民的普遍愤怒，他们奋勇打击英军，接二连三地收复北方失地。1453年，英军在波尔多决战中全军覆没。法国随之收复了除加来港之外的全部领土，取得了战争的最后胜利，英法百年战争至此结束。

地理大发现

哥伦布出生于意大利的热那亚城。那里航海业发达，年轻的哥伦布热衷于航海和冒险。这些条件为其日后的远航打下了基础。

15世纪—16世纪的欧洲，地圆学说已广为传播。人们相信从欧洲海岸出发一直向西，便可以到达东方。而《马可·波罗游记》又把东方描写为遍地是黄金和香料的天堂。当时的欧洲，随着商品经济的发展和资本主义萌芽的出现，发生了所谓的"货币危机"，即作为币材的黄金白银严重匮乏。许多欧洲人狂热地想到

▲哥伦布的航海船只复原模型

15世纪90年代哥伦布向西航行时，就乘坐这种航船，用直角索具把多桅帆船进行改造。船体中部竖立主桅，并在前桅挂一直角帆。必要时，主桅可向右重新挂起直角帆。

东方去攫取黄金，以圆自己的发财梦，哥伦布便是其中的代表人物。哥伦布自幼就酷爱航海，15岁就跟随货船在地中海上航行。

梦想归梦想，去东方在当时可不是一件容易的事。传统的东西方之间陆上贸易通道已被崛起的土耳其帝国隔断，地中海上的通路又为阿拉伯人把持。欧洲人要圆自己的梦，必须开辟新航路。可喜的是此时中国的指南针业已传入欧洲，而欧洲的造船业也达到相当的水平。这时年富力强的克里斯托弗·哥伦布认为条件已经成熟，决定进行一次远航。

第一次航行并不顺利，首要的问题是找不到赞助者。哥伦布1486年就向西班牙王宫提出了自己的设想，直到1491年才获批准。双方签订《圣大非协定》。在西班牙王室支持下，1492年8月3日，哥伦布率领由3艘船组成的舰队从西班牙的巴罗斯港出发，开始了人类历史上首次穿越大西洋的航行。他们一行共87人，经过两个多月的颠簸，终于发现了一片陆地，草木葱茏。他们欣喜地上岸，并将其命为圣萨尔瓦多，意为救世

▲哥伦布像

哥伦布是意大利著名的航海家，自幼喜欢冒险，为寻找传说中金银遍地的中国和印度，他四次横渡大西洋，并首次发现了美洲大陆，为欧洲以后的殖民掠夺打下了基础。

主。这个岛屿就是现在巴哈马群岛中的一个，现名为华特林岛。这时哥伦布犯了一个错误，他以为已经到了印度，就没有再向西航行，而是转道向南，沿着海岸线，陆续到达了今天的古巴和海地。他称这一带的土著人为印第安人（即印度人），并了解了他们的风土人情，只是没有得到大量的黄金。

虽然没有直接获取黄金，但哥伦布也不虚此行。1493年的3月15日，号称"大西洋海军元帅"的哥伦布，在经过240天的远航后，回到出发地巴罗斯港，消息轰动了整个西班牙和欧洲。哥伦布展示了他从美洲带回的金饰珠宝和珍禽异兽，并向人们宣布他已找到去东方的新航路。哥伦布由此受到国王的嘉奖，平步青云地跻身贵族行列。1493年5月29日，西班牙国王颁布命令授予哥伦布新发现的岛屿和陆地的海军总司令、钦差和总督的头衔，并向他颁发了授衔证书。

不久，尝到甜头的西班牙王室让哥伦布再度远航。在第二次航行中，哥伦布到达海地和多米尼加等地区。1498年和1502年，哥伦布又两次航行美洲，扩大了对美洲大陆的探索范围，但始终未能找到中国和印度，也未能给西班牙王室带回他们期望的黄金，逐渐被冷落。1506年的5月20日，哥伦布在西班牙的瓦里阿多里城郁郁而终。

哥伦布发现了美洲新大陆，但到死也说自己到了印度，今天的东印度群岛的名称即来源于此。后来，一个叫亚美利哥的意大利人发现哥伦布到达的不是印度，而是一个原来不为人所知的大陆，这块大陆就以亚美利哥的名字被命名为亚美利加洲（America），简称美洲。美洲的发现开拓了人们的眼界，使世界逐步连为一体，对于扩大世界范围内的交流和推动人类文明进步有一定积极意义；同时也引发了大规模的殖民扩张，为当地的人民带来空前的灾难。

麦哲伦，全名费尔南多·麦哲伦，是世界著名航海家，出身于葡萄牙贵族。在他生活的时代，已有哥伦布发现新大陆和达·伽马开辟通向东方的新航道的航海壮举。在前人的激励下，麦哲伦决定做一次真正意义上的环球航行，以证实地圆学说。

开始，麦哲伦求助于葡萄牙王室，未果，转而向西班牙国王请求资助。获准以后，麦哲伦率领一支由5艘帆船和来自9个国家的270名水手组成的船队，于1519年9月20日从西班牙塞维利亚港出发，向西驶入大西洋。6天以后到达特内里费岛，稍事休整，于10月3日继续向巴西远航，终于11月29驶抵圣奥古斯丁角西南方27里格处（里格，长度单位）。之后，船队继续向南，次年的3月才到达阿根廷南部的圣朱利安港。当时的自然条件对航行极为不利，寒冷的天气使得缺衣少食的船员开始怀疑此行的价值，由于人心不稳，还发生了3名船员叛乱的事件。麦哲伦凭其卓越的领导才能，果断地平息了叛乱，并处死了肇事者。船队在圣朱利安港一直待到这一年的8月，为的是等待天气的好转。

根据麦哲伦等人的航海日志，船队于1520年8月24日离开圣朱利安港南下，10月21日绕过了维尔京角进入了智利南端的一道海峡（后被命名为麦哲伦海峡）。由于该海峡水流湍急，麦哲伦的船队只得小心翼翼地前进，经过20多天他们才驶出海峡，在此期间有两条船沉没。10月28日，麦哲伦等人出了海峡西口进入"南面的海"，幸运的是在这片海域的110天航行竟然没有遇上过巨浪，故而船员称之为"太平洋"。然后开始了横渡太平洋的艰难历程。由于长时间的曝晒，船上的柏油融化，饮用水蒸发殆尽，食物也变质甚至生了蛆虫。船员无奈之下只得以牛皮绳和舱中的老鼠充饥，许多人因此而丧命，其艰难困苦可见一斑。但最危险的时刻还没有到来。

经过严重的减员之后，麦哲伦的船队于1521年3月份抵达马里亚纳群岛中的关岛。在这里船员们获得了梦寐以求的新鲜食物，他们感觉自己好像进入了天堂。在这里他们停下来修整了一段时间以恢复体力，之后他们继续向西航行，到达了菲律宾群岛。至此，麦哲伦本人也走到了生命的尽头。

在登上菲律宾群岛后不久，麦哲伦在与马克坦岛土著人的冲突中被杀。环球航行面临夭折的危险。幸好麦哲伦的得力助手迪尔卡诺带领余下的两

麦哲伦海峡

麦哲伦海峡位于南美大陆南端的火地岛、克拉伦斯岛、圣伊内斯岛之间，东连大西洋，西通太平洋，东西长580千米，南北宽3.3—33千米。海峡分为东、西两段，中间是弗罗厄得角。西段入口宽为48千米，最窄的地方仅有3.3千米，水深可达1000多米。两岸都是陡峭的冰山，景象蔚为壮观。东段转为开阔但水势浅，最浅处水深只有20米，两岸则是茵茵绿草，风景怡人。统观麦哲伦海峡，正处于南纬50多度的西风带，因此海峡经常是大雾弥漫、白浪滔天，对航行极为不利，但一直是两大洋之间的重要航道，直到巴拿马运河开通为止。

船逃离虎口，他们穿过马六甲海峡进入印度洋，这时仅有两只船，又被葡萄牙海军俘去一只。迪尔卡诺只好带领仅存的"维多利亚号"绕过好望角，回到西班牙的塞维利亚港，这时已是1522年9月8日。经过3年多的航行，原来浩浩荡荡的船队只剩下一艘船和18名船员，可见这次航行代价之大。

历时3年多的环球航行，以铁的事实证明了地球是圆的，使"天圆地方说"不攻自破，同时也使世界的形势大大改观，宣布了一个新时代的到来。麦哲伦等人为世界航海史、科学史做出巨大贡献的同时，客观上也给殖民主义扩张开辟了广阔的道路。

科学的重大进展

文艺复兴时期，科学也得到了一些发展。率先提出地球和众行星绕太阳运行即日心说的科学家是尼古拉·哥白尼。在此之前，亚里士多德的地心说一直受到人们的推崇。犹如一颗石子扔进寂静的水里，日心说的推出，引起许多人的关注。

在哥白尼之前的新柏拉图主义者认为，圆是最完美的，运动比静止更接近神性。哥白尼从中得到灵感。1530年，他完成了《天体运行》一书，1543年出版。在书中，他指出，太阳和地球是运动的，静止只是相对的。他的这种观点，与《圣经》中的教义对立。因此，他的日心说得不到响应。

哥白尼的天文学理念，由伽利略和开普勒得以佐证。开普勒认为，因为与太阳距离的远近不同，行星的运行速度也随之变化，根据自己的定律计算，所有行星绕太阳运转是按照椭圆形的轨道进行的。这比哥白尼更前进了一步。后来，牛顿的万有引力定律，更为日心说宇宙观提供了有力的依据。

▲哥白尼像

哥白尼的名字意为"谦卑"。他的最大成就是以日心说否定统治1000多年的地心说。这是天文学上的一次伟大革命，使人类的宇宙观发生了根本变革，揭开了近代自然科学革命的序幕。

伽利略曾经采用自制的能放大30倍的望远镜观察太空，木星和它的卫星、土星与它的光环，甚至太阳中的黑子都被他发现了。伽利略说，除了太阳系，宇宙中还有更浩瀚的银河系。1632年，罗马宗教法庭起诉伽利略，要他必须承认自己的错误，否则判处终身监禁。伽利略无奈地口头上认错，但心里依旧坚持。

布鲁诺在宣传日心说时，对基督教的教义逐一进行了反驳。他认为，神灵主宰世界的学说全是无稽之谈，宇宙空间绝对不存在神和上帝。因此，宗教裁判所判定布鲁诺为异端，犯下大逆不道之渎神罪，然后处以火刑，将布鲁诺活活烧死了。

这一时期，在物理学、数学和医学方面也有许多重大的发明、发现。伽利略的惯性定律、相对性原理，意大利数学家卡尔达诺的解三次方程公

▲ 自由落体实验

1590 年，意大利著名科学家伽利略在比萨斜塔上做了著名的自由落体实验，他以铁的事实告诉人们：物体下落的速度与物体本身的质量大小无关。

式，比利时医生维萨留斯的解剖学，英国医生哈维的人体血液循环理论等，都极大地推动了科学的发展。

在哲学思想领域，机械唯物论摆脱经院哲学的束缚发展起来。英国近代资产阶级唯物论哲学家弗兰西斯·培根出生在英国伦敦的一个贵族家庭，12 岁入剑桥大学。培根非常反感那里的"经院哲学"的统治。他一生大部分时间在官场中度过，然而为政客，他饱尝了仕途之艰辛。他著有《学术的进展》《新工具》《科学的价值与增长》等，提出的归纳法，成为研究自然科学的方法，并提出"知识就是力量"的名言，这反映了新兴资产阶级需要利用科学知识认识和改造自然，造福人类的要求。

法国理性主义的创始人笛卡儿出身贵族家庭，从小就勤于思考。1616 年获法律博士学位，后当上军官，长期服役。1618 年他结识了物理学家伊萨克·毕克曼，受其影响而从事科学研究。1625 年回到法国，开始致力于科学研究活动。他认为宇宙是统一于运动的物质，但是他又把物质运动只看作是机械运动。在认识论上，他采用理性演绎法，片面强调理性认识的可造性，否认感性认识的作用。同时，由于无法解释理性认识的来源，于是不得不求助于神启真理，因此他也是"心物彼此孤立"的二元论者。

文艺复兴运动持续了近 300 年，其重大历史意义在于它不仅创造了光辉灿烂的新文化，尤为重要的是改变了人们的观念，解放了人们的思想。它是资本主义时代到来的先声，也是资本主义发展的基础。

比萨斜塔上的实验

　　古希腊著名的哲学大师亚里士多德曾做出一个著名论断：两个铁球，其中一个是另一个重量的 10 倍，如果两个铁球从同一高度同时落下，那么重的铁球落地速度必然是轻的铁球的 10 倍。人们对此深信不疑。意大利著名科学家伽利略经过多次实验发现亚里士多德的说法是不对的，但没有人相信他，他决定要当众检验一下圣哲的话是否正确。1590 年的一天，伽利略带着沙漏、一个底部可以自动打开的铁盒和两个分别重为 10 千克和 1 千克的铁球来到比萨斜塔顶上。他的助手将这两个铁球装入盒子，然后将盒子水平端起，探身到栏杆的外侧。伽利略在众目睽睽之下按动按钮，盒子的底部自动打开，两个铁球同时从盒中脱落，自由落向地面。只听"咚"的一声，两个铁球同时落到了地面上。实验证明了伽利略的判断是正确的。凭着这种追求真理、尊重实践的科学精神，伽利略又有一系列的重大发现。他发现了摆的等时性原理，从而发明了钟表；他在李希普发明望远镜的基础上发明了放大 20 倍的天文望远镜。他著有《论运动》《关于托勒密和哥白尼两大世界体系的对话》《关于两种新科学的对话》《关于太阳黑子的通信》和《关于力学和位置运动的两种新科学的对话和数学证明》等科学专著。

德国宗教改革

　　马丁·路德出身于富裕市民家庭，出生的第二年，全家迁居采矿中心曼斯费尔德，父亲汉斯·路德当矿工，靠租用领主的三座小熔炉起家。在父母严格的宗教教育下，路德从小就接受了传统的基督教信念。1501 年春，他进入德意志最著名的爱尔福特大学，在 1502 年秋获得文学学士学位，1505 年，又以优异成绩取得硕士学位。在大学期间，他开始受到反对罗马教皇的世俗思想的影响。

▲马丁·路德像

马丁·路德，德国宗教改革的发起者，新教的创始人。1517 年马丁·路德把他的 95 条论点钉在德国维登堡一所教堂的门上，从而开始了基督教改革运动。他反对罗马天主教会干预国家政事，并于 1525 年因拒绝放弃其论点而被逐出了罗马天主教，这也导致了众多新教教会的出现。

　　大学毕业后不久，路德在父母亲朋诧异的目光中弃绝尘世，进入埃尔福特奥古斯丁修道院当修士，开始了自己的宗教生涯。他在那里潜心修道，履行各种苦行赎罪活动，以圣洁闻名。1512 年，路德获神学博士学位，被任命为维登堡修道院副院长和维登堡大学神学教授。在此期间，他认真研读《圣经》，发现天主教会的制度及其神学理论与基督教教义严重背离，认为信徒只要依靠个人对耶稣的信仰即可得救，信仰的唯一依据是《圣经》，而非天主教会制定的神学。这样，路德对教皇的权威，从理论上予以否定，同时还否定了天主教神学的基本观念。

　　1517 年，美因兹大主教亚尔伯特通过售卖赎罪券，以聚敛财富。10 月 31 日，路德在维登堡的卡斯尔教堂的大门上张贴《九十五条论纲》，对出卖赎罪券的做法予以痛斥，提出了"信仰耶稣即可得救"的原则。《九十五条论纲》引起了强烈反响，激发了人们对教权至高无上的反对和怨愤，点燃了德国宗教改革的火焰，使路德一时成为德国全民族的代言人。1519 年，罗马教会的神学家约翰·艾克同马丁·路德在莱比锡展开了大论战，这场大辩论，成为路德宗教改革生涯中的一次重大转机。

　　1520 年，路德发表《论基督徒的自由》和《教会被囚于巴比伦》两篇重要文章，全面阐述了"因信称义"的宗教改革理论。其主要内容是，只要有信仰，人人在上帝面前都享有平等的权利和地位，并能得到上帝的恩典，从而使灵魂得救；在人与上帝之间，无需宗教律法、礼仪和神职人员作为中介，信仰的唯一依据是《圣经》；简化烦琐的宗教仪式，七项圣礼中只保留洗礼、圣餐两项。文章从根本上否定了教皇至高无上的地位和教会高于国家的天主教思想。

路德的理论和活动使教廷大为恐慌。教皇命令路德在 60 天之内改变观点，否则将开除他的教籍，但路德依旧坚持自己的观点。1521 年 4 月，在教廷的支持下，神圣罗马帝国皇帝发布旨意，取消对路德的法律保护，但是议会没有听从，反而将路德召到议会陈述他的观点。路德在议会的演说引起阵阵欢呼。会后，路德在群众的保护下离开会场，避开了皇帝的逮捕，逃亡到萨克森，被萨克森选帝侯腓特烈保护起来。从此，路德潜心于对神学的研究与写作，继续宣扬其宗教改革的主张。

1525 年，42 岁的路德与一位叛逃的修女波拉结婚，以实际行动向天主教的禁欲主义发起了挑战。1543 年，路德翻译的德文《圣经》面世，他的《圣经》译本为人们提供了对抗天主教会的思想武器。他翻译的《圣经》使用的是德国语言，这种统一的语言也成为联系分裂的德意志各邦的重要纽带。1546 年 2 月，路德死于出生地艾斯勒本，享年 63 岁，被葬于维登堡大教堂墓地。29 年前，轰动一时的《九十五条论纲》就是贴在这座教堂的门上。

▲图为宗教改革时期，路德派教徒正在与罗马天主教教徒讨论一些有争议的论点，这是 1530 年神圣罗马帝国皇帝试图与改革者和解的最后尝试。

加尔文

加尔文是瑞士宗教改革家，神学家，新教加尔文教创始人。他1509年生于法国。16世纪30年代他参加了巴黎的宗教改革运动，由于法国政府对新教徒的迫害，他逃往瑞士，发表其主要神学著作《基督教原理》。从16世纪40年代起，他在瑞士日内瓦领导宗教改革和市政工作：废除主教制，代之以共和式的长老制；简化宗教仪式；鼓励经商致富，宣称做官执政，蓄有私产，贷钱取利，同担任教士职务一样，均可视为受命于上帝。加尔文的神学思想在许多方面与路德教相同，如强调《圣经》是基督教信仰的唯一根据和权威、主张因信称义等。但加尔文还主张"预定论"，认为人的得救与否、贫穷与富贵，早已由上帝"预定"。加尔文宗又称归正宗，"归正"一词译自英文 reformed，意指经过改革复归正确。加尔文教的广泛传播在于它符合了当时新兴资产阶级的发展，更在于加尔文对新教的信心和贡献。加尔文的名字和"加尔文教"联系在一起。

英国的都铎王朝

1485年，英国封建主之间的内战——玫瑰战争结束后，亨利七世登上王位，开始了都铎王朝的专制统治。都铎王朝的统治者在封建贵族、资产阶级和新贵族共同支持王权的基础上，采取了一系列政策，使专制王权得到巩固。

首先，削弱大贵族势力，剥夺教会贵族的特权和财产。亨利七世统治时，加大了打击封建割据势力的力度。他下令禁止贵族蓄养家兵，宣布取缔封建家臣团，摧毁贵族修建的城堡，并发挥"皇室法庭"的作用，使之成为专门审理政治叛乱案件的机构，以惩治那些不听从皇室命令的大贵族。1540年，亨利八世又进一步将枢密院作为自己的咨询机构和最高司法机关，其官员多从资产阶级和新贵族当中选任，从而使他们成为专制王权的支柱。

1533年，亨利八世与罗马教皇决裂，施行宗教改革，自己随之成为英国教会的首脑。他将教会没收所得的大批土地廉价卖给或赏赐给资产阶级和新贵族，进一步为专制王权奠定了坚实的社会基础。其次，为了满足封建贵族的愿望，维护封建秩序，都铎王朝颁布了一系列惩治流浪者的法律。自15世纪70年代兴起的圈地运动，破坏了封建土地所有制，使广大农民丧失土地而成为流浪者。都铎王朝的统治者颁布限制圈地和惩治流浪者的法律，其目的在于使农民回到原来的土地上，巩固封建制度。再次，在政治上，与资产阶级结盟，控制国会，使之成为专制王权的工具；在经济上，实行重商主义政策，如保护工商业、奖励海外贸易和殖民掠夺等。

▲亨利八世

都铎王朝既维护封建贵族的利益，同时又执行对资产阶级和新贵族有利的重商主义政策。这种现象反映了英国的专制王权当时在两个对立的阶级间起着某种协调作用。

自16世纪中叶起，资本主义获得迅速发展的英国，经常在西班牙殖民地进行走私贸易，抢劫西班牙运送金银的船队，袭击西班牙殖民据点。西班牙国王腓力二世决定派遣大军远征英国。1588年5月，由大贵族麦迪纳－西多尼亚公爵率领的无敌舰队驶离里斯本，其中包括130艘兵船和运输船、7000名船员和水手、23000名步兵。7月—8月，舰队在英吉利海峡与英国海军上将C.霍华德及海军中将F.德雷克率领的英国舰队相遇，英军采用火烧连船的战术，无敌舰队损失惨重。后无敌舰队从英国北海绕过苏格兰和爱尔兰返回西班牙。途经苏格兰北部海岸附近时，遇风暴，舰队几乎覆没。在这一战役中，无敌舰队损失32艘战舰和1万名士兵。从此，西班牙的海上霸权被英国所取代。

圈地运动

15世纪以前，英国的生产主要以农业为主，纺织业在人们的生活中，只是一个不起眼的行业。随着新航路的发现，国际贸易的扩大，处在欧洲

▲图为一个衣着体面的男士将手伸进衣袋里，要资助路边一个浑身伤痛的乞丐。圈地运动使许多农民流离失所，成为流浪者和乞丐。

大陆西北角的佛兰得尔地区，毛纺织业突然繁盛起来，在它附近的英国也被带动起来。毛纺织业的迅猛发展，使得羊毛的需求量急剧增大，市场上的羊毛价格开始猛涨。英国本来是一个传统的养羊大国，这时除了满足国内的需求外，还要满足国外的羊毛需求。因此，与农业相比，养羊业就变得越来越有利可图。这时，一些有钱的贵族开始投资养羊业。

由于养羊需要大片的土地，因此，贵族们纷纷把原来租种他们土地的农民赶走，甚至把他们的房屋拆除，把土地圈占起来。一时间，在英国到处可以看到被木栅栏、篱笆、沟渠和围墙分成一块块的草地。被赶出家园的农民，则变成了无家可归的流浪者。这就是圈地运动。

圈地运动首先是从占据公共用地开始的。在英国，虽然土地早已私有，但森林、草地、沼泽和荒地这些公共用地则没有固定的主人。一些贵族利用自己的势力，首先在这里放牧羊群，强行占有这些公共用地。到了16世纪—17世纪，随着英国工业迅猛发展，呢绒工业大幅度膨胀，羊毛需求量急剧增长，价格日益上涨，这就进一步刺激了养羊业的繁荣。加之这时美洲的黄金大量流入欧洲，引起货币贬值，物价上涨，地主征收的固定地租实际上已大大减少。因此，越来越多的土地贵族更加疯狂地强行圈占公共土地和农民的耕地，用来发展养羊业，他们开始采用各种方法，把那些世代租种他们土地的农民赶出家园，甚至把整个村庄和附近的土地都圈占起来，变成养羊的牧场。

在这种强行的圈地运动中，农民以前以各种形式租种的土地，无论是以前定下的终身租地，还是每年的续租地，都被贵族强行圈占。这些成为牧场主的贵族还互相攀比，使他们的牧业庄园变得越来越大。

条田制

西欧农村在中世纪时，耕地呈条块分割状，称为"条田"。大大小小的土地占有者在其中占有一条或若干条土地，这样的土地布局称为"条田制"。在条田制下，耕种与收割的日期，都是由村民先开会决定。收割完毕后，村民有权在地里捡拾麦穗和放牧牲畜。这样的共耕制度不利于那些勤劳能干的农民发挥自己的生产积极性。由于土地比较分散，划分条田的田埂会造成土地的浪费，同时也不利于经营管理。而且条田都很窄，只能顺犁顺耙，所以不利于土壤的改良。耕种时，邻近的土地可能被牲畜践踏，引起纠纷。从水利建设来说，不便于单位生产者独立采取排灌措施。从牲畜方面来讲，全村的牲畜集中在一起放牧，容易引起牲畜传染病的传播，并且由于草料不足，使得牲畜营养不良，而牲畜的自行杂交也不利于改良畜种。

英国的圈地运动从15世纪70年代开始，一直延续到19世纪初。英国全国一半以上的土地都变成了牧场。在这一过程中，虽然英国国王也进行了一定程度的限制，颁布了一些试图限制圈地程度的法令，但这些法令并没起多大的作用，相反，圈地日益合法化。

为了使被驱逐的农民很快地安置下来，英

▲圈地运动造成了"羊吃人"的悲惨结局。英格兰沿海的大亚茅斯周遭环绕着农田和牧场，这里是英国"圈地运动"的盛行地区。

国国王在颁布限制圈地法令的同时，也限制流浪者，目的是让那些从家园中被赶出来的农民接受工资低廉的工作。凡是有劳动能力的游民，如果不在规定的时间里找到工作，一律加以法办。通常，对于流浪的农民，一旦抓住，就要施以鞭打，然后送回原籍。如果再次发现他流浪，就要割掉他的半只耳朵。第三次发现他仍在流浪，就要处以死刑。

后来，英国国会又颁布了一个法令，规定凡是流浪一个月还没有找到工作的人，一经告发，就要被卖为奴隶，他的主人可以任意驱使他从事任何劳动。这种奴隶如果逃亡，抓回来就要被判为终身奴隶。第三次逃亡，就要被判处死刑。任何人都有权将流浪者的子女抓去做学徒，当苦役。

亨利八世和伊丽莎白两代国王统治时期，曾经处死了大批流浪的农民。圈地运动导致英国的农民数量越来越少，失去土地的农民只好进入城市，成为城市无产者。为了活命，他们不得不进入生产羊毛制品和其他产品的手工工场，成为资本家的廉价劳动力。在这种手工工场里，工人的工资十分低，而每天则要工作十几个小时。

18世纪，英国国会通过了大量的准许圈地的法令，最终在法律上使圈地合法化。英国农民减少到了有史以来的最低数量。

圈地运动为英国的资本主义的发展提供了有利的条件。大量农民丧失生产资料，成为出卖劳动力的雇佣劳动者，为资本主义的发展提供了劳动力市场，是资本原始积累的主要形式之一。同时，圈地运动使许多资本主义性质的农场建立起来，农业市场也随之扩大，加速了英国的封建农业向资本主义农业过渡的讲程。

法国的君主专制制度

新的阶级关系的形成，为法国的专制王权提供了生存的土壤。地理大发现以后，受工商业发展和"价格革命"的影响，贵族地主的固定地租收入减少，经济地位下降。但他们依旧保持着各种政治特权，这种特权需要强大的王权来维护封建秩序。新兴资产阶级靠购买公债、向政府贷款、充当纳税人等手段聚敛了大量财富，这是法国原始资本积累的主要特点。富有的资产阶级又通过购买破落贵族的爵位及其产业，步入贵族行列，从而在经济上和政治上与王权的联系更加紧密。他们出于维护自身利益的需要，也极力主张加强王权。这样，萌芽于路易十一统治时期的君主专制制度很快就建立和发展起来。到法兰西斯

▲ 1572年8月23日，法国国王下令展开圣巴托罗缪日大屠杀，使南北矛盾更加尖锐。

一世统治时期，专制制度最终确立。法兰西斯一世铲除割据势力，停止召开三级会议，国家的一切重大问题都由他和少数近臣做出决策。同时逐渐脱离罗马教廷的控制，实现教会的民族化，并使法国教会成为专制统治的工具。

法兰西斯一世也制定并施行了符合新兴资产阶级利益的工商业政策，为本国商人取得在土耳其各港口贸易的特惠权等。这样，即使资产阶级得到了王权保护的好处，又巩固了王权的统治。此时，加尔文教在法国各地广泛传播，法国南部的封建贵族企图利用宗教改革来对抗专制君主，以图恢复其往日的独立地位。而北部的封建贵族则以"保卫王权，保护天主教"为口号，同南部形成对立的一派，二者最终于1562年爆发战争。加尔文教在法国称为胡格诺教，因此这场战争在历史上被称为"胡格诺战争"。1572年的圣巴托罗缪节（8月23日）之夜，天主教徒在王室支持下，大肆屠杀巴黎的胡格诺教徒，使南北矛盾更加尖锐，国家处于分裂状态。1589年，法王亨利三世在混乱中遇刺身亡，胡格诺集团的波旁·亨利即位，称亨利四世，从此开始了波旁王朝的统治。为了巩固王位以及取得北部贵族的支持，亨利四世皈依了天主教，并立天主教为国教，但同时也允许胡格诺教徒享有信仰自由及担任国家公职的权利。亨利四世还通过实行鼓励发展农业、扶植手工工场、发展海外贸易、保持关税等措施，逐渐巩固了王权。其子路易十三统治时期，任用首相黎塞留进行改革，改革的主要内容

是：逼迫教会缴纳巨额捐税；加强中央各部门的职能及中央对地方的控制；派监察官统揽各省行政、司法、财政大权，以此削弱地方贵族和各省总督的权力；实行重商主义政策。这一系列的改革使专制王权得到进一步加强，为资本主义的发展创造了有利条件。

尼德兰资产阶级革命

"尼德兰"本意为"低地"，指莱茵河、马斯河、斯海尔德河下游及北海沿岸一带的低洼地区，大致相当于今天的荷兰、比利时、卢森堡和法国的东北部。到了16世纪初，尼德兰又因王室联姻和继承关系归属西班牙统治。

16世纪以前，尼德兰已成为欧洲经济最发达的地区之一。地理大发现以后，欧洲国家贸易中心移向大西洋沿岸，进一步推动了尼德兰工商业的繁荣。阿姆斯特丹是北方的商业中心，与英、俄、波罗的海沿岸各国有着密切的贸易往来。

▲玛格丽特是查理五世的女儿，1559年，被弟弟腓力二世派到尼德兰做总督。

资本主义的发展，引起了阶级关系的深刻变化。由大商人、工场主和农场主组成的城乡新兴资产阶级不断发展壮大，封建贵族采取资本主义方式经营土地而变成新贵族。资产阶级和新贵族大多信奉加尔文教，他们要求发展资本主义，摆脱封建关系的束缚，推翻西班牙的专制统治。广大农民和城市平民大多信奉再洗礼派或加尔文教，他们受阶级和民族的双重压迫，强烈要求改变现状，成为革命的主力军。

腓力二世继位后，继续推行高压政策。他在尼德兰广设宗教裁判所，残害新教徒；剥夺城市自治权，限制尼德兰商人进入西班牙港口。1559年，腓力二世派他的姐姐玛格丽特到

▲反对腓力宗教政策的加尔文教徒捣毁天主圣像。

尼德兰做总督，格兰维尔主教为辅政，以加强对尼德兰的直接控制。这些带有民族压迫性质的专制政策成为尼德兰革命的导火线。

1566年4月，以奥兰治·威廉亲王为首的"贵族同盟"向玛格丽特总督呈递请愿书，要求废除"血腥敕令"，召开三级会议，撤出西班牙驻军，罢免格兰维尔的职务，但被西班牙当局拒绝。8月，一名叫马特的制帽工人，掀起了破坏圣像、圣徒遗骨和祭坛的运动，并得到广大人民群众的支持，安特卫普、瓦朗西安爆发了起义。1567年，腓力二世命阿尔法为总督率军进驻尼德兰，开始了对异端派别和起义军的血腥镇压，一些贵族和资产阶级也被杀害。由工人、农民和革命资产阶级分子构成的起义军和激进的加尔文教徒转移到森林里和海上，组成"森林乞丐"和"海上乞丐"，展开游击战，神出鬼没地袭击西班牙军队，奏响了革命的交响曲。1568年，奥伦治亲王威廉从国外组织起一支雇佣军，但终因势单力薄而被阿尔法击败。1572年4月，在"森林乞丐"和"海上乞丐"影响下，尼德兰北方各省均发生起义，致使阿尔法军力分散。"海上乞丐"乘机率领装有枪炮的轻便船猛攻泽兰省的布里尔，守卫的西班牙军遭受重创。起义军又一举将西班牙军从北部大部分地区驱逐出去，并占领了荷兰省和泽兰省，建立了自己的根据地，奥兰治·威廉被推选为执政。到1573年底，北方的其他各省也相继独立，奥兰治·威廉成为各省公认的总督。

面对南方贵族的分裂行径，北方各省于同年成立了"乌特勒支同

盟"，宣告各省永不分离，并以各省代表组成的三级会议为最高权力机构。1576年9月4日，布鲁塞尔举行起义，起义军占领了国务委员会大厦，这样西班牙在尼德兰南部的统治就被推翻了。11月，以奥兰治·威廉为代表的北方起义军和南方起义军签订协定，首先驱逐西班牙人，成立政府，再解决双方在宗教问题上的分歧。1581年，三级会议决定废除腓力二世的王位，成立联省共和国，简称荷兰共和国。西班牙对北方的进攻屡遭失败，不得不于1609年与联省共和国缔结十二年休战协定，事实上承认了联省共和国的独立。1648年签订的《威斯特发里亚和约》，正式给予联省共和国以独立地位。至此，荷兰成为人类历史上第一个资产阶级共和国。

世界近代史

查理一世的专制统治

14世纪时，契约租地农的出现标志着英国农业资本主义萌芽的产生。15世纪末，圈地运动的兴起，进一步促进了农业资本主义的发展。到17世纪初期，资本主义农牧场在英国东南部地区已相当普遍。农业资本主义的发展引发了农村社会结构的重大变化。贵族的分裂、乡绅的崛起和农民的分化，瓦解了封建社会的根基，传统社会关系的平衡被打破，为革命的爆发奠定了深厚的基础。

英国特有的议会传统为革命的爆发提供了有利的政治条件。议会原本是封建王权的御用工具，但从14世纪起，议会取得了参与立法、批准税收、监督国王政策等权力。到了16世纪末17世纪初，新兴革命力量以议会反对派的身份，利用议会的传统权力，与封建王权展开了斗争。

17世纪前期，尚未出现成熟的资产阶级政治理论，而宗教给英国革命以思想动力。16世纪60年代，加尔文教传入英国。加尔文教反对国教教士奢华腐败，主张勤劳和节俭，该教派在英国被称为"清教"。清教的教义反映了资产阶级的政治和经济愿望，越来越多的资产阶级、新贵族以及部分农民、手工业者、工人等成为清教徒，掀起了所谓的"清教运动"。清教运动实质上是一场涂上宗教色彩的资产阶级运动。

与欧洲大陆各国相比，革命前的英国君主专制存在许多薄弱的地方。首先，英国因是岛国，平时不需要强大的陆军保卫国土，所以没有常备军；其次，英国的官僚机器在都铎王朝时期虽有所加强，但其总体规模远比法国等大陆国家小得多；最后，英王的固定收入只有王室关税和领地收入两项，数量非常少，因此，政府不得不经常

▲查理一世

求助于议会补助金。封建专制王权的相对虚弱也是有利于革命较早发生的重要条件。

1603 年，都铎王朝最后一位君主伊丽莎白一世死后无嗣，由苏格兰国王詹姆斯六世继承王位，即詹姆斯一世，从此开始了斯图亚特王朝的统治。

詹姆斯一世极力鼓吹君权神授论，宣称国王是上帝派到世间的，具有至高无上的权威，理所当然地不受法律和国会的制约。以他的继承人查理一世为代表的封建贵族阶级和资产阶级新贵族之间的斗争更为激烈，斗争集中表现为国王和国会之间的冲突。

1625 年 6 月，查理一世为征收新税而召开国会，国会对此坚决予以否决。查理一世怒不可遏，宣布解散国会。这样，英国在 1629 年到 1640 年期间没有国会，史称"无国会时期"。

到 17 世纪 30 年代末期，英国的阶级矛盾空前激烈，国王与国会的冲突日益尖锐，城乡人民的斗争频繁发生，封建专制统治已陷入深刻的危机之中，革命形势已经成熟

清教徒革命

1638 年，苏格兰爆发了反对君主专制制度的起义。这次起义直接引发了英国革命。

苏格兰原是一个独立国家。1603 年，詹姆斯一世身兼苏格兰和英国国王，但两国并未正式合并成一个国家。1637 年，查理一世强令苏格兰接受英国国教，企图在那里推行专制制度，激起苏格兰人的反英起义。1638 年，起义者组成特别委员会，制定了《民族圣约》，宣誓为保卫加尔文教而战。查理一世远征苏格兰，惨遭失败，只好暂时求和，以赢得时间，伺机再战。为了筹措军费，查理一世不得不于 1640 年 4 月重新召集已经停开了 11 年的国会。反对派约翰·皮姆等人强烈反对战争，并要求处死宠臣斯特拉福。查理一世无奈，又于 5 月解散国会。国会解散的第二天，伦敦市民奋起示威，广大农民的反圈地斗争向纵深发展。同年 8 月，苏格兰军再次发动进攻，占领了英国北部两郡，查理一世被迫两次召集国会。

国会开幕不久，在人民群众的呼声和压力下，国会两院通过逮捕斯

FIDEI DEFENSOR

▲图中的查理一世正在寻找地球仪上的苏格兰。

特拉福和劳德大主教的提案，并同意将斯特拉福处以死刑。查理一世认为这是对王权的挑战，于是迟迟不批准国会的决议。1641年5月9日，伦敦市民数万人手持刀剑棍棒，连夜举行示威，并宣布要冲进王宫。查理一世只好签署了判决书。3天后，斯特拉福被送上断头台。4年后，劳德大主教也被处决。国会取得了首次胜利。

不久，国会开始分为两派，两派的分野大致与清教运动中的两个派别吻合，称为长老派和独立派，两派在一些问题上有重大分歧。

查理一世利用国会内部的分歧，伺机反扑。他派军队进入伦敦，在各要塞安置大炮，并派自己的卫队把守国会。1642年1月4日，查理一世亲自带领士兵，到下院去逮捕皮姆等人，得悉这些人已被群众隐藏在商业区时，又在第二天带兵去商业区搜捕。结果遭到2000多武装市民的阻拦，白金汉郡的农民5000人也进入伦敦声援。查理一世在伦敦陷于孤立，不得不于1月10日逃离首都，到北部约克郡纠集武装，准备发动内战。国会也于7月12日通过决议，成立国会军队。至此，国王与国会的斗争达到动武的程度。1642年8月22日，查理一世在诺丁汉向国会宣战，挑起了内战。

内战初期，双方的力量对比有利于国会。然而由于掌握革命领导权的长老派分子的动摇和妥协，国会节节败退。到1643年秋，王军不断取胜，占领了全国四分之三的地区。

国会军中唯一保持不败的是奥利佛·克伦威尔率领的军队。克伦威尔出身于中等乡绅家庭，是一个虔诚的清教徒。1628年和1640年先后两次被选为下院议员，是国会中独立派的领袖。内战爆发后，他自己筹款组建

清教徒

清教徒是欧洲宗教改革时代后期在英国出现的一支新教教派。16世纪60年代，许多人主张清除国教会中天主教残余，得名清教徒。清教徒只承认《圣经》是信仰的唯一权威，强调所有信徒在上帝面前一律平等。他们接受加尔文教教义，主张建立无教阶制的民主、共和的教会，反对国王和主教专权；赞许现世财富的积累，提倡节俭、勤奋的进取精神。这些观点反映了新兴资产阶级的愿望和意志。70年代起，脱离圣公会，建立独立教会，选举长老管理宗教事务。16世纪末清教徒分裂为长老派和独立派。17世纪上半叶，信奉清教的资产阶级和新贵族与国王的冲突愈演愈烈，导致英国革命，亦称清教徒革命。斯图亚特王朝复辟后，清教徒受到迫害。1688年"光荣革命"后，议会通过《宽容法》，允许清教徒建立自己的教会。1828年政权对清教徒完全开放。

了一支由自耕农和手工业者组成的骑兵队。他亲自组织1.2万人的东部盟军于1644年6月收复林肯郡大部分地区，又开始围攻约克城。这样两军首次大规模会战就在约克城西北的马其顿荒原上拉开了。鲁普特亲王率领的王军迅速占领了整个荒原。国会军当晚就发动进攻。克伦威尔重点布置左翼兵力，并让左翼骑兵首先冲下高地，直扑王军右翼，很快王军右翼一线二线被击得溃不成军，落荒而逃。但国会军中路步兵和右翼骑兵却被王军逼得节节后退，于是克伦威尔指挥胜利的左翼骑兵从王军中路步兵的右翼后侧进行猛攻。腹背受敌的王军不敢恋战，仓皇逃跑。这一战扭转了国会军连连失利的局面，也使克伦威尔的部队被誉为"铁骑军"。

1643年9月，国会为挽回败局，同苏格兰国会订立《圣约》。1644年初，苏格兰军队进入英国，与国会军协同作战，王军陷入南北受敌的困境。7月2日，在马斯顿草原展开会战，克伦威尔的铁骑军在这次战役中发挥了巨大的作用，最后战胜了王军。这次会战是内战的转折点。1645年1月，国会通过了克伦威尔提出的改组军队的议案，授权克伦威尔改组国会军。克伦威尔以自己的铁骑军为榜样，组建了一支主要由自耕农和手工业者、店员等组成的新军，并有良好的给养制度，实行民主，纪律严明，具有较强的战斗力，军官大部分来自下层社会，故被称为"新模范军"，是英国首次建立的常备军。从此，独立派掌握了军权，保证了内战的胜利。

1645年6月14日，刚刚组建的新模范军在纳西比同王军相遇，经过激烈的战斗，打垮了王军主力。此后，新模范军又攻克了王军控制的许多地区。1646年5月，国会军攻克牛津，查理一世逃到苏格兰，被苏格兰扣留。次年2月，英国国会用40万英镑把查理一世引渡到伦敦。第一次内战宣告结束。

查理一世被推上断头台

英国的国会军战胜王军后，国会的反人民政策激化了社会矛盾，人民群众的反抗斗争不断爆发，尤其是农民运动更是蓬勃发展。1645年，西部和西南部农民掀起"棒民运动"，他们以棍棒、镰刀等武器，既反对王军，也反对国会军。"棒民运动"后来被克伦威尔统领的新模范军镇压了。对这一行动，军队中发生了分歧，从而埋下了军队和国会决裂的种子。

国会军战士大多数都是穿上军装的城乡劳苦大众，他们对国会的政策非常不满。1647年3月，国会通过了解散军队的决议。士兵们坚决抵制，军队中选出士兵和军官代表，组成全军委员会，领导了这场斗争。克伦威尔支持军队的要求，派兵把国王从国会的保护下抢夺过来，在军队中监押。1647年8月6日，军队开进伦敦，用武力迫使国会驱走与军队为敌的长老派议员，从此，独立派掌握了国会。

然而，军队内部也存在着矛盾，以独立派为核心的上层军官与以平等派为核心的下层军官和士兵的斗争在军队掌管国会后日益加深。

1647年10月末到11月初，平等派和独立派在伦敦郊区的帕特尼会议上展开了激烈的争论。11月15日，9个团队的平等派士兵把《人民公约》贴在帽子上，举行武装示威。克伦威尔派兵镇压了平等派的这次示威活动，取消了士兵在全军委员会中的代表，使之变成独立派军官控制的军官委员会。这种做法，使独立派在取得政权后开始背叛和抛弃自己的同盟者，站在了人民群众的对立面。军队内部的分裂与斗争使革命力量大大削弱，为封建复辟势力的抬头提供了机会。1647 年 11 月，查理一世从监护所逃跑，后在威特岛被扣留。不久，苏格兰国会和英国长老派分别派代表到威特岛，与查理一世密谋复位问题。1648 年 2 月，王党在南威尔士发动叛乱，第二次内战爆发了。7

▲查理一世雕像

月，王党勾结的苏格兰反革命军队进入英国北部，支持查理一世复辟。

面对封建复辟势力的威胁，以克伦威尔为首的独立派不得不与平等派重新联合。1648 年 4 月 29 日，克伦威尔重新召开全军会议，并允诺在战后实现平等派的《人民公约》。两派决定团结起来一致对敌，消灭王党，并将国王交法庭审判。8 月，克伦威尔率军在普莱斯顿战役中击溃了苏格兰反动军队。9 月，攻占了苏格兰首都爱丁堡，苏格兰的政权转移到与英国国会结盟的长老派左翼手中。至此，第二次内战宣告结束。

为了防止王党势力死灰复燃，国会与军队共同组成特别法庭，审判查理一世。1649 年 1 月 27 日，在人民群众的呼声压力下，查理一世被判处死刑。30 日，查理一世在成千上万群众的围观下，在白厅前广场被送上了断头台。

斯图亚特王朝复辟

护国政府建立后克伦威尔为了巩固自己的专制统治，采取一系列加强独裁机构的措施。

1655 年夏，他把全国划分为 11 个军区，各区派少将 1 名，统揽全区的行政、军事、税收、治安等大权，直接对护国公负责。克伦威尔就是以这种军区制度对全国人民实行他的独裁统治的。此外，护国政府还推行了一些维护教会和封建地主的政策，如确认地主的土地所有权、保护教会的什一税等。

护国政府的政策加剧了国内矛盾。1658年，新国会成立，共和派议员对护国政府发起猛烈攻击，因此国会被解散。此后，共和派和平等派在各地发动反政府暴动，农民起义也接连爆发。逃亡国外的查理二世开始积极准备策动叛乱。就在这危机四伏的时候，克伦威尔于1658年9月病逝，其子理查·克伦威尔继任护国公。理查懦弱无能，高级军官们趁机争权夺势，国内政局混乱不堪。理查被迫于1659年5月辞去护国公一职，护国政权遂告瓦解。

护国政权解体后，政权落到高级军官手里。他们迫于日益高涨的人民革命运动，不惜与长老派妥协言和，恢复了国会。但是国会恢复不久就通过决议，要求惩办1653年解散国会的军官，于是军官们再次解散国会，组成"安全委员会"，进行军事统治。然而，"安全委员会"受到各阶层人民的抵制和反对，各地方政权也拒绝接受委员会的领导，军官们只好于1659年底重新恢复了国会。

由于政局不稳，人民革命又此起彼伏，共和派和平等派在各地举行集会，鼓吹成立共和政体。资产阶级和新贵族慑于人民的声威，又对军官们感到失望，于是便转向昔日的敌人，同王党集团携手合作，密谋让查理二世复辟。复辟活动很快得到驻防苏格兰的英军司令蒙克将军的支持。1660年2月，蒙克率军开进伦敦，以武力控制了政府，召集了长老派和王党分子占优势的新国会，为复辟铺平了道路。同时，国会同查理二世举行了简单谈判。4月，查理二世在荷兰的布雷达发表宣言。《布雷达宣言》实质上是国王同资产阶级新贵族之间达成的协议。5月8日，国会通过决议，迎立查理二世为英国国王。5月29日，查理二世在伦敦登上王位，斯图亚特王朝最终复辟了。然而他的倒行逆施，不仅损害了人民的利益，也严重威胁到资产阶级和新贵族的利益。最后，他们被迫采用宫廷政变的方式，"重新夺回权力并建立了君主立宪制。

英国 "光荣革命"

资产阶级和新贵族早年的革命性已不复存在，他们惧怕人民革命，不敢依靠人民群众推翻复辟王朝，只能寄希望于发动宫廷政变，来实现他们的目的。由于国王詹姆斯二世年老无嗣，国会决定在詹姆斯死后迎立其女儿——信奉新教的玛丽及其丈夫尼德兰执政威廉为英国女王和国王。

1688 年，詹姆斯二世得子，使资产阶级和新贵族的美梦破产。于是他们决定请威廉拥兵入英，逼詹姆斯二世退位。1688 年 11 月初，威廉以保护 "新教、自由、财产和国会" 的名义，率兵在英国西南海岸登陆，领兵直逼伦敦，一路上，受到资产阶级和新贵族的欢迎。詹姆斯二世的大臣、王族、军官也纷纷倒向威廉。詹姆斯二世在众叛亲离的情况下，慌忙逃往法国。

1688 年 12 月 18 日，威廉进入伦敦。1689 年 2 月 6 日，国会宣布詹姆斯二世 "自行退位"。13 日，拥戴威廉为英国国王，玛丽为英国女王。斯图亚特复辟王朝宣告终结，这就是英国历史上的 "1688 年政变"。

资产阶级史学家把这次政变渲染为 "光荣革命"。实际上，这次政变只不过是资产阶级和新贵族联合土地贵族为夺取政权而发动的一场宫廷政变而已。尽管如此，"1688 年政变" 确立了资产阶级和新贵族的统治地位，巩固了英国革命的成果，成为英国历史上的一个转折点。

英国资产阶级革命对欧洲和世界其他地区都产生了重要的影响。它宣告欧洲新的政治制度的诞生，揭开了欧洲和北美资产阶级革命运动的序幕，推动了世界历史发展的进程，在更大程度上反映了当时整个世界的要求。

▲国王威廉与女王玛丽

威廉·奥伦治

　　威廉·奥伦治，生于尼德兰，信奉新教。22岁任尼德兰执政，5年后娶詹姆士二世之女玛丽为妻。1688年6月，英国议会决定迎立他为英国国王。同年11月初，威廉率领一支1.5万人的军队和600艘舰船在英国西南海港托尔贝登陆，向伦敦挺进。英国的资产阶级、新贵族，甚至国王的部分大臣和军队都表示支持威廉。詹姆士二世众叛亲离，逃往法国。1688年12月18日威廉进入伦敦，这就是1688年政变，或称"光荣革命""不流血的革命"。1689年2月，议会宣布威廉为英国国王，称威廉三世。其妻为英国女王，称玛丽二世。威廉·奥伦治在位期间，颁布《权利法案》，保障议会权利；采取保护关税政策，鼓励国内工农业发展；将爱尔兰变为英国的殖民地；长期与法国进行竞争。

君主立宪制

　　"光荣革命"打开了英国通往君主立宪制的大门。议会宣布詹姆斯二世"自行退位"之后，把王冠和早已拟好的《权利法案》一起送给了威廉三世，此举暗示威廉不是靠无条件的世袭资格，而是靠有条件的议会拥戴才能得以登临大统。随后，议会通过了一系列宪法性法案，对王权进行了种种法律限制。又连续通过几个财政决案，剥夺了国王的正常财政来源。从此以后，离开议会的财政支持，国王将难以为继。"光荣革命"从根本上使英国的中央权力结构发生了改变，同时又没有割断历史超越传统。原有的君主制形式继承下来，国王继续享有决策权、行政权、大臣任免权等许多重要权力，但他的这些权力只能在议会广泛限制的范围内行使，一遇冲突，只要议会采取不妥协态度和动用财政手段，最终总能迫使国王屈服。国家主权的重心已无可挽回地从国王一边倒向议会一边。

"光荣革命"后，议会的召开与选举开始走上经常化和制度化的轨道。议会的地位稳步上升，王权日趋下降，国家权力结构的天平越来越倾向于议会一方。在立法上，国王虽然始终享有否决权，但这一权力自1708年起就变成一项有名无实的虚权，议会完全主宰了主权事务。在财政上，随着财政预算制度、专款专用制度和财政审查制度的建立，议会对政府财政的控制得以完善。在行政上，国王的权力也逐步被剥夺。这个变化是通过内阁制度的建立完成的。

内阁派生于枢密院，其最初萌芽是外交委员会。枢密院原是国王政府的中枢机构，因为其成员繁多，影响了效能的发挥，国王便在其中成立了一些专门委员会，分掌某一方面的具体工作。

▲威廉三世开启了英国君主立宪制的大门。

其中，成立于17世纪初的外交委员会权力最大，凌驾于枢密院之上。该委员会由少数国王宠臣组成，经常秘密聚会于王宫内室，商定国家策略，所以人们称之为"内阁"。在以后很长时期内，内阁并不是一个合法机构，议会多次对其进行攻击。后来，随着内阁精干高效的优越性日益明显，人们才心照不宣地接受了它。"光荣革命"后，内阁慢慢疏离国王，开始依附于议会。从乔治一世起，国王退出了内阁，首相产生。此后，内阁逐渐脱离了国王的控制。

从18世纪20年代到18世纪末，随着两党政治结构的逐步形成，内阁制度的各种基本原则渐渐确立起来。而国王则真正变成有名无实的虚君，英国的君主立宪制得到完善。

英国向北美殖民

　　17世纪初，英国殖民者凭借雄厚的经济力量和先进的武器，开始向北美殖民。

　　在北美的殖民地中，由于地理条件的差异而存在着多种经济成分。在北部殖民地，资本主义工商业比较发达；中部殖民地，大量存在着半封建的租佃制；在南部殖民地，则正盛行黑人奴隶制。黑人奴隶在中北部地区也有，但数量比较少，大多是家内奴隶。另外，13个殖民地中普遍存在白人契约奴。他们的地位略高于黑人奴隶，在5—7年期满后便能成为自由公民。

　　为统治和管理北美殖民地，英国建立了一整套统治机构。这是一套双重机构，一是在英国政府内部设置的管理殖民地事务的贸易司，二是派驻北美的总督及官员。

　　比起欧洲各国和西属拉美殖民地，英属北美殖民地在社会政治结构中存在较多的民主因素。第一，各殖民地均仿效英国，设有议会，而且选民比例较高，白人成年男子大多享有选举权。第二，在经济生活中，由于北美地广人稀，取得土地比较容易，因而小块土地所有者大量存在，无产者数量较少，贫富差别不像欧洲那样悬殊。第三，不存在封建特权和等级制度。北美虽然也有贵族，但他们的社会地位不是靠封建君主的封授和出身门第，而是靠个人的努力。他们虽占据了殖民地的各级官职，但主要是靠竞争选举上的，而不是靠世袭特权。第四，在北部诸殖民地盛行地方自治，当地人民通过参加市镇大会，享有一定限度的参政权。这些民主因素使英国在北美的统治基础不甚牢固，也使日后美国的独立战争成为可能。

▲印第安人为了打猎或节日庆祝，用在身上绘画的方式进行装饰。

　　英国政府希望殖民地成为英国工业的销售市场及廉价的原料供应地，因此一直对北美殖民地的资本主义工商业实行限制政策。不过，在1763年以前，英国由于忙于对法国的争霸战争，无暇严格执行这些限制政策。因此，18世纪上半期，北美殖民地的资本主义工商业发展迅速，呈现空前繁荣的景象。手工工场数量增多，规模扩大，某些工业技术已达到欧洲先进水平。

随着经济的发展，原来处于隔绝状态的各殖民地之间的经济联系日益紧密。到18世纪中叶，各殖民地之间建立起完善的邮政系统，许多桥梁、渡船和道路网把主要城市联结起来，经济往来和文化交流更加便利。北方以工业品供应南方，南方则以农产品供应北方，逐渐形成了统一的北美市场。在此基础上，北美人民形成了某些共同的文化观念和心理素质，民族意识开始觉醒。人们普遍感到自己是与旧大陆不同的"新人"。于是，一个新兴民族即美利坚民族诞生了。此外，这一时期欧洲启蒙思想的广泛传播，也给其民族民主意识的发展以巨大动力。

七年战争

七年战争也称第三次西里西亚战争，这次战争是法国大革命前欧洲各大国卷入的最后一次欧洲大战，战场遍及欧洲、北美、印度和海上。

1756年7月，法奥俄同盟反普呼声高涨。普鲁士国王腓特烈为防止反普势力联合，决定主动进攻，争取战争的主动权。他把军队分成4路，用3路大军防守和牵制俄国，他亲率第四路大军于1756年8月28日对萨克森发动突然攻击，一举攻占了德累斯顿，封锁了皮尔那，迫使萨克森投降。前来支援的奥地利军被普军在罗布西兹击溃，普军乘胜进攻布拉格。

普军入侵萨克森，法俄等国极为震

▲普军与奥军的激战

1757年5月，普鲁士军向布拉格发起进攻，奥地利军被迫退守城内。为解布拉格之围，奥军一部向布拉格开进，普军亦派一部迎击，两军在科林附近展开激战。

普鲁士王国

　　普鲁士原为古普鲁士人居住地，13世纪为条顿骑士团征服，始称普鲁士。1466年臣属波兰，1525年成为普鲁士公国，1618年普鲁士和勃兰登堡合并，1648年摆脱波兰宗主国，1701年普鲁士王国正式建立。18世纪后半叶的七年战争和三次瓜分波兰，使其获得奥地利的西里西亚、波兰的西普鲁士等地，逐渐成为德意志的封建军事大国。19世纪，资本主义得到进一步发展。1848—1849年爆发了资产阶级革命，但遭失败。1862年俾斯麦就任首相后，通过战争，击败了主要竞争对手奥地利和法国，实现了德意志的统一。1871年建立以普鲁士王国为中心的德意志帝国，帝国皇帝和首相分别兼任王国国王和首相。帝国实行中央集权统治，普鲁士王国失去了"国家"的含义。1919年德国十一月革命推翻了帝制，建立共和国，普鲁士王国的名称消失。

　　怒。于是，法奥俄联盟决定出动50万大军围攻普军。面对联军的大举围攻，腓特烈并不害怕，他频频调动军队，抗击各路联军。

　　11月5日，普军和联军在罗斯巴赫附近相遇。联军统帅索拜斯凭借兵力优势，想迂回侧翼突击，力求速战。腓特烈识其破意图后，立即命令部队移师贾纳斯山上。索拜斯误以为普军在全面撤退，认为攻击的机会来了，于是下令全面追击。联军的整个队形杂乱无序，盲目进攻，预备队也冲到前面，侧翼完全暴露出来，给普军的进攻提供了明确的目标。

　　负责监视的4000名普军骑兵在联军攻近时，如尖楔一般插入联军的正面和右翼。贾纳斯山上的普军炮兵同时向联军发出猛烈的火力，扰乱了联军的整个队形。在普军的攻击下，联军溃败，损失8000余人，普军仅伤亡500余人。

　　贾纳斯山大战结束后，腓特烈并没宿营过冬，而是采取突袭策略，连连打击联军。12月4日，联军在鲁腾占领了一个较好的防御性阵地，它的前面是一片开阔的平原。沿着阵地，联军排列阵形长达5.5英里，兵力是普军的 3 倍。5 日凌晨，对地形极为熟悉的腓特烈发现联军阵地过长的弱点，于是派小股骑兵佯攻联军的右翼，把优势兵力隐蔽起来，以防止作战意图的暴露。受到攻击的右翼联军误认为是普主力军，遂从预备队和左翼调兵支援，左翼兵力薄弱。腓特烈立即命主力军由 4 支纵队变为 2 支纵队，采用斜切战斗队形向联军左翼发起突然袭击。局部人数占优的普军使联军阵形大乱，不久便溃不成军，普军骑兵趁势猛冲联军阵地。双方激战至夜幕降临，联军全部崩溃，其中奥军遭到毁灭性的打击。随后的时间里，普军和联军互有胜负。

▲七年战争结束后，腓特烈大帝胜利返回首都柏林。腓特烈二世不但建立了强大的军队，而且鼓励工商业发展，使得普鲁士成为 18 世纪日耳曼民族中最强盛的国家。

1759 年 8 月 12 日，俄奥两军联合在普鲁士腹地库勒尔斯多夫与普军展开会战。仅有 2.6 万人的普军仍采用主动出击策略，向拥有 7 万余人的俄奥联军阵地发起长达 3 个小时的猛烈炮轰，随后以斜切队形发起进攻，顺利夺取了米尔山阵地，向联军中央阵地发起冲击。联军被迫顽强防守，猛烈的炮火阻击住普军精锐骑兵的进攻。接着，联军展开猛烈的反攻。已精疲力竭的普军抵挡不住联军的冲击，纷纷逃离战场。

这次战役成为七年战争的转折点，从此，普军元气大伤，被迫转入战略防御。战争随后又拖了 4 年之久，双方各有胜负。英法海上战争十分激烈，各联盟之间战争不休，欧洲陷入一片混战之中。1762 年，英国人背弃了普鲁士，率先与法国单独缔结停战协议，使普鲁士陷入孤立。交战各国这时都已筋疲力尽，无心再战，遂相继签订停战协议，一场席卷欧洲的战争宣告结束。

这次战争英国获得了大片殖民地，成为最大的赢家，普鲁士也巩固了在德意志的地位，已经可以和奥地利分庭抗礼了。同时，这场战争对军事学术的发展很有影响，战争中暴露了以平分兵力和切断敌方交通线为主要特征的警戒线战略和呆板的线式战术的弱点，显示了野战歼敌的优越性。各国都吸取了腓特烈军事改革的一些经验，腓特烈自己也完善了其军事理论，特别是连续运用内线作战集中兵力各个击破敌人，坚决连续进行会战夺取战略要地，歼灭敌人有生力量，从而保住了普鲁士的生存。

美国独立

英法争夺霸权的七年战争结束后，英国加强了对北美殖民地的剥削和压迫，致使北美殖民地与英国之间的矛盾斗争趋于白热化。北美人民的反抗斗争此起彼伏，最终爆发了独立战争。

1774 年 9 月 5 日，英属殖民地代表在费城成立美洲"大陆会议"，并秘密组织民兵武装，在康科德备有军需物资库。英殖民者麻省总督盖奇知道这一消息后，于 1775 年 4 月 18 日派史密斯上校带兵收缴。毁掉军需物资的英军在撤退时受到全莱克星顿人民武装的包围，英军且战且退，伤亡247 人。

▲乔治·华盛顿塑像

莱克星顿一战是美国独立战争中的第一次战役，它震动了整个北美殖民地。民兵迅速集合起来，包围了波士顿。5 月 10日，大陆会议在费城召开第二次会议，决定成立一支真正的革命军队——大陆军，由华盛顿任总司令。

缺枪少弹的大陆军凭借满腔热情，攻占了加拿大的蒙特利尔，打退了波士顿的英军，击败了南部查尔斯顿的殖民者。1776年 7 月 2 日，大陆会议通过了《独立宣言》，大陆军成为合众国武装。整个北美殖民地人民情群情昂。华盛顿率领军队接连取得胜利，迫使英军退出新泽西州中西部。

▲ 1775 年 4 月 18 日黎明，在莱克星顿公有草地上，身着红制服的英军向殖民地民兵开火，英勇的民兵扑向英国殖民军，打死打伤 247 名英国轻步兵，殖民军仓皇地逃回波士顿。这一役揭开了北美独立战争的序幕。

大西洋沿岸的北美战场极为狭长，对英军不利。英军欲以加拿大为基地，先平定北部新英格兰和纽约的美军，再向中南部推进。伯戈因遂带领加拿大英军南下，计划与纽约豪的驻军会合。豪改变计划南下，伯戈因失去接应而孤立。新英格兰境内的民兵不断阻击和骚扰，伯戈因无法获得充足的补给，行动迟缓。

9 月 19 日，处于困境的伯戈因决定放弃交通线，破釜沉舟向南进发，在弗里曼农庄向美军发起进攻。美军的顽抗使英军损失惨重，伤亡 600 余人。10 月 7 日，英国再次进攻，又遭到美军痛击，伯戈因被迫撤退。10 月 12 日，退到萨拉托加附近的伯戈因发现被追击的美军包围，只好投降。16 日，与美签订《萨拉托加条约》。

萨拉托加的胜利，是美国独立战争的转折点。国际反英势力纷纷支援美国，法、西、荷等国相继对英宣战，英国在国际上处于孤立状态。

自由女神像

纽约港的自由女神像是美国的象征，是法国人于 1884 年 7 月 4 日赠予美国的。当 1865 年拿破仑三世即位时，一位名叫埃杜阿德·迪·拉布莱的学者以及他圈内的人们希望结束君主制度，建立一个新的法兰西共和国。他们酝酿造一个自由女神像，来表达他们对大西洋彼岸的伟大共和国的赞许，并激励法国人民和美国人民相互间的支持。

自由女神像的基座是由美国建筑师理查德·莫里斯·亨利设计的，基座高47米。女神像的设计者是来自阿尔萨斯的雕塑家弗雷德里克·奥古斯梯·巴陶第，他从法国画家德罗克洛瓦的名作《自由引导人民》中得到灵感，而女神的脸庞则以他自己的母亲为原型。女神像高46米，冠饰上的7条光芒意寓将自由的希望照亮七大洲。女神左手托着一本《独立宣言》，右手高举熊熊燃烧的火炬，指引着民族自由解放的道路。

1884年8月，自由女神像底座奠基工程动工。1886年初，75名工人爬上高高的脚手架，用30万只铆钉把自由女神像约100块零件钉到它的骨架上。10月中旬，自由女神像的建造终于全部完工。10月28日，美国总统亲自参加自由女神像揭幕典礼并发表了讲话。自由女神像所屹立的岛屿原来叫贝德娄岛，现在则改为自由岛了。

▲ 自由女神像

英军将战略重心转移到南方，先征服佐治亚州，又逼降查尔斯顿的美军，随后攻占了南卡罗来纳。1780年12月，华盛顿任命洛林为南部美军总司令。洛林将部队分散开来，展开游击战。1781年1月17日，在考彭斯全歼英军1100人。3月15日，在吉尔福德重创英军。同时，法舰队在海上与英军周旋，大大牵制了英军的陆上攻势。

4月，美军在法、西、荷等国海上舰队的配合下，开始大规模的反攻，迫使英军退守海岸线。8月，英统帅康沃利斯将南部主力集中在弗吉尼亚半岛上的约克敦，以便与纽约驻军相互策应。华盛顿率领美法联军1.6万余人，从水陆各方包围了约克敦，切断了英军与纽约驻军的联系。10月9日，联军发起总攻，分别从左右两方

▲ 1781 年 10 月 19 日下午 2 时，最后一支英军在约克镇投降，胜利的美军奏起了当时的流行乐曲《世界变得天翻地覆》。1783 年 9 月 3 日，双方签订和约，承认美国独立。美国独立战争是第一次殖民地人民争取独立解放的资产阶级革命，推动了 18 世纪—19 世纪的资产阶级革命浪潮。

同时向约克敦发炮。火炮的巨大吼声持续了十八九个小时，英军逐渐支撑不住。16 日，试图从海上逃跑的英军又因暴风吹散了准备好的船只而无法撤离。17 日，失去反攻能力的英军只好投降。

1783 年 9 月 3 日，美英签订和约，英国承认美国独立。

世界上最早的成文宪法

美国人民在争取民族独立的同时，还在社会政治、经济领域内进行了一系列改革，收到了较好的成效。

首先，在 1776 年—1780 年，除罗德艾兰和康涅狄格两个州外，其余 11 个州都制定了州宪法。这些州宪法是世界史上最早的成文宪法，都附有《权利法案》，宣布实行共和制、州政府官员选举制，并限制州长权力，加强州议会权力。大多数州降低了议员财产资格，扩大了选举权。其次，许多州废除了维护大土地所有制的《限量嗣续法》和《长子继承法》，而中部各州半封建的大地产租佃制趋于瓦解。许多州还宣布实行宗教信仰自由，个别的州对刑法进行了改革，废除了野蛮残酷的刑罚，死刑范围大大缩小。

▲1787 年美国宪法制定时的情景

《邦联条例》是美国 1776 年制定的第一部全国性宪法。当时，北美人民鉴于殖民地时代的经验，害怕中央政府权力过于集中会导致暴政，所以给各州保留了很大的独立性。因此，一定时期内，美国俨然是由 13 个独立国家组成的松散的联盟。

当时，美国商人在国际市场上经常受到外国商人的欺辱，西部白人也因缺乏中央政府的保护而经常遭受印第安人的侵扰。此外，当时欧洲各大国对新生的美国虎视眈眈，总想伺机侵犯，这一切都表明了加强中央权力的必要性。

1787 年 5 月 25 日，制宪会议在费城举行。在长达 4 个月的激烈争论中，与会代表在互相妥协、调和各派矛盾的基础上，于 9 月份制定出《联邦宪法》。这部宪法确立了美国的共和政体和联邦制度，加强了中央政府权力，并按照三权分立原则，国家权力分别授予立法、司法和行政三个部门。总统和议员由人民选举产生，文官政府控制军权，具有鲜明的民主色彩。

美国的共和制度是在明确的理论指导下，按照预先设计好的宪法框架自觉构建起来的。根据 1787 年《联邦宪法》，美国国会是最高立法机关，由参议院和众议院组成。参、众两院均有权提议立法，但所有财政税收法案必须由众议院提出。

在中央与地方的权力划分上，美国采取的是联邦制形式。在这种制度下，国家的重要权力集中于中央政府手中，同时又给地方政府保留了一定程度的自治权。这样，既可防止各地自行其是，又避免了权力过于集中。

实践证明，美国在独立革命之后创立的这套民主共和制度很成功，它使中央三个权力机构之间、中央与地方之间相互制约，彼此联系，既有利于防止独裁，又在一定程度上保障了资产阶级民主。民主共和制的开创是人类政治文明进步的主要表现之一。

欧洲启蒙运动

启蒙运动的出现有这样几个原因：首先，它的产生是资产阶级反对封建专制制度的时代要求。17世纪—18世纪，随着资本主义的发展，封建专制制度的阻碍作用越来越明显，日益强大的资产阶级迫切要求推翻这一腐朽的制度。其次，启蒙运动是在17世纪唯理主义哲学的基础上发展起来的。唯理主义哲学的代表人物笛卡尔，用人的理性代替了神的启示，用独立思考代替了对神的盲目信仰。这种与神学迷信相对立的理性学说是启蒙运动的思想渊源。另外，启蒙运动的发生还与自然科学的发展密切相关。

启蒙运动发源于英国，英国学者在启蒙运动中占有重要地位。培根反对中世纪的经院哲学，肯定世界是物质的。他提出了"知识就是力量"的著名口号。霍布斯提出社会契约学说和国家起源学说。他反对教皇和天主教，主张把教会置于国家和君主的管辖之下。洛克认为知识来源于感觉，经验是知识的源泉。他反对王权神授，主张立法、行政、外交三权分立，提倡自由和宽容。赫伯特创立自然神学说，认为《圣经》荒诞无稽，理性是寻求真理最可靠的依据。普里斯特利认为三位一体、得救预定、神启《圣经》都是荒谬的。

18世纪，启蒙运动在法国达到高潮，涌现出一大批著名的启蒙思想家。他们要求破除神学迷信，高举理性旗帜，为启蒙运动做出了巨大历史贡献。启蒙思想家们提倡科学，反对蒙昧主义，对宗教教义和神学进行了严厉的批判。其中，伏尔泰对宗教神学的批判尤为辛辣。

伏尔泰这个"投向旧制度的第一颗炸弹"，是启蒙运动中公认的领袖和导师。他猛烈抨击天主教和

▲ 1775年，在法国一贵妇人的沙龙上，客人正在宣读伏尔泰的作品，启蒙思想已深入人心。

▲ 正在桌前工作的伏尔泰

伏尔泰是启蒙运动中著名的思想家。

基督教。他认为现存社会的一切灾难都来源于无知，而造成这种状况的就是教会。因此，他号召人们破除对上帝和神的盲目崇拜，为科学、理性和进步而奋斗。

法国哲学家孟德斯鸠猛烈抨击专制制度，认为专制主义统治下的法国是极不合理、极不公平的社会。他指出罗马共和国的盛衰取决于统治者的贤明或昏庸，矛头直指路易十五统治下的法国。他的著作《论法的精神》，被伏尔泰誉为"理性和自由的法典"。在这部著作中，他提出了立法、行政和司法三权分立的学说，认为最理想的政治制度是英国的君主立宪制。经济学家杜尔哥指出人类社会的历史就是人类理性进步的历史。哲学家孔多塞主张人类要不断前进，消灭阶级间的和民族间的不平等。

法国启蒙运动的杰出代表还有以百科全书派为中心的一批唯物主义思想家。拉梅特里发挥了唯物论和无神论的精神。霍尔巴赫对宗教进行无情的讽刺，指责基督教违反理性和自然。爱尔维修攻击一切以宗教为基础的道德。狄德罗终生为自由、真理和社会进步而奋斗，写了一系列唯物主义哲学著作。1746 年，他发表《哲学思想录》，谴责暴君，对基督教进行了无情的抨击。

法国启蒙运动中，小资产阶级民主派的代表人物是卢梭。他指出，人类不平等的根源是私有制，主张天赋人权、主权在民、自由平等。在政治上他拥护共和国。他的政治思想对 18 世纪末法国大革命产生了重大影响。

在经济理论上，启蒙思想家们提出了经济自由的思想。重农学派的创始人魁奈认为，农业是创造财富的唯一生产部门，因此只有从事农业的人才是生产阶级。工业只不过是从事加工工作而已，经营工业的是非生产阶级。除此之外，还有一个不劳而获的土地所有者阶级。他提出，国家的全部赋税都应该由土地所有者阶级负担。他还建议，应鼓励资本家用地主的土地，发展资本主义大农业；政府应实行"放任政策"，允许自由竞争和自由贸易等。

伏尔泰

伏尔泰，1694 年出生于巴黎，原名佛兰苏阿·马利·阿鲁埃，伏尔泰是其笔名。18 世纪初，伏尔泰成了启蒙运动的旗手。1718 年，他发表了悲剧《俄狄浦斯王》，取得了热烈反响，从此用伏尔泰笔名。1734 年，伏尔泰出版了《英国通讯集》，对法国的宗教教派斗争进行了抨击。此后，伏尔泰从各个方面抨击教会和封建制度的反动统治。伏尔泰的名气越来越大，许多达官贵人为了沽名钓誉，纷纷同他交往。后来他发现包括普鲁士腓特烈二世在内的封建统治者并不是真正赞同他的观点，便决心不再与任何君主往来。1755 年，他在法国和瑞士边境的佛尔纳定居下来，在此期间又发表了哲理小说《老实人》《天真汉》等不朽名著。1778 年 5 月底，伏尔泰在佛尔纳逝世。

启蒙运动波及德国和俄国，也越过大西洋，在英属北美殖民地得到传播。启蒙运动还扩展到亚洲、非洲、拉丁美洲地区。19 世纪末 20 世纪初，中国出现了最初的一批启蒙学者，他们翻译欧洲启蒙思想家的名著，介绍他们的思想，对中国的思想界、学术界起了重要的推动作用。

启蒙运动的思想家们勇于为真理和正义而斗争，给"天国"的神灵和世上的王权以沉重的打击。他们的著述描绘了未来"理性王国"的蓝图，启发并培养了一代革命者。启蒙运动为摧毁腐朽的封建制度、确立资本主义制度做了思想上和理论上的准备。启蒙思想家所宣传的自由、平等、民主和法制的思想，对 1775 年—1783 年的北美独立战争、1789 年的法国大革命以及 19 世纪欧洲爆发的一系列资产阶级革命都产生了极大的影响。

法国大革命的导火线

法国在 18 世纪末期，是欧洲大陆上典型的封建专制国家。农业占主导地位，但资本主义工商业已有较大发展，许多领域都在欧洲大陆各国中处于领先水平。然而，腐朽的封建专制制度严重阻碍了资本主义的发展。

资本主义工商业的发展，使法国阶级关系发生了变化，而新的生产力与旧的生产关系的尖锐矛盾，使阶级斗争日趋激化。革命前，波旁王朝的路易十六实行专制集权的残暴统治，等级制度森严，全国居民被分为三个等级：天主教僧侣（教士）为第一等级，封建贵族为第二等级，资产阶级、城市平民、工人和农民为第三等级。封建法律明文规定："僧侣以祷告为国王服务，贵族以宝剑为国王服务，第三等级以财产为国王服务。"第一、第二等级为特权等级，他们霸占了政府、军队和教会的重要职位，享有种种特权，不向国家缴纳赋税，过着骄奢淫逸的生活。

▲ 1774 年，图尔高被任命为新册立的路易十六国王的财政大臣，他试图推行一系列改革，但遭到既得利益集团的反对，最终未能改变路易十六、法国王室及法国政治的失败。

18 世纪末，法国的统治阶级已非常腐朽，国王及王室成员穷奢极欲。国内政治腐败不堪，对外战争也屡遭失败。"七年战争"中，法国丢失了大片海外殖民地，国际地位一落千丈，政府财政陷入崩溃。后又因参与北美独立战争，军费剧增，财政危机进一步加剧。

▲路易十六

1787 年—1788 年，法国国内发生经济危机，生产萎缩，粮价上涨，社会更加动荡不安。这一切都表明，法国的旧制度已陷入绝境，革命的爆发已不可避免。

迫于财政压力，路易十六决定召开已中断 170 多年的三级会议。1789 年春，资产阶级利用这个机会，积极开展政治活动，尤其是在选举三级会议代表和起草《陈情书》的过程中，大造舆论。在巴黎及各地出版的许多传单和小册子中，西哀耶士的《什么是第三等级？》一书流传最广。各阶级向三级会议提交的《陈情书》中提出了各自的要求，会议的召开及其斗争，成为法国大革命的导火线。

1789 年 5 月 5 日，三级会议在凡尔赛宫正式开幕。出席会议的代表 1139 人，其中第一等级 291 人，第二等级 270 人，第三等级 578 人。国王在开幕词中，要求与会代表商讨解决财政危机的方案，而只字不提政治改革问题。他还宣布按惯例，三个等级分别开会讨论，并以等级为单位进行表决（每个等级只有一票），以此来控制会

▲ 在这幅 18 世纪的版画中，从各省运来的小麦、木材和干草正在从船上卸到塞纳河岸上。食品和燃料的短缺经常导致巴黎民心不稳。

议决定。第三等级的代表则坚决要求按代表人数进行表决，以便取得多数，实行有利于资产阶级的改革。

三级会议

三级会议是法国的等级代表会议。第一等级是僧侣；第二等级是贵族；第三等级起初指城市工商业者的上层分子，18 世纪末，包括农民、工人、小商贩和城市贫民、为数众多的小生产者以及资产阶级。会议由国王召集。1302 年，首次召开三级会议。从 1614 年起，175 年间从未召集过三级会议。1789 年，为了解决严重的财政危机，国王路易十六同意召开三级会议。资产阶级希望三级会议进行政治改革，分享政治权利。国王路易十六只要求代表解决财政问题，会议发生激烈冲突。会议伊始，第三等级代表和一些自由派贵族就违背国王的初衷，把矛头指向专制制度。7 月 9 日，第三等级宣布将这次会议改为制宪会议。国王立即调动军队镇压，激起 7 月 14 日的巴黎人民武装起义。

▲ 1789 年 5 月 5 日，三级会议在凡尔赛宫召开。

自 5 月初以来，法国人民一直密切注意着三级会议的动态。巴黎市民成群结队地来到凡尔赛，声援第三等级代表的斗争。在这一有利形势下，第三等级的代表们于 6 月 17 日自行召开了国民会议，宣布自己是国民的使者，拒绝征收新税，要求政府偿付国债，宣布国王无权否决国民会议的决议。不久，参加三级会议的低级僧侣和自由派贵族开始转向第三等级，参加了国民会议。国王在局势失去控制的情况下，被迫同意三个等级的代表在一个会场开会。7 月 9 日，国民会议改为制宪议会，准备着手制定宪法。从三级会议到制宪议会，表明第三等级对国王的斗争获得了初步胜利。

攻占巴士底狱

在巴黎东南的圣安东街，有一座高大的城堡，它就是巴士底狱。巴士底狱建于 1382 年，起初是为了抵抗英国人而建的堡垒，后来由于巴黎的扩大逐渐成为巴黎市区的建筑，改为王家监狱。这座阴森恐怖的城堡有高高的石墙，城墙上有 8 座塔楼，每个塔楼的顶端都安放着一尊大炮，虎视眈眈地对着整个巴黎。巴士底狱四周有一条宽 25 米的壕沟环绕，只有通过吊桥才能进入。几百年来，法国的官吏和密探，可以不经任何法律就逮捕反对国王、反对贵族、反对专制主义的人，把他们投入巴士底狱。在法国人民眼里，巴士底狱就是封建专制的象征。

18 世纪的法国，国民分为三个等级，第一等级是教士，第二等级是贵族，第三等级是资产阶级、城市平民、工人和农民。第一、第二等级的人数只占全国人口的 1%，但他们有权有势，占有全国三分之一的土地，却不用缴税。他们还利用手中的权力，提高税收，设置关卡，千方百计地剥削人民，引起了广大人民的不满。

1789年5月，法国国王路易十六为了解决财政问题，榨取更多的钱财供他挥霍，召开了三级会议。第三等级的代表识破了他的诡计，趁机提出要求限制国王的权力，把三级会议变成国家的最高权力机关，这理所当然遭到了路易十六的拒绝。于是

▲在攻陷巴士底狱并释放了为数不多的囚犯之后，人们抓住了监狱长。他被砍掉的头颅被枪尖高高挑起。

第三等级的代表宣布退出三级会议，成立国民大会，后来又改为制宪议会。听到这个消息后，路易十六暴跳如雷，秘密调集军队进入巴黎，准备逮捕第三等级的代表。

巴黎人民得知这一消息后，群情激愤，怒不可遏。1789年7月13日，巴黎人民手拿大刀、长矛、火枪，举行了声势浩大的起义。起义军迅速占领了巴黎的军火库，夺取了好几万支火枪和几门大炮。惊惶失措的路易十六急忙派军队前去镇压，但被起义军打得大败。仅一天的时间，起义军就控制了全城，只剩下市东南的巴士底狱了。

7月14日，巴黎群众高呼："到巴士底狱去！"起义军从四面八方赶来，包围了巴黎最后一座封建堡垒。巴士底狱守备司令德·洛纳被潮水一样涌来的起义军吓破了胆，急忙命令士兵绞起铁索，升起吊桥。为了减少伤亡，起义军派了几个代表，举着白旗，去同巴士底狱守备司令德·洛纳谈判，希望他投降。但丧心病狂的德·洛纳竟然命令巴士底狱的士兵向代表们开枪。巴黎人民被彻底激怒了，立即向巴士底狱发起了猛攻。巴士底狱的士兵从城墙上向起义军开火，并用塔楼上的大炮轰击。起义军冒着敌人的炮火前进，他们抬着云梯，越过壕沟，奋不顾身地攻城。但由于敌人的火力太猛，起义军损失惨重，被迫撤退。起义军从四周的街垒向巴士底狱射击，但由于距离太远，对守军构不成威胁。

"我们也要有大炮！"大家齐声说。很快，起义军找到了几门旧大炮，

巴士底狱

巴士底狱虽然是一个关押政治犯的监狱，但它的条件并没有想象中那么恶劣。巴士底狱并不光关押那些政治犯，很多"头脑发热"的贵族青年也常被送到里面去吸取些经验教训，比如伏尔泰就两次被关了进去。当然，巴士底狱也经常关押一些比较顽固的政治犯，那些人的待遇就差多了，经常有人被活活折磨得发疯，而且一关就是几十年甚至一辈子。谁也不知道巴士底狱里面关押了多少人，由于它的神秘，人们一直把它当成封建专制的象征。所以在法国大革命时期，人们把攻占巴士底狱看成是革命胜利的标志。

上面生满了铁锈。一个叫肖莱的酒商自告奋勇来当炮手。"轰轰轰"，一排排的炮弹带着起义军的怒火打在城墙上，人民发出阵阵欢呼。但旧大炮的威力太小了，只打掉了一些石屑，在厚厚的城墙面前，实在是微不足道。巴士底狱的守军大声嘲笑起义军。

有几个勇敢的人拿着铁锨、铁镐、火把和炸药，冒死冲到巴士底狱的城墙下，想在墙上挖个洞，然后用炸药炸塌城墙。但他们还没来得及行动，就被城墙上的士兵打死了。

"我们需要真正的大炮和炮手！"大家又分头去找，过了一会儿，有人找来了一门威力巨大的大炮。炮手们调整好角度，把炮弹放到大炮里，点燃火绳，"轰"的一声，大炮发出一声怒吼，威力巨大的炮弹重重地撞在城墙上，发出震耳欲聋的爆炸声，城墙一下子就被轰塌了一大块。人们发出阵阵欢呼。"轰轰轰！"炮手们一刻也不停，继续发炮。"咣当"一声，一颗炮弹把铁索打断了，吊桥掉了下来。"冲啊！"起义军发起冲锋，踏着吊桥冲进了巴士底狱，城内的士兵见大势已去，纷纷投降，德·洛纳被愤怒的起义军活活打死。

占领巴士底狱的消息传到全国后，各地的法国人民纷纷起义，夺取政权。后来7月14日被定为法国国庆日。

法国的《人权宣言》

1789 年 8 月 4 日夜，法国制宪议会紧急召开会议，内容是讨论农民的土地问题。会上，手足无措的贵族和僧侣们纷纷表示放弃封建特权。8 月 5 日—11 日，制宪议会通过了关于解决农民土地问题的《八月法令》。法令规定：废除农民对地主的依附关系和劳役；废除特权等级和各种特权；废除教会的什一税。但是，《八月法令》却要求农民高价赎买土地，没收教会的土地也分成大块高价出售，结果大部分土地落入资产阶级手中。这表明该法令实质上没有解决农民的土地问题。

▲《人权宣言》宣传画

1789 年 8 月 26 日，制宪会议通过了宪法的序言——《人权宣言》。《宣言》是以 1776 年北美《独立宣言》为蓝本，以启蒙思想家的政治理论为依据而制定的。《宣言》指出人生来是平等的。《宣言》还宣布取消等级差别，否定君权神授，"在法律面前，所有公民一律平等"，每个公民都享有人身、言论、信仰等自由，而且有反抗压迫的权利。《宣言》还规定了"财产是神圣不可侵犯的权利"。

《人权宣言》是资产阶级的纲领性文件，它的颁布具有重大进步意义。它以法律的形式，第一次把启蒙思想家所阐述的资产阶级政治主张固定下来。它提出的"在法律面前人人平等"和"主权在民"的原则，既沉重地打击了法国以至整个欧洲的封建专制制度，又调动了法国人民参加反封建斗争的积极性。

革命胜利后，路易十六在凡尔赛加紧策划反革命活动。他一面拒绝批准《八月法令》和《人权宣言》，一面又暗中向凡尔赛集结军队。革命领袖马拉主编的《人民之友报》，揭露了国王的反革命阴谋，号召人民向凡尔赛进攻。当时，由于雹灾歉收而处于饥饿中的巴黎人民怒不可遏。1789 年 10

▲ 1789 年 8 月 26 日，代表大会通过了《人权宣言》，这个宣言后来成了新宪法的基础。

月 5 日，成千上万的巴黎人民群众，在圣安东妇女的带领下，冒雨向凡尔赛进军，并包围了王宫，高呼着"要面包"的口号。10 月 6 日清晨，国王卫队向群众开枪。愤怒的群众冲进王宫，逼迫国王批准了《八月法令》和《人权宣言》。群众把国王和王后从凡尔赛押到巴黎，置于人民群众的监督之下。不久，制宪议会迁到巴黎。这次事件，粉碎了国王的复辟阴谋，又一次挽救了制宪议会，把革命进一步向前推进。

　　1791 年 9 月 14 日，制宪议会颁布新宪法，史称《1791 年宪法》。新宪法规定法国为君主立宪政体国家，立法权属于由选举产生的一院制立法议会，立法议会是国家最高立法机构；国王是国家行政机构的首脑，但只能依据法律统治国家；司法权属于选举产生的法官，实行陪审裁判制。宪法宣布取消封建等级制。在选举制度上，

路易十六

　　路易十六，法国国王。1774 年即位，正值王朝危机四伏，财政支出激增，经济濒于破产。为征收新税，不得不求助于第三等级。1789 年 5 月，路易十六被迫召开中断了 175 年的三级会议。但他竭力维护特权等级利益，拒绝第三等级的改革要求，并企图用武力威胁第三等级代表。7 月 14 日，巴黎人民攻陷巴士底狱，路易十六迫于形势，接受革命现实，但在暗地里进行破坏。1791 年 6 月 20 日偕王后、王子化装潜逃未遂。1792 年在立法议会宣布的对奥战争中，他勾结外敌和逃亡贵族，企图镇压革命。8 月 10 日巴黎人民起义，推翻王政，9 月 21 日成立法兰西共和国，路易十六被捕。1793 年 1 月 18 日，他被国民公会以叛国罪判处死刑，1 月 21 日在巴黎革命广场被处死。

凡年满 25 岁，有财产并能缴纳直接税的为"积极公民"，享有选举权；凡是不符合财产规定的为"消极公民"，被剥夺选举权与被选举权。

制宪议会实行了有利于资产阶级的改革：统一行政区，把全国划为 83 个郡，取消了内地的关卡和苛捐杂税；废除了工业法规和行会制度；取消了商品专卖权，实行粮食自由买卖；统一全国的度量衡和货币。这些措施加速了法国资本主义工商业的发展。制宪议会还宣布国家监督教会和神职人员；把教会地产收归国有，并分成大块高价出售。这些措施既打击了天主教会，又增加了政府收入，而且满足了大资产阶级和自由派贵族购买土地的要求。

与此同时，制宪议会针对工人反饥饿的罢工斗争，于 1791 年 6 月通过了严禁工人集会、结社和罢工的《列霞不列埃法》。这表明资产阶级刚刚掌权就用政治手段把资本和劳动之间的斗争限制在对资本有利的范围内。

总之，制宪议会所通过的各项法令和政策虽具有一定进步意义，但改革的目的却在于巩固大资产阶级和自由派贵族的统治，为资本主义的发展开辟道路。

法国结束君主制

在法国革命深入发展的同时，大资产阶级与人民群众之间的矛盾也日益尖锐起来。1791 年 6 月 21 日深夜，国王和王后企图逃亡国外，这一事件激起群众的极大愤慨。巴黎有近 3 万群众在民主派的领导下举行示威游行，撕毁国王肖像，要求废黜国王，建立共和国。然而，君主立宪派却把国王保护起来，还说国王是被"劫持"走的，并非主动逃亡。群众怒不可遏，纷纷到马尔斯校场集会，再次要求废黜国王，建立共和国。君主立宪派竟然派国民自卫军前去镇压，开枪打死 50 多人，伤几百人。这一流血事件，说明君主立宪派已经背叛了人民。从此，革命阵营内部分裂了。

革命阵营内部的分裂，促使革命俱乐部的重新组合和民主派的形成。自革命爆发以来，巴黎出现了许多政治俱乐部，其中影响最大的要数雅各宾俱乐部。革命初期，雅各宾俱乐部的成员极为复杂，其中有自由派贵族、

▲罗伯斯庇尔

1791 年,罗伯斯庇尔成为雅各宾派的领袖人物。1792 年 8 月起义后,他坚决主张处死国王路易十六和抗击普奥联军。1793 年 5 月,颁布《1793 年宪法》,摧毁了封建土地所有制,粉碎了欧洲各君主国家的干涉,在保卫和推动法国革命中起过很大作用。1794 年 6 月,罗伯斯庇尔被推选为主席,后被大资产者和新富人于同年 7 月 27 日发动的热月政变中逮捕,次日被处死。

工商业资产阶级和革命民主派。

7 月 17 日流血事件后,君主立宪派公然退出雅各宾俱乐部,另组织了斐扬俱乐部,这是雅各宾俱乐部的第一次分裂。斐扬俱乐部主张君主立宪制,反对民主共和制。大革命初期一度当政,制定废除封建特权、没收和拍卖教会财产、废除贵族制度、取消行会等一系列反封建政策,制定君主立宪制的宪法。但斐扬派被国王收买,成了右翼保守势力。雅各宾俱乐部内存在着左、右两派。右派是温和的共和主义者,代表吉伦特郡和西南部大工商业资产阶级的利益,称吉伦特派;左派是革命民主主义者,以罗伯斯庇尔为代表,称雅各宾派。

路易十六被押回巴黎后,迫于革命的声威,于 1791 年 9 月 14 日批准了宪法。9 月 30 日,制宪议会宣布解散,由公民选出的立法议会于 10 月 1 日正式成立。当时,法国正面临着封建复辟势力的严重威胁。同时,欧洲各国的封建君主们惊恐万状,准备联合出兵,干涉法国革命。

奥地利率先派兵开赴法国边境。为保卫革命,立法议会对奥地利宣战。在抗击外国武装干涉的斗争中,路易十六的反革命面目充分暴露出来,掌权的君主立宪派也没能有效地组织战斗,致使法国在前线接连受挫。于是,巴黎人民于 1792 年 8 月 9 日再次举行起义,囚禁了国王,宣布废除《1791 年宪法》,并将由人民普选产生的国民公会。这次起义结束了法国君主制,推翻了君主立宪派的统治,使法国大革命迎来了一个新的高潮。

8 月 9 日起义后,代表工商业资产阶级利益的吉伦特派掌握了国家政权。在革命形势的推动之下,吉伦特派政府出台了一些社会经济改革措施。在通过的法令和决议中,满足了农民的一部分要求,这也是推翻君主制的直接成果。

1792 年 8 月 19 日，10 万普奥联军和 1 万逃亡贵族组成的反动军队越过边境，侵入法国领土。23 日，隆维要塞司令不战而降，叛变投敌。9 月 1 日，凡尔登陷落，通往巴黎的大门被打开，法国革命处在生死关头。在此时刻，吉伦特派竟怯懦动摇，准备放弃首都巴黎，向南方撤退；而雅各宾派却发出了战斗号召，动员公民同敌人战斗到底。当时巴黎征募了 6 万名义勇军。当整装

▲巴黎人民与王室卫兵队的激战

1792 年，反法军队侵入法国，全法国开始总动员，人们纷纷加入义勇军，援救巴黎，保卫祖国。巴黎人民也行动起来开始起义，建立了自己的国民自卫队，打败了王宫卫队，占领了王宫。

待发的义勇军得知关押在监狱里的反革命分子准备阴谋暴乱时，就冲进监狱，处死了 1000 多名反革命分子，打击了敌人的气焰，巩固了后方。

瓦尔密会战

瓦尔密会战是法国大革命期间，法国革命军队与普鲁士、奥地利外国干涉军在法国马恩省瓦尔密村进行的一场会战。法国革命引起了欧洲各国封建君主的仇视和恐惧。1792 年 2 月，奥地利和普鲁士结成反法联盟。8 月，普奥联军侵入法国东北部，并向巴黎推进。9 月 19 日，法军两个军团（5 万多人）到瓦尔密附近设防。20 日，普奥联军（约 4 万人）来到瓦尔密，开始对法军进行炮击。法军抢占小丘，开炮反击。联军向法军发起了两次冲锋，但都没有击溃法军，被迫停止进攻。双方进行了大规模的炮战。后来，联军后勤补给困难，再加上天气不好，于 9 月 30 日开始撤退，法军开始追击。10 月 5 日，普奥联军被全部赶出法国国境。瓦尔密会战是法国第一次取得反击欧洲反法联盟的胜利。

迅速开赴前线的法国义勇军，士气高昂，与普鲁士军队在瓦尔密高地展开的战斗中，击退了布伦瑞克率领的联军，取得了战争以来的首次胜利。瓦尔密大捷沉重地打击了国内外反动势力，法军也开始由防御转入反攻，并迅速把敌人驱逐出国境。法国人民又一次挽救了革命。

普鲁士跻身欧洲强国

普鲁士原为古普鲁士人居住地，13 世纪为条顿骑士团征服，始称普鲁士。1466 年臣属波兰，1525 年成为普鲁士公国。自 16 世纪起，普鲁士采用各种方式不断扩张领土，并利用位于海外贸易必经之路的有利位置，积极发展经济，国势蒸蒸日上，成为德意志诸邦中唯一能与奥地利抗衡的国家。

18 世纪中叶，腓特烈二世为使普鲁士跻身于欧洲强国之列，也开始实行"开明专制"，进行改革。改革内容包括：第一，加强中央集权，提高政府工作效率。腓特烈把政府机构置于自己的绝对控制之下，要求官员讲求效率，却不给他们以处置权。这样，普鲁士的官僚机构就成为国王手中驯服而有效的御用工具。第二，疏通道路，修筑桥梁，改善交通；吸引外国移民；发展工商业，增加税收；扩充军力。第三，开办学校，发展教育；奖励科学，扶助艺术。

腓特烈二世的"开明专制"表面上标榜科学与理性，但本质上仍是专制主义。他在进行改革、增强国力的同时，不断发动对外战争，继续扩充疆土。18 世纪中期，他借口奥地利的王位继承问题，参加对奥战争，夺取了西里西亚。18 世纪晚期，又与俄、奥一同瓜分波兰。普鲁士的实力迅速上升，跃居于欧洲强国之列。与此同时，普鲁士也变得更加专制，更加军国主义化了。

▲ 1763 年柏林战争结束后，腓特烈大帝胜利返回首都柏林。

德意志的政治分裂

公元 843 年，从查理曼帝国分裂出来的东法兰克，逐渐发展为德意志王国。公元 962 年，奥托一世成立了新的帝国，历史上称为"神圣罗马帝国"。这个时期，德意志封建主乘机加强割据，扩大实力，诸侯之间出现长期内乱，皇权衰落，封建领主发展为诸侯或称邦君，领地成了邦国。1356 年，查理四世迫于压力，颁布《黄金诏书》，正式承认诸侯在自己邦内拥有行政、司法、关税、铸币和经营矿山等权利，并规定皇帝在固定的 7 个诸侯中选举产生，7 个诸侯因此称为选侯。14 世纪中叶，神圣罗马帝国除 7 个选侯外还有 10 多个大诸侯、200 多个小诸侯、1000 多个独立帝国骑士，他们大大小小的领地就是大大小小的邦国。在 300 多个邦国中，奥地利和普鲁士最为强大，他们之间的争霸导致了德意志政治分裂局面的改观。

俄国推行"开明"改革

近代的俄国是以莫斯科公国为中心，通过不断兼并邻国逐步形成的。到 17 世纪中叶，俄国已是一个疆土辽阔的封建大国，但经济却十分落后。农奴制度在俄国仍盛行不衰，农民没有人身自由，饱受着贵族地主的残酷剥削，生活非常悲惨。手工工场虽然开始出现，但数量很少，而且工场内的主要劳动力是农奴；政治上实行沙皇专制制度，所有权力都集中在沙皇一人手中；文化教育更为落后，识字的人非常少，全国人民都笼罩在无知和愚昧之中。

为使俄国尽快摆脱落后局面，1689 年开始掌握实权的彼得一世进行了大刀阔斧的改革。彼得一世，俄国罗曼诺夫王朝第四代沙皇，杰出的政治家、军事家和外交家，俄国正规陆海军的创建者，史称彼得大帝。他于 1682 年即位，1689 年掌握实权，称彼得一世。他生于莫斯科，意志坚强，才能出众。1682 年，他与其异母兄伊万五世并立为沙皇。由于彼得年幼，

▲彼得大帝是18世纪初期俄罗斯的统治者，俄国历史上称帝的第一人。他全力以赴地将封闭保守的俄罗斯转变成一个真正的帝国。

伊万痴钝，伊万的姐姐索菲亚摄政。

彼得一世少年时随母亲住在莫斯科郊外。17世纪80年代，为进行军事游戏，他曾建立"少年军"，这对彼得一世个性的形成具有特殊作用。后来这支队伍便成为俄军的禁卫部队。

1689年，彼得一世率"少年军"平息索菲亚策动的射击军叛乱。1696年，伊万五世病逝后，彼得一世独掌政权。1697年—1698年，他化名随同俄国使团出国旅行，考察西欧，学习西欧先进的科学技术。1698年夏，他从维也纳仓促回国，镇压禁卫军宫廷政变。

在位时，彼得一世深知俄国面临的任务。为了改变俄国的落后面貌，他进行了多方面的改革。改革的主要内容包括：削弱贵族势力，加强中央集权；引进西欧先进的军事技术，建立海军和新式陆军；鼓励发展工业，允许工场使用农奴劳动；推行学校教育，重视科学技术，提倡西欧的生活方式。

彼得一世的改革是符合历史规律的，这是由改革前俄国国内的发展、各阶级矛盾的激化以及俄国国际处境日益艰难的状况所决定的。他对国家机构的改革，巩固了专制政体，增强了俄国的经济、军事实力，使俄国一跃成为欧洲强国，为进一步对外扩张创造了条件。

彼得一世毕生致力于加强俄国的军事力量，提高俄国在国际舞台上的地位。他继续了1686年开始的对土耳其的战争，于1695年—1696年举行亚速远征，巩固了俄国在亚速海沿岸的地位。为争夺波罗的海出海口，他发动了对瑞典的战争。1714年8月，他亲率俄国舰队在汉科角海战中击败瑞典舰队，取得海军建立以来的首次胜利。9月，俄国与瑞典签订《尼斯塔特和约》，夺取了大片土地，并取得波罗的海的出海口。10月，俄国改国号为俄罗斯帝国。

俄国启蒙思想家

俄国启蒙运动起源于18世纪中期，罗蒙诺索夫是其"开山"人物。他主张关心同情农民，要改善农民的教育、卫生、保健等方面的现状，要保证农民的孩子都能上学，而农奴制必须予以抵制、推翻。罗蒙诺索夫的观点受到后来启蒙思想家的尊崇。因为天赋人权，农奴应该享受到与他们主人一样的权利，农奴应当自由、平等，农奴对自己的财产有处置权，任何农奴制度都是没有文明的表现，应当禁止。这也是启蒙思想家的态度。雅·帕·科杰尔斯基对农民贫困的根源做了深层探究，他认为地主对农民的剥削才使农民受穷。社会上应当摒弃那些对农民不公正的行为与政策。俄国另一个启蒙思想家是尼·伊·诺维科夫。他通过《雄蜂》和《画家》对当时俄国官场和政界人物做了无情的揭露，如奉承拍马、徇私枉法等。为此，诺维科夫身遭囹圄之灾，被判处15年的监禁。而1749年出生于萨拉托夫的拉吉舍夫，在《从彼得堡到莫斯科旅行记》中极力抨击沙皇专制，号召人民推翻它。该书公开指责沙皇是暴政者，农民的一切都被他和农奴主剥夺殆尽，唯一留下的"只有空气"，只有推翻沙皇专制，才能建立自由平等的国家。

在1700年—1721年的北方战争中，俄国获得全胜，取得了通往波罗的海的出海口，从而得以与西方建立直接联系。俄国开始跻身于欧洲列强之列。

1722年—1723年，彼得一世又发动侵略波斯的远征，同时继续向远东扩张。他晚年曾企图率兵侵占中国长城以北地区，因力量有限而未能得逞。

彼得一世是杰出的军事统帅，他在军事学术方面富于创造和革新的精神。在位期间，陆海军实行严整统一的编制，实行严格的纪律和军人守则；他十分重视陆海军的技术装备革新；制定了一套适合民族特点和俄军传统的部队训练体制。彼得一世的战略眼光远远超出了他所处的时代，为确保俄国边境的积极防御，他于18世纪初大力兴建筑垒线、要塞和海军基地。他依据俄国的历史经验，保持和发扬了俄国宝贵的军事学术，同时也吸收西欧军事思想和实践的成果，批判地加以改造。

作为一位外交家，彼得一世深知俄国对外政策的任务。他善于利用形势，能够做出妥协，又曾多次亲自出面谈判，缔结协定。1697年—1698年随大使团考察西欧各国时，他就为建立反瑞（典）北方联盟做了准备。1699年，该联盟最终形成。1719年，俄、瑞（典）和平谈判后，由于彼得一世善于利用欧洲列强间的矛盾，英国的破坏未能得逞。1725年2月8日，彼得一世在彼得堡去世。

到18世纪后期，叶卡捷琳娜二世在经济上继续推行"开明"改革：强调发展农业生产，取消了对土地买卖、转让的限制，为土地私有制铺平了道路；大力发展工业，削弱行会的控制，鼓励各阶层人士开办工场；并逐步放弃了由国家控制商业的重商主义政策，鼓励自由贸易。这些措施在一定程度上为资本主义的发展提供了有利的条件。

拿破仑称帝

"雾月政变"后，拿破仑当上了法国第一执政官，成了法国的统治者。拿破仑生于破落贵族家庭，1779年，拿破仑进入布里埃纳军校学习，成绩突出。15岁进入巴黎陆军学校学习，虽然只有两年，但他却深受法国启蒙思想的影响。

从巴黎陆军学校毕业后，拿破仑当上炮兵少尉，1791年晋升为中尉，次年被提升为上尉。1793年，法国保王党人在英国和西班牙的大力支持下，占领了法国南部重镇土伦，共和军久攻不克。拿破仑奉命参加土伦战役，任炮兵指挥，并晋级为上校。依靠拿破仑指挥的炮兵部队，共和军终于攻占了土伦。此役使拿破仑声名大振，不久便被破格提升为准将。1795年，他的炮兵部队在巴黎再建奇功，以5000人之力击溃了2万多名叛乱分子。之后，拿破仑被任命为法国"国防军"副司令。1796年，他与年轻寡妇约瑟芬结婚。后来，他又被派往意大利和埃及战场作战。1799年，拿破仑从战场上悄然返回法国，发动了"雾月政变"，此后，他一直处在法国权力的顶峰，在他统治的最初 5 年中，实现了社会的稳定，实现了法国人民克服混乱和巩固大革命成果的愿望，为法国推行资本主义制度奠定了基础。

1800 年，拿破仑颁布政法令，大力整治了大革命期间的政治，削弱了地方各级议会的权力，进一步巩固和加强了中央集权。1801 年，他同罗马教皇签订了《教务专约》，宣布天主教是"大多数法国人的宗教"，国家掌管教会的世俗权力，而教皇的职权只能在宗教事务范围内

▲拿破仑翻越阿尔卑斯山　油画

行使。这实际上是在维护革命成果的基础上对天主教进行改造。拿破仑还采取了一些有利于资本主义发展的财政经济措施：组建了法兰西银行；成立了全国工业促进会，为工业提供补贴和机器设备，鼓励采用新技术；在对外贸易上实行保护关税的政策。这些措施出台后，法国外贸总额有了大幅度增长。

▲拿破仑加冕仪式

法国共和历

法国共和历是法国大革命中一度实行的历法。1793 年 10 月 5 日国民公会决定废止基督教的格里历法（即公历），采用革命历法，即共和历。共和历以法兰西第一共和国建立之日（1792 年 9 月 22 日）为历元，每年分四季、12 个月，每月 30 天，每 10 天为一旬，每旬第 10 日为休息日。12 个月之外余下的 5 天（闰年为 6 天）作为"庆祝日"或"补充日"。

根据 10 月 24 日法布尔·戴格朗丁的提议，共和历借用当时一本小册子作者想象的富有诗意的名称，将 12 个月依次定为葡月、雾月、霜月、雪月、雨月、风月、芽月、花月、牧月、获月（或收月）、热月、果月。附在格里历日期上的圣徒名字则用种子、树木、花卉和水果的名字加以替换。

法国大革命中发生的热月政变、芽月起义、牧月起义、葡月暴动、果月政变、花月政变、雾月政变等事件以及牧月法令、风月法令等，就是按共和历的月份命名的。

1806 年元旦开始，拿破仑一世政权恢复格里历法，正式废止了共和历。

虽然拿破仑的统治带有浓厚的专制色彩，但他却非常重视法制建设。1804 年 3 月正式公布实行的《法国民法典》（1807 年改名为《拿破仑法典》）就是他本人不断督促和指导的成果。法典综采罗马法、传统法和革命新法编成，1807 年和 1852 年两次被命名为《拿破仑法典》。这部法典确认了资产阶级和农民占有贵族和教会土地财产的合法性，保证不受封建势力的侵犯；否定封建特权，确立了资产阶级自由、平等的原则，规定每个公民具有同等的民事权利和行为能力；对于家庭、婚姻、继承等社会生活方面都做了明确规定。这部法典是资本主义国家最早的一部民法法典，破除了封建的立法原则，成为欧美各国资产阶级的立法规范，推动了资本主义的发展。

拿破仑所采取的措施使他受到国内各阶层普遍的欢迎和支持，这种情况反过来又刺激了他权力欲的急剧膨胀。1804年11月6日，公民投票通过《共和十二年宪法》，宣布拿破仑·波拿巴为法兰西皇帝，1804年12月，拿破仑终于如愿以偿，在巴黎圣母院加冕称帝，号称"拿破仑一世"，建立了法兰西第一帝国，即拿破仑帝国。帝国建立后，政体和官制都有所变化。但在基本政策上，拿破仑仍然坚持雾月政府时期的施政方针。在行使权力上，由过去的第一执政官专权演变为皇帝独裁。

拿破仑帝国

　　拿破仑帝国始终伴随着对外战争。战争初期具有保卫法国大革命的胜利成果，反对封建复辟，反对欧洲封建专制势力干涉的性质。但在战争后期，这场战争又逐渐变成了对外侵略、夺取欧洲霸权的战争。

　　拿破仑发动政变后，鉴于国内局势混乱，曾向英、俄、奥三国君主建议停战，但遭到拒绝，他转而采取了卓有成效的外交政策：首先稳住普鲁士的中立地位，接着争取俄国退出反法同盟，然后全力摧毁奥军，最后集中力量打击英国。

　　1800年6月，拿破仑率领大军击溃驻意大利的奥军，进逼奥地利南部，迫使奥地利于1801年2月同法国签订了《吕内维尔和约》，承认法国对莱茵河左岸地区的占领以及对比利时和意大利北中部地区的占领。法国则同意奥地利继续占有威尼斯。法军战胜奥地利，促成了第二次反法同盟的解体。俄国此后退出了同盟，普鲁士保持中立。而且由于英国在海上实行的封锁政策损害了它们的利益，使它们同瑞典、丹麦共同组成了针对英国的保护商业同盟。

　　在这种孤立的背景下，英国不得不同法国进行和平谈判，结果于1802年3月签订了《亚眠和约》。和约规定：英国

▲正在查阅地图的拿破仑

将近年来夺得的一部分殖民地交给法国及法国的盟国西班牙和荷兰。《亚眠和约》是英国外交上的一次失败，它承认了法国控制荷兰和整个莱茵河左岸。但是，没过多久，英、俄两国便于1805年4月在圣彼得堡签订同盟条约，奥地利、瑞典和那不勒斯也相继加入。于是，第三次反法同盟建立，欧洲战事再起。同年10月，法、西联合舰队在特拉法加海角与纳尔逊率领的英国舰队展开激战，结果法、西联合舰队几乎全军覆灭，这使拿破仑不得不放弃渡海进攻英国本土的计划。但在欧洲大陆战场上，拿破仑的军队却连战连捷。11月，法军攻占了维也纳。12月，法军与俄奥联军在奥斯特里茨进行大决战，俄奥联军受到重创。第三次反法同盟宣告失败。拿破仑迫使奥地利签订《普雷斯堡和约》，给法国大量赔款，并承认巴伐利亚、符腾堡和巴登地区独立。自此，奥地利在德意志原有的势力丧失殆尽，而法兰西第一帝国也成为远超出法国本土的强大帝国。

拿破仑在德意志的扩张和想取得欧洲霸权的图谋，使过去实行中立政策的普鲁士感到受到了严重的威胁。1806年9月，英、俄、普等国组成第四次反法同盟。10月，拿破仑率军出征，在耶拿战役中给普军主力以毁灭性打击，并攻占了柏林。1807年6月战胜俄军后，沙皇亚历山大一世和普

《拿破仑法典》

该法典由拿破仑下令编撰，由特龙谢、马尔维尔、普雷阿梅纳及波塔利斯四位法学家起草，拿破仑亲自参与讨论和审议的工作，于1804年3月21日正式颁布实施。该法典采用拜占庭时期"查士丁尼《法学阶梯》"的结构体系，除序章外，有3编2281条。3编的名称分别为：人法、财产及所有权的各种形态、所有权取得的各种方式；基本原则；民事主体平等原则、私有财产神圣不可侵犯原则、契约自由原则、过错责任。这部法典与1896年颁布的《德国民法典》一起，构成欧陆法系的两大支柱和源流，对后来的《日本民法典》《中华民国民法》《中华人民共和国民法典》等民法立法有着很大影响。

鲁士王威廉一世分别与拿破仑签订了《提尔西特和约》。和约对普鲁士十分苛刻，除保留东普鲁士、波美拉尼亚、勃兰登堡和西里西亚外，普鲁士丧失了其余的大片领土，还要向法国赔款1亿法郎。条约使普鲁士统治的人口从1000万降到493万。《提尔西特和约》的签订，宣告了第四次反法同盟的失败。但是，这也表明拿破仑对外战争的性质已由保卫领土的自卫战完全演变成争夺欧洲霸权的非正义战争了。

▲ 1809年7月6日瓦格拉姆之役中的拿破仑。奥军在瓦格拉姆一战中退却，导致奥于肖恩布鲁恩签订和约，奥地利又一次失去了众多人口及大面积土地，并负担了更多的战争赔款。

打败了欧洲大陆上的敌手后，拿破仑全力以赴对付英国。1806年11月，拿破仑就已经宣布《大陆封锁令》，禁止大陆各国与英国通商。到了1807年10月，拿破仑在巴黎近郊枫丹白露行宫再次发布敕令，强化大陆封锁政策。

1809年，拿破仑又粉碎了英国与奥地利组成的第五次反法联盟，奥地利被迫与法国签订和约，向法国赔款割地。从1805年开始，拿破仑指挥的军队接连粉碎反法同盟的进攻，粉碎了复辟波旁王朝的阴谋，也从根本上动摇了欧洲大陆的封建秩序，沉重打击了各国的封建专制统治。但是，拿破仑战争也给欧洲各国人民带来了灾难，其侵略性质在战争后期愈发明显。法国每取得一次胜利，都要从战败国索取大量的赔款，并从占领地抢夺大量的金银财宝、艺术品运回法国。同时，法国还将被占领国家和地区变成自己的原料供给地和商品倾销市场，大大影响了被占领国家和地区的经济发展，欧洲各国人民均遭受了巨大的人力和物力损失。

经过几年的战争，法国成为一个拥有130个省、7500万人口的大帝国，并且拥有众多的附庸国和同盟国。拿破仑帝国进入鼎盛时期。

滑铁卢之战

拿破仑帝国虽然前后多次打败了反法同盟，但是，它的强盛是表面的，它面临着种种不可调和的矛盾。拿破仑从占领区掠夺大量财富运回法国，实行以战养战的政策，大部分军费和军用物资都从占领区收取，迫使当地居民充当炮灰，这就激化了法国同这些被占领区人民的矛盾。从1808年起，欧洲被压迫民族掀起了反拿破仑帝国的民族解放运动。西、葡人民顽强的游击战争牵制住拿破仑20万精锐部队。德意志地区和意大利半岛起义活动空前高涨，沉重地打击了拿破仑的统治。在《提尔西特和约》中蒙受屈辱的普鲁士，通过资本主义性质的改革，国力迅速增强。所有这些反抗运动都是拿破仑无法遏制的。

从另一方面来看，无休止的对外战争也给法国人民带来了深重的灾难。1800年—1813年，拿破仑征兵达150万人，致使田园荒芜，农业凋敝，激起了农民的强烈不满。大陆封锁政策的失败，又使得法国原料缺乏、工厂停产、工人失业、市场萎缩，严重地损害了法国资产阶级的利益。拿破仑在国内的威望日益下降，帝国的统治发生了危机。但是，迷信强权的拿破仑仍然一意孤行，他决定远征与大陆体系作对的俄国，以新的对外征服来巩固自己的统治。

▲圣赫勒拿岛上的拿破仑

1812年9月，拿破仑大军长驱直入，开进莫斯科，但得到的却是一座空城。一个月后，他被迫下令撤军。撤退途中，拿破仑军队不断遭到俄国正规军和游击队的袭击，加上饥饿和严寒的威胁，损失惨重。到了退出俄领土时，原有的70万大军只剩5万余人。侵俄战争的失败，是帝国由盛到衰的转折点。

特拉法加海战

　　1804年拿破仑称帝后，为了彻底打败反法联盟，决定跨海作战征服英国。为牵制住强大的英国海军，拿破仑派海军中将维尔纳夫率领的法国和西班牙联合舰队与英国海军决战。1805年10月21日，双方舰队在西班牙特拉法加角外海面相遇。英国海军将领纳尔逊率领的英国舰队有27艘战舰，法、西舰队有32艘战舰，但英国舰队的训练、经验和武器装备都比对手要强得多。纳尔逊一反当时将舰船排成纵队线形列队的战法，把舰队分为两列纵队，以机动战术攻击法西舰队。英国舰队将法西舰队拦腰截成两段，然后冲入敌方舰队中，进行一对一的战斗。战斗持续5小时，法西联合舰队遭重创，主帅维尔纳夫被俘，但英军的纳尔逊海军上将也在此战中阵亡。此战导致法国海军大伤元气，拿破仑被迫放弃进攻英国的计划，英国则巩固了海上霸主地位。

　　俄沙皇也想彻底歼灭拿破仑，于是1813年2月，俄国与普鲁士结盟，英国、西班牙、葡萄牙、瑞典和奥地利相继也加入行列中，范围更广的第六次反法同盟结成。面对这样巨大的变局，拿破仑迅速组建新军，做好对反法同盟作战准备。10月19日，拿破仑在莱比锡与反法联军进行了一场大会战，结果拿破仑遭到失败。1814年3月底，联军攻占了巴黎。几天之后，拿破仑被迫退位，并被囚禁到地中海上的厄尔巴岛。1814年9月，战胜国在维也纳召开会议，讨论欧洲秩序的重建问题。会上列强为了自身的利益发生了分歧。拿破仑得知消息后于1815年3月逃出厄尔巴岛，集结旧部并占领了巴黎。这使整个欧洲震惊，3月25日，因利益分配不均而争吵的联军又站在了一起，宣布成立第七次反法同盟，由英国的惠灵顿公爵任统帅，迅速集大军64.5万人，分头向法军进攻。拿破仑到5月底也召集了28.4万的正规陆军和22.2万人的补助兵力。

　　拿破仑意识到如果联军几大军团会合一处，后果就不堪设想。他根

▲从此图可看出滑铁卢战场的概貌，惠灵顿将军队部署在圣让山以南的山脊上，从而堵住通往布鲁塞尔的最后一道防线，防御体系西面以一座乡间别墅为据点，中间以一座农庄为缓冲，东面则以两座农庄为前哨，这样，整个防御体系像三只伸向前的拳头，将拿破仑的进攻割裂开来。

据比利时联军战线分布过长的情况，决定主动进攻，集中优势兵力各个击破。6月12日，拿破仑进至比利时，对驻守在利尼附近的英普联军实施突然袭击，普军大败。17日，拿破仑错误地让军队休息了一天，并决定18日同英军元帅惠灵顿指挥的英荷联军在滑铁卢（布鲁塞尔以南20千米）展开大决战。而惠灵顿指挥的英军早已修了坚固的工事，等待拿破仑。

6月18日，拿破仑指挥军队进攻，滑铁卢战役打响。拿破仑拥有270门大炮，但前一天晚上的大雨，使地面泥泞不堪，笨重的大炮只有一小部分进入阵地。11时，法炮兵首先发炮，接着双方对射，对峙到下午1时，拿破仑派兵佯攻英军右翼，以牵制联军的主要兵力，使中央薄弱后加以主攻。但佯攻效果并不明显，拿破仑只好从中央发起总攻。双方僵持不下时，被击散的普军重新集结，出现在法军身后，拿破仑急命两军团堵截。惠灵顿精神大振，英军的士气猛涨。战至下午6时许，法军已疲惫不堪。8时许，惠灵顿下命反攻，在联军的夹击下，法军支持不住，全面溃败，拿破仑趁乱逃出战场。法军伤亡严重，损失3万余人。6月21日，拿破仑败退巴黎。7月7日，联军攻进巴黎，拿破仑被迫宣布退位，并被流放到南大西洋的圣赫勒拿岛。

神圣同盟

英、俄、普、奥四国因反对拿破仑战争的需要而结成同盟。然而，随着战争的结束，同盟各国的团结变得难以维系。俄国沙皇亚历山大一世以"欧洲和平仲裁人"自居，企图充当拿破仑的角色；英国力图维持欧洲均势，既要防止法国东山再起，又要阻挠俄国取代法国；奥地利和普鲁士争夺德意志霸权的斗争进行得十分激烈；而

▲（左起）俄皇亚历山大一世、奥皇法兰西斯一世、普鲁士国王腓特烈三世，他们是维也纳体系的真正操纵者。

那些被拿破仑征服的欧洲各国大大小小的王室，则分别依附于欧洲列强，都在试图恢复旧日的统治。战胜国在维也纳召开了一次国际会议，并最终形成了维也纳体系。

维也纳会议于 1814 年 10 月 1 日—1815 年 6 月 9 日在奥地利首都维也纳召开。它是欧洲各国在打败拿破仑后处理战后问题的国际会议，实质上是一次消除法国大革命的影响，恢复封建统治秩序，瓜分拿破仑帝国遗产的会议。

维也纳会议争执的焦点是波兰 – 萨克森问题。波兰夹在大国中间，在历史上曾 3 次遭到俄、普、奥三国的瓜分，甚至一度从欧洲版图上消失。拿破仑攻占华沙后，在那里成立了华沙大公国。由于之前在瓜分波兰时华沙为普鲁士所得，因此，普鲁士王威廉三世要求占领"原地"。而俄国沙皇亚历山大一世则希望霸占波兰，并且建议由普鲁士占领全部萨克森，作为它失去波兰领土的补偿。与此同时，俄、普与奥地利的矛盾则更加尖锐。由于俄国和普鲁士将其他国家尤其是奥地利撇在一边而单独商讨波兰问题，奥地利极为不悦。奥地利首相梅特涅不愿看到北方的普鲁士强大起来，从而影响奥地利

▲神圣同盟实际决策者之一——奥地利首相梅特涅

在德意志诸王国中的领导地位。同时，梅特涅对俄国也有所顾忌。因为俄国一向标榜自己是斯拉夫民族的天然朋友，一旦俄国势力得到扩张，奥地利境内的民族问题必然激化。英国的既定政策是维持欧陆均势，因此，在俄国咄咄逼人的气势下，英国决定支持奥地利。而以特殊身份参加会议的法国也发挥了一些作用，法国权衡利弊后，站到了英、奥一边。1815 年 1 月，英、奥、法三国签订了秘密同盟条约，规定三国如遇他国进攻，则互相援助。

英、奥、法三国的强硬立场，使俄、普做出了妥协，于是双方达成协议：普鲁士占领但泽与波兹南；奥地利占领加里西亚；其余部分组成波兰王国，并由亚历山大一世兼任波兰国王。萨克森王国保留一部分领土，其余的五分之二领土割让给普鲁士；另外，将莱茵河左岸和威斯特发里亚王国划归普鲁士作为"补偿"。

波兰－萨克森问题解决后，列强便着手制定会议的总决议。但是，这时突然传来拿破仑回巴黎重登帝位的消息，各国首脑惊恐万分，紧急组织起第七次反法同盟。

拿破仑"百日政权"倒台后，1815 年 11 月，战胜国与法国又一次签订了《巴黎和约》。根据和约，法国割让了萨尔路易、菲利普维尔和萨尔布鲁根等地，东北部 17 个城镇和要塞由盟军占领 3—5 年，法国赔款 7 亿法郎。

维也纳会议现场，所有的决议都由战胜国做出。

维也纳会议的决议和第二次签订《巴黎和约》，造成了欧洲范围内封建势力复辟的局面。俄国获得了芬兰，由俄皇兼任波兰王国国王，克拉科夫则成为俄、普、奥共同保护下的一个共和国；奥属尼德兰合并于荷兰建立尼德兰王国；德意志的 39 个邦和 4 个自由市组成德意志联邦；瑞士联邦重新恢复并中立。英国则获得荷兰的好望角、锡兰殖民地以及法属殖民地马耳他岛等地。为了维护已确立的体系，防止再度爆发革命，俄、普、奥三国君主签署条约，建立了带有反动宗教色彩的"神圣同盟"。

经过维也纳会议和其后欧洲政治力量的整合，欧洲在历史上第一次真正被包括在一个共同的条约体系内。直到 19 世纪中叶，列强之间都没有发生过大的战争，这说明维也纳体系在整体上使欧洲出现了一个比较稳定的局面。

神圣同盟

神圣同盟是拿破仑帝国崩溃后，1815 年以俄国沙皇为首的欧洲君主在巴黎组成的反动同盟。根据沙皇亚历山大一世的倡议，1815 年 9 月，俄、奥、普三国君主在巴黎共同发表《神圣同盟宣言》，声称为维护基督教、和平与正义而互相支援。其目的是维护维也纳所建立的封建统治秩序，镇压革命运动和民族独立运动。主要决策者是沙皇亚历山大一世与奥地利首相梅特涅，沙俄成了欧洲的国际宪兵和反动势力的堡垒。1815 年底，除英国、教皇国和奥斯曼帝国外，所有欧洲国家都加入该同盟。英国表示同意宣言原则。神圣同盟曾于 1820 至 1821 年间镇压意大利的革命运动，于 1823 年武装干涉西班牙革命，并企图干涉拉丁美洲的独立运动。由于内部利害冲突以及各国民族革命运动的打击，1830 年法国七月革命和比利时八月革命后同盟实际上已经瓦解。

第一次工业革命

工业革命又叫"产业革命"，是资本主义生产从工场手工业阶段过渡到大机器工业阶段的重大飞跃，是世界近代史上继资产阶级政治革命之后又一次世界性的革命。

17 世纪—18 世纪，英、法、美等国资产阶级革命的胜利，为生产力的进一步发展扫清了道路。资本主义工场手工业的发展和科学技术的进步，为生产向机器大工业过渡准备了条件。随着市场的不断扩大，以手工技术为基础的工场手工业再也不能满足市场的需要。在这种情况下，资产阶级为了追求利润，不断进行技术革新，促使了工业革命的发生。

工业革命首先开始于 18 世纪 60 年代的英国，完成于 19 世纪 40 年代。这一过程是从棉纺织业开始的。这是因为：首先，棉纺织业是新兴的生产部门，投资少，利润高，资金周转期短。其次，棉纺织业与历史悠久的毛纺织业相比，很少受旧传统、旧习惯的束缚。该行业没有行业组织，也不受行规的限制，采用新技术比较容易。当时棉纺织业比较集中，比如兰开夏，由于气候、温度和湿度都非常适合棉纺织工业，这里的棉纺织业发展尤为显著。

1733 年，兰开夏的机械工凯伊发明了飞梭，将原来的掷梭子改为拉绳子，使梭子在滑槽上滑动，既解决了过去不能织较宽织品的问题，又

▲珍妮精纺机

节省了力气，加快了速度，工作效率大大提高，织布的速度提高了一倍。但是，"纱荒"也随之出现，改进纺纱技术便成为棉纺织业发展的关键。1779 年，纺纱工人塞缪尔·克隆普顿改造了水力纺织机，因该机兼有珍妮机和水力纺纱机的优点，像骡子兼有马和驴的优

点，于是人们将其命名为"骡机"。用这种机器纺出来的纱质量有显著提高。

纺织机器的发明和使用又使动力成为急需解决的问题。以前的水力动力机在很大程度上受地理条件和季节的限制。于是，发明一种打破这些限制、适应性更强的动力机成为工业发展最为紧迫的要求。早在1698年托马斯·萨里夫就发明了蒸汽机筒，用于矿山抽水。1705年，纽科门对该设备进行更新改造，制成第一台大气压力蒸汽机，利用蒸汽冷却时产生部分真空形成的大气压力作为动能。但该机器不适于作为动力机器普遍安装使用。格拉斯哥大学的仪器修理工瓦特善于钻研，具有较高的科学素养，他改进的纽科门蒸汽机，比原纽科门蒸汽机耗煤少，且功效提高了3倍。此后他又发明了能普遍使用的高效动力机——复式蒸汽机，因其适用广，被称为"万能蒸汽机"。1785年，万能蒸汽机开始用于棉纺织业。瓦特蒸汽机不受地理、季节条件的限制，只要有煤做燃料就可以开动，而英国煤的蕴藏量非常丰富，建厂十分方便。因此，该机很快在全国广泛应用于纺织业、冶金业、面粉加工业，大工厂在英国各地纷纷建立起来。蒸汽机作为工业革命的象征，标志着人类社会生产进入了一个机械化时代。为了突出蒸汽机的重要作用，有人将这个时代形象地称为"蒸汽时代"。

机器的大量制造，也使对金属原料的需求量增加。蒸汽机的发明和使用，推动了冶铁和采煤工业的发展。冶铁业是英国古老的工业部门之一。过去一直用木炭做燃料，因而森林资源日趋枯竭。从17世纪中期起，冶铁业衰落，铁产量下降，英国不得不从外国大量进口生铁。1735年，德尔贝父子发明用焦煤炼铁。1760年加装鼓风设备以后，这项技术被广泛采用，有力地促进了冶铁业的发展。1784年，工程师科尔特发明"搅炼法"和冶钢的碾轧精炼法，采用这种方法，既降低了成本，又大大提高了冶炼的效率和质量，使生铁产量在同一时间内增加14倍。采煤和冶铁技术的迅速提高，为其他工业部门的发展提供了条件。

蒸汽机的推广和各生产部门实现机械化，对机器制造业本身提出了技术改革的迫切要求。18世纪末，英国开始使用汽锤和简单的车床制造金属部件。后来，先后发明了各种锻压设备和钻床、刨床、镗床等工作母机，实现了用机器生产机器。到19世纪40年代，英国工场手工业被大机器生

▲英国"火箭号"机车复制品

1829年，为了挑选从利物浦到曼彻斯特的铁路线最好的机车，人们举行了一次比赛—雷恩希尔选拔赛。"火箭号"主要是由工程师罗伯特·斯蒂芬森制造的。同年，英国人制造的"斯托尔布里雄师号"，成为在美国铁轨上运行的第一台机车。

产所取代，用机器生产机器的机器制造业也建立、发展起来，至此，工业革命基本完成。英国成为世界上第一个工业国家。

19世纪，工业革命逐渐从英国延伸到欧洲大陆及世界其他地区。继英国之后，主要资本主义国家法国、美国、德国、俄国以及日本，也先后在19世纪中后期完成工业革命。资本主义经济飞速发展，自由资本主义兴起。

工业革命不仅是一场技术革命，也是一次深刻的社会变革，它对整个人类历史产生了重大的影响。

纺织机械化大大加快了纺织速度，上图中顶端轴承带动传动带，驱动织布机工作。织布机最初由水轮机驱动轴承转动，1785年之后，则由蒸汽机逐步替代，为轴承提供动力。

瓦特与蒸汽机

詹姆斯·瓦特 1736 年生于苏格兰，从小就迷恋机械制造，中学毕业后去伦敦学习制造机械的手艺，然后回到家乡的格拉斯哥大学谋了一份仪器修理师的差使。1764 年的一天，格拉斯哥大学的一台纽科门蒸汽机模型被送到瓦特这里要求修理。瓦特发现该蒸汽机的汽缸和冷凝器没有分开，造成了热能的极大浪费，便租了一间实验室，开始改造纽科门蒸汽机的试验。经过多次试验，瓦特最终完成了一台具有实用价值的单作用式蒸汽机。瓦特没有就此罢手，而是继续进行试验，用行星齿轮结构把往复运动变成了圆周运动，在 1781 年获得了双作用式蒸汽机的专利权。他再接再厉，用飞轮解决了转动的稳定性问题。瓦特不间断地努力，将行星齿轮结构改装为曲柄连杆结构，从而使蒸汽机达到了完善的地步。1781 年，瓦特提出了 5 种将往复运动转变成旋转运动的方法；1782 年，瓦特获得了"双动作蒸汽机"的专利；1784 年，他在新专利中又提出了"平连杆结构"的说法，这使蒸汽机有了更广泛的实用性；1788 年，他又发明了离心调速器和节气阀；1790 年，他完成了汽缸示功器的发明。至此，瓦特完成了蒸汽机的发明全过程。蒸汽机的发明，使工业革命迅速展开，瓦特为人类进步事业做出了不可磨灭的贡献。国际单位制中以"瓦特"作为功率单位就是为了纪念这位发明家。

第一，工业革命促进了社会生产力的惊人发展，商品经济最终取代了自然经济，手工工场逐渐被以大机器生产为特点的工厂取代。资本主义生产制度取得了统治地位。

第二，工业革命极大地提高了劳动生产率，为巩固资产阶级革命成果奠定了雄厚的物质基础，保证了资本主义完全战胜封建主义。资本主义方式扩展到世界各地，资本主义制度在全球范围内得以确立。

第三，随着工厂制度的建立，资本主义雇佣劳动制度普遍确立起来。社会阶级关系发生深刻变化，工业资产阶级和工业无产阶级最终形成，而

两大 阶级的对立和斗争逐渐明显和尖锐。第四，欧美资本主义国家为了扩大海外殖民掠夺和销售市场，大规模从事交通运输建设，致力于远洋运输网的开拓。全球性的交通网络逐渐形成，资本主义世界市场开始形成。第五，工业革命使更多的亚、非、拉国家沦为殖民地、半殖民地和附属国。造成了这些地区的长期落后，形成了东方从属于西方的局面。欧美资本主义列强加紧对亚、非、拉国家进行殖民掠夺的同时，也把先进的生产方式和工业技术带到这些地区，使其卷入了工业文明的潮流之中。

法国里昂工人起义

　　1815年6月，法国波旁王朝复辟，1824年9月查理十世即位后，力图恢复封建专制制度，极力保护大地主和贵族的利益，引起社会各阶层的普遍不满。并于1830年7月26日颁布了反动的"七月敕令"，提出取消言论自由，解散议会，限制选举权，引发群情激愤。7月27日，巴黎人民发动武装起义，28日占领市政府，29日起义者占领了罗浮宫和杜伊勒里宫。8月2日查理十世宣布放弃王位，逃往英国，波旁王朝被推翻。但由于资产阶级共和派软弱无力，无产阶级也没有形成独立的政治力量，政权落到了代表金融贵族的大资产阶级的手中，开始了"七月王朝"的统治。里昂是法国纺织工业的中心，在工场主和包买商残酷剥削下，纺织工人生活极为困苦。

　　1831年11月，法国的丝织业中心里昂爆发了法国历史上第一次工人武装起义。当时，里昂有3万多纺织工人，他们饱受工场主、包买商的残酷剥削和压迫，常年挣扎在死亡线上。工人每天劳动15—18个小时，所得工资仅能买一磅面包，难以维生。1831年10月，在6000多名工人的强烈抗议下，厂商同意增加工资，但事后拒不执行，激起工人的愤怒。11月21日，里昂工人走上街头，举行罢工示威。游行时遭到军警袭击，工人立刻拿起武器反击。工人提出了"里昂应当有我们自己选出的代表"的政治要求。他们高呼"不能劳动而生，就要战斗而死"的口号。经过3天的浴血战斗，起义工人攻占了市政厅，逮捕了省长，做了里昂的主人。但是，由于起义者没有无产阶级政党的领导和革命理论的指导，未能巩固胜利，10天后，就被反动政府镇压下去了。

1834 年 4 月 9 日，里昂工人为了反对政府颁布的禁止工人集会结社的反动法令和营救被捕的工人领袖，再次发动了武装起义。起义工人修筑了街垒，同敌人展开了长达 6 天的巷战。与此同时，巴黎、马赛等城市的工人纷纷举行罢工和示威游行，声援里昂工人的起义斗争。在这次起义中，工人们在宣言中针对七月王朝的反动统治，提出了"推翻富人统治，争取民主共和国"的口号，带有明显的政治色彩。

▲自由引导人民　1830 年　德拉克洛瓦

此画反映的是法国七月革命，画中的自由女神与巴黎凯旋门、埃菲尔铁塔一样，成为法兰西文化的象征。

虽然两次里昂工人起义都失败了，但是，它表明工人阶级已经觉醒，无产阶级和资产阶级的斗争已经成为社会的主要矛盾。这两次起义推动了法国工人运动的发展，为无产阶级的独立运动树立了光辉的榜样，标志着法国无产阶级作为独立的政治力量登上历史舞台。

英国宪章运动

工业革命后，工人阶级的斗争采取了破坏机器的斗争方式，这是因为当时工人觉悟很低，他们还没有认识到造成灾难的根源不是机器，而是资本主义制度。破坏机器运动最早发生在英国，当时称作"卢德运动"。

随着工人力量的增强，特别是觉悟的提高，工人开始认识到团结起来进行斗争的重要性。在英国，19 世纪初就已出现工人的组织，并且争取到工人的结社权利，到处都出现工会组织。工会领导了 1825 年开始的罢工斗争。

工人阶级还用武装斗争去反击资本家的剥削。19世纪三四十年代，英国爆发了声势浩大的"宪章运动"。

在1832年的议会改革中，工业资产阶级在工人和劳动人民的支持下，迫使金融贵族和地主贵族做出了让步，取得了部分参政权，工业资产阶级在满足了自己的政治愿望之后，在政治上与金融贵族和地主贵族结成了同盟，共同统治英国。这些事实进一步暴露出无产阶级和资产阶级利益的根本对立。工人群众决心进行独立的政治斗争，争取本阶级的政治权利。1836年—1848年的宪章运动，就是在英国工人阶级的政治觉悟有了明显提高的历史条件下爆发的。

1836年6月，成立了以木匠威廉·洛维特为首的"伦敦工人协会"。1837年6月，该协会拟定了一个争取普选权的文件，即《人民宪章》。提出6点要求：年满21岁的男子均有选举权；秘密投票；按居民人数平均分配选区，每区选派一名议员；每年改选一次国会；废除议员候选人的财产资格限制；议员领取薪俸。1838年5月，《人民宪章》以法案形式公布后，得到了广大工人群众的热烈支持，全国各地纷纷举行群众集会和游行，坚决拥护《人民宪章》。

宪章运动是一开始就具有全国规模的政治性运动，工人和其他劳动群众成为这次运动的主要力量。1839年2月4日，宪章派在伦敦召开了第一次代表大会，定名为"全国宪章派公会"，并通过了全国请愿书，要求实现《人民宪章》。请愿书公之于众后，立即在全国掀起了签名运动，到5月份，在请愿书上签名者多达120万人。

宪章运动开始后，出现过3次高潮。

▲英国国会大厦

1839 年 7 月 12 日，国会否决了请愿书。消息传出后，伯明翰工人举行了起义，各地群众举行罢工和示威，宪章运动出现了第一次高潮。不久，政府派出大批军队镇压了起义，逮捕宪章派领袖，运动转入低潮。

在 1841 年—1842 年经济危机的推动下，工人阶级掀起了第二次宪章运动的高潮。1842 年 4 月 12 日，宪章派在伦敦举行了第二次代表大会，制定了请愿书，向国会提出申请。除了坚持《人民宪章》的 6 项要求外，还提出了废除"新济贫法"、取消劳动院、要求政教分离、取消什一税等，甚至提出了取消资本家对土地和生产资料独占的要求。这次请愿书所提出的更为激进的要求，说明宪章运动已经摆脱了资产阶级的影响，具有更加纯粹的无产阶级性质。然而，国会又否决了请愿书，宪章派领导机构号召工人举行总罢工，进行抗议活动。8 月 9 日，曼彻斯特工人首先宣布总罢工，各地工人纷纷响应，罢工席卷全国，但由于政府派军队镇压了罢工，运动再次转入低潮。

1847 年的经济危机和 1848 年欧洲各国的革命运动，特别是法国二月革命的胜利，给宪章运动注入了新的动力。1848 年初，全国宪章协会恢

保守党

保守党是英国资产阶级政党，其前身是托利党，全称保守统一党。起初是大地主、银行家的政党。19 世纪晚期，许多大工业家加入，保守党变为垄断资产阶级的代理人。1848 年，迪斯累里当选保守党领袖，极力整顿和改组保守党，建立全国保守主义与统一主义协会联盟。19 世纪后半期，保守党与自由党交替执政。1874 年大选，保守党获胜。迪斯累里组阁后，对内取消主仆法，禁止 10 岁以下儿童做工，成立地方管理部，扩大政府行政机构，并采取收买办法，培植工人贵族阶层，给英国工人运动造成极大的危害；对外则积极执行帝国殖民扩张政策，并向英国人民灌输大国沙文主义和帝国主义思想，廉价收买苏伊士运河股票以控制埃及，并宣布维多利亚一世为"印度女皇"。第一次世界大战期间，保守党参加战时联合内阁并维持到 1922 年，之后多次组阁。

复活动，筹备第三次请愿。第三次请愿书宣布，劳动是一切财富的唯一源泉，劳动者对自己的劳动成果享有优先权，权力的唯一来源是人民。工人群众还提出了建立共和国的要求。在第三次请愿书上签名的有 500 多万人，宪章运动形成了第三次高潮。1848 年 4 月 3 日，宪章派召开第三次代表大会，到国会递交请愿书。政府调集了 30 万军队，准备镇压工人。4 月 10 日清晨，当成千上万的工人向国会进发时，宪章派的右翼领导人屈服于政府的武力威胁，力劝工人解散回家，请愿书只由几个领导人送交国会，这样致使运动夭折了。随后，政府下令解散宪章派组织，并大肆逮捕宪章派积极分子，宪章运动归于失败。

宪章运动虽然失败了，但它的历史意义是重大而深远的。它已经不是个别工厂、个别地区的工人反对资产阶级的斗争，而是全英国的工人阶级共同进行的一场大规模的政治斗争。在斗争中，工人们建立了自己的组织，提出了本阶级的政治要求，把矛头指向了资产阶级的政治统治。宪章运动是英国无产阶级的第一次全国规模的、群众性的政治斗争，标志着英国无产阶级登上了政治舞台。

德国纺织工人起义

19 世纪 40 年代，德国爆发了西里西亚纺织工人起义。作为德国纺织工业中心之一的西里西亚，随着德国资本主义的发展，那里的工人所受的剥削日益严重，无产阶级和资产阶级的矛盾越来越尖锐。40 年代初，企业主们为了增强同英国商品竞争的能力，拼命延长工时，大幅降低工资。工人们常年不能维持温饱，劳动条件十分恶劣，大批工人挣扎在死亡线上。在起义以前，西里西亚 36000 名工人中，有 6000 人死于饥饿。当时，工人们编了一首名为《血腥的屠杀》的歌谣，愤怒地控诉了工厂主和包买商的罪行。

1844 年 6 月 4 日，一些工人唱着这支歌经过最残忍的企业主茨支兹格尔的住宅，竟遭到毒打和逮捕。工人们长期压抑的愤怒像火山一样爆发出来，当天就捣毁并焚烧了茨支兹格尔的住宅。次日，烈火蔓延至另一纺织重地——住有 13000 居民的朗根比劳。起义织工高唱自己编写的战歌，集中打击工人最痛恨的厂主，他们捣毁厂主住宅、厂房、机器，焚毁票据、账册。普鲁士当局调集军队镇压，起义群众与前来镇压的军警展开了肉搏战。6月6日，普鲁士政府又调来大批军队镇压起义。起义失败后，83名起义者被判重刑，数百名工人受到鞭笞和强迫劳役及其他惩罚。

▲西里西亚纺织工人起义虽然失败了，但其精神鼓舞了广大工人群众，标志着无产阶级已经形成独立政治力量登上了政治舞台，成为历史发展的伟大动力。

这次西里西亚白发的纺织工人暴动，从一开始就一致把矛头指向了私有制，指向了资本剥削。它证明，德国工人阶级已经开始觉醒，带着本阶级独立的要求挺身而出，开始了反对资本主义剥削的英勇斗争。

在法国里昂工人起义、英国的宪章运动和德国的西里西亚纺织工人起义中，工人阶级已经提出了独立的政治要求，并为实现自己的政治要求进行了不屈不挠的政治斗争。它标志着在资产阶级和封建主阶级争夺政权的斗争尚未结束之时，工人阶级已经作为一支独立的政治力量登上了历史舞台，成为推动历史前进的巨大动力。但是，三大工人运动都失败了。失败的最根本的原因是没有正确的革命理论做指导。当时，工人群众在思想上深受空想社会主义和各种小资产阶级社会主义的影响，他们对自己受剥削的根源、自己的历史使命和求得解放的途径等都缺乏科学的理解。空想社会主义除了无情地揭露了资本主义制度的矛盾和罪恶之外，对社会发展规律并没有清醒的认识，找不到实现理想社会的阶级力量；因而，不能给工人阶级指出一条真正的解放道路；小资产阶级社会主义流派则竭力鼓吹社会改良，诱使工人放弃政治斗争，力图把工人运动引向歧途。因此，创立科学共产主义理论并把它与工人运动相结合，就成了工人阶级反对资产阶级革命斗争的迫切需要。

门罗主义

维也纳会议之后，欧洲列强忙于重建统治秩序。与此同时，西半球经历着另一场巨变：年轻的美国在第二次对英国战争后，进入了一个新的历史时期。在经济上，美国启动了工业革命的进程；在政治上，资产阶级和种植园奴隶主的联合政权得到加强。美国外交政策的目标处在从争取和维护海上贸易自由权到维护大陆扩张"自由权"的转折时期。与此同时，拉丁美洲人民反对西班牙和葡萄牙殖民统治的民族解放运动一浪高过一浪。

为争夺新兴的拉美市场，英、美之间进行了激烈的经济争夺战。1822年8月，英国外交大臣乔治·坎宁从维护工商业资产阶级利益的立场出发，极力主张维持欧洲的均势，借以保持英国的优势地位。

坎宁把均势体系的范围扩展到美洲，这便同美国自建国以来实行的孤立主义的外交政策形成了对立。

1823年8月，坎宁接见美国公使理查德·拉什，建议英美两国共同发表宣言，保证不侵占拉美的任何部分，不允许将原西属殖民地的任何部分向其他国家转让。接到拉什的报告后，从同年11月7日起，美国总统詹姆斯·门罗多次召开内阁会议，研究坎宁的建议和美国的对策。

1823年12月，门罗总统向国会发表国情咨文，较为全面地阐述了美国对拉丁美洲的政策。它主要包含三项基本原则："美洲体系原则""互不干涉原则"和"非殖民原则"。这三项原则是美国对拉美政策体系的概括，也体现了美国同欧洲列强之间的分歧。

门罗咨义宣称："神圣同盟各国的政治制度与美洲根本不同，这种不同产生于它们各自不相同的政体。"这实际上就是作为美国对

门罗主义使拉丁美洲各国独立得到巩固。

拉美政策的理论基础的"美洲体系原则"。"美洲体系"表现在这几个方面：第一，除继续鼓吹美洲和欧洲在地理上的"天然隔绝"外，进一步强调二者在政体上的区别；第二，从追求美国一国的孤立，扩大为追求整个美洲的孤立，在美洲和欧洲之间建起藩篱；第三，不再只力求不介入欧洲事务，而是要将欧洲势力从美洲这个"集体孤立圈"中排斥出去。这个原则并不表明美洲国家在地理、政治和经济利益方面的共同利益，而是表现了美国一国的扩张利益。"美洲是美洲人的美洲"实际上意味着"美洲是美国人的美洲"。说到底，"美洲体系"不过是美国的殖民体系罢了。

门罗咨文发表后，并未引起国际社会的普遍重视，国内新闻媒体对它也没有特殊的关注。"门罗主义"在当时对于防止欧洲列强染指拉丁美洲起了一定的遏制作用，使拉丁美洲各国的独立得到巩固。

拉丁美洲的独立运动

拉丁美洲的独立运动于 1791 年 8 月爆发在加勒比海地区的海地。不足 2 万人的海地起义军在杜桑·卢维杜尔等杰出领袖的领导下，与广大黑人和混血人种一道，经过 12 年的浴血奋战，打败了法国、西班牙和英国三大欧洲侵略军，赢得了民族解放和独立，揭开了拉丁美洲独立运动的序幕。

1810 年 9 月 16 日，47 岁的教士伊达尔戈在墨西哥北部偏远的多洛雷斯村，率领几千名印第安人，高呼"独立万岁""美洲万岁""打倒坏政府"等口号，举起义旗。"多洛雷斯呼声"从此传遍拉美的东南西北，北起墨西哥，南到阿根廷等广大地域的人民掀起独立战争的高潮。

1811 年 4 月，委内瑞拉宣告独立，成立第一共和国。但在 7 月 29 日被西班牙军队击败。失败的起义军在玻利瓦尔的领导下，转入新格拉纳达继续战斗。在人民的支持下，起义军再次攻进委内瑞拉，一举赶走殖民

▲玻利瓦尔

拉丁美洲北部地区独立运动的领袖。

▲ 1824 年 12 月 9 日，大哥伦比亚－秘鲁联军与西班牙主力部队在阿亚库乔平原上进行决战。

势力，第二共和国诞生。但势力较弱的起义军并没有保卫住自己的成果，1813 年 9 月，第二共和国再次失败。

拉美的反抗，使西班牙当局极为惊慌。国王斐迪南七世派莫里略率 1.6 万人增援美洲地区。起义军陷入了最艰苦的时期，各地起义纷纷遭到打击。从海上袭击敌人的起义军也遭到重创，起义军被迫展开游击战，他们从失败和挫折中总结经验，吸取教训。1816 年 12 月，玻利瓦尔率领新组织的力量又一次对委内瑞拉发动进攻，所到之处横扫殖民军队，委内瑞拉第三共和国宣告成立。1819 年 2 月，玻利瓦尔被选为总统。

多洛雷斯呼声

在 19 世纪之前的墨西哥，殖民统治力量较强，阶级矛盾尖锐。19 世纪初，拿破仑率军侵入西班牙，西属美洲殖民地人民趁机起义。1810 年 9 月 16 日，墨西哥民族独立运动的领导人、多洛雷斯镇的神父伊达尔戈敲响了当地教堂的钟声，集合附近的农民和城市贫民，号召夺回被西班牙占去的土地，大大激发了墨西哥人民的革命热情，唤起了人民的斗志。群众齐声高喊口号，墨西哥独立战争从此开始。起义军与西班牙殖民军展开了战斗。1811 年伊达尔戈被俘，英勇就义，但人民把他发出"多洛雷斯呼声"的日子定为墨西哥独立日，尊他为"墨西哥独立之父"。

委内瑞拉的胜利，鼓舞了起义军的士气，玻利瓦尔乘胜翻越安第斯山，远征新格拉纳达，在波耶加一举击败殖民军，直扑波哥大。1819年12月，宣告了哥伦比亚共和国的独立。不甘心的西班牙殖民军调集军队，对起义军展开反扑，但是，屡战屡胜的起义军势不可挡。1821年6月，西班牙殖民军进入起义军在卡拉沃沃平原的阵地，经过猛烈的炮轰和激烈的拼杀，殖民军受到了重创，起义军趁势占领了加拉加斯。次年5月，起义军开始做解放基多城的准

▲墨西哥独立运动中的英雄们

备，双方在皮钦查展开了大会战，凭借顽强的勇气和视死如归的斗志，起义军取得了决定性的胜利，6月，整个新格拉纳达地区全部解放。

北部起义军的节节胜利，鼓舞着南部起义军的士气。1818年4月5日，在圣·马丁的指挥下攻进智利首都圣地亚哥，赶跑殖民军，智利独立。殖民者退到秘鲁。1820年8月，圣·马丁经海上北上秘鲁，顺利攻占秘鲁总督区首府利马，秘鲁获得独立，圣马丁被共和国授予"护国公"。

"多洛雷斯呼声"传遍拉美南北，但墨西哥的局势却相对平静，各地起义军以游击战为主。法国攻进西班牙首府，给起义军提供了良好的契机。1820年，教会势力代表、掌握着军权的伊图尔维德率军暴动，配合起义军反抗殖民军，次年就攻下了墨西哥城。至此墨西哥也宣告独立。

1822年7月，南北双方的起义领袖圣·马丁和玻利瓦尔在瓜亚基尔会面，双方对协同作战和战后安排未达成一致意见，圣·马丁隐退。玻利瓦尔于1823年9月进入尚未完全解放的秘鲁。次年8月，在胡宁平原痛击殖民军。12月，仍做垂死挣扎的殖民军总督拉塞尔纳集结9000余人准备与起义军决战，仅有5000余人的起义军在苏克雷的指挥下，在阿亚库巧和敌人相遇。苏克雷巧施妙计，歼灭敌军5000余人，殖民总督、众多将军和军官都未逃过此劫。1825年，秘鲁全境解放。1826年1月，起义军趁势攻克殖民地最后一个据点卡亚俄，拉美地区基本解放。

达尔文创立进化论

　　查理·达尔文，19世纪英国杰出的生物学家、物种起源和发展学说的创始者、生物进化论的奠基人。他提出的以生存竞争、适者生存为精髓的进化论对学术界甚至整个人类的思想都产生了巨大的影响。

　　达尔文出生在英格兰西部希鲁普郡一个世代行医的家庭。他的父亲瓦尔宁曾把他送到爱丁堡大学学医，希望他将来也能成为名医，继承家业。但达尔文从小就热爱大自然，尤其喜欢打猎、采集矿物和动植物标本。进到医学院后，他仍然经常到野外采集动植物标本。在这里，他对两种水生生物进行了研究，获得了一些有趣的发现。于是，他在该校的学术团体普林尼学会先后宣读了他最早

▲达尔文

的两篇论文，那时他才17岁。他父亲认为他游手好闲、不务正业，一怒之下，于1828年改送他到剑桥大学，改学神学，希望他将来成为一个"尊贵的牧师"。达尔文对神学院的神创论等谬说十分厌烦，他仍然把大部分时间用在听自然科学讲座、自学大量的自然科学书籍上。他热心于收集甲虫等动植物标本，对神秘的大自然充满了浓厚的兴趣。

　　1831年，年轻的达尔文经汉斯罗教授的推荐，以自然科学家的身份，参加了"贝格尔号"巡洋舰历时5年的环球考察。这5年考察，用达尔文自己的话来说，决定了他一生的整个事业。在这5年中，他跋山涉水，进入深山密林。大自然的奇花异草、珍禽异兽，千奇百怪的变异，把他的整个身心吸引过去了。他对《圣经》上"形形色色的生物，都是上帝制造出来，而且物种是不变的"的说教，开始产生了怀疑。通过对采集到的各种动物标本和化石进行比较和分析，他认识到物种是可变的。由此，他逐步摆脱神创论的束缚，坚定地走上了相信科学和追求真理的道路。最后，他终于以"物种逐渐变化"的大胆假设，摒弃了物种不变的说教。

回国后，达尔文开始对物种起源问题进行全面的研究。他整理航行收获，收集大量科学事实，研究前人著作，参加社会生产实践，总结本国和别国劳动人民培育新品种的经验。为了避免偏见和替自己的理论找到更多的根据，当时他专心到甚至连自己的婚事都忘了。他不但细致地整理了在大自然中可收集到的各种变异事实，还广泛收集了动物在家养条件下的各种变异事实，并查阅了大量书籍和资料。经过22年如一日坚持不懈

▲讽刺《物种起源》的漫画

1860年，达尔文进化论的支持者赫胥黎与牛津主教就进化论展开有趣的辩论。主教说，没人愿意把自己的祖先归结到猿猴上去。赫胥黎说，羞耻的不是有猿猴一样的祖先，而是以像你这样的傲慢的态度去面对自己的祖先。

的专心思考、综合研究，达尔文终于在1859年11月24日出版了《物种起源》这部巨著，创立了进化论。他认为，生物界是从简单到复杂，从低级到高级，逐渐变化的。达尔文的进化论，是射向上帝创造万物学说的炮弹，它第一次把生物放在完全科学的基础上进行研究。马克思说，这本书实际上也为历史上的阶级斗争提供了"自然科学根据"。

达尔文是一个不畏劳苦，沿着陡峭山路攀登的人。在《物种起源》发表以后的20年里，他始终没有中断过科学工作。1876年，他写成的《植物界异花受精和自花受精的效果》一书，就是经过长期大量实验的成果。书中提出的异花受精一般是有利的结论，已在农业育种中广泛应用。到了晚年，达尔文心脏病严重，但他仍坚持科学工作。就在去世前两天，他还带着重病去记录实验情况。

达尔文是一位杰出的科学家，他划时代的贡献为人类科学事业的发展开辟了新的广阔前景。因此，他逝世（1882年4月19日）以后，人们为了表达对他的敬仰，把他安葬在科学界另一位伟大人物牛顿的墓旁，享受

着一个自然科学家的最高荣誉。达尔文找到了生物发展的规律，证明所有的物种都有共同的祖先。这一重大发现，对生物学具有划时代的意义，在科学上完成了一次伟大的革命。进化论结束了生物学领域中唯心主义、形而上学的统治时期，对近代生物科学产生了巨大而深远的影响。恩格斯称达尔文的进化论为19世纪自然科学的三大发现之一。

人的起源

在《物种起源》之后，达尔文又提出了一个令人瞠目结舌的观点。1867年，也就是58岁时他开始撰写一本专论人种起源的书。

这本题为《人类的由来》的著作出版于1871年。书中，达尔文大胆地叙述了一些联系——犯忌的联系，把人类和动物世界，尤其是与猿联系起来。

达尔文认为人和猿有着类似的体形和感觉器官。他们会患一些相同的疾病。人的胚胎和猿的胚胎有相似的发育过程，即都一度有过尾巴，但这个四足祖先的标志到他们出生时都已消失了。相似之处还不止这些。人和动物还都体验着相同的感情，如快乐和烦恼。人类最宝贵的财富——智慧，在动物中也有所发现，只是程度上有差异而已。

当然，所有这一切相似并不能证明人实际上是猿的后代。但这确实表明在远古时期人和猿是从同一祖先进化而来：一个四足祖先，仅此而已。后来，人们又认为人和猿的共同祖先原本是一种树鼠类动物。

达尔文关于人种起源的观点，遭到了人们的激烈反对，人怎么可能是猴的后代，或者说会与它是同一祖先？但达尔文解释这一观点时说："我们的祖先是一种会在水中呼吸、有浮囊、有一条大尾巴和不健全的大脑的动物，而且毫无疑问是一种雌雄同体的动物。"1871年，《人类的由来》出版后，正如达尔文所预料的，这本书引起了轰动。教会人士痛恨它，评论家们攻击它，爱读书的公众则抢购它。

共产主义学说

马克思于 1818 年 5 月 5 日生于普鲁士莱茵省特里尔城。先后在波恩大学和柏林大学学习，最后在耶拿大学取得博士学位。后从事新闻工作，担任过《莱茵报》的主编。他和燕妮结婚后被迫迁居巴黎。1844 年他创办《德法年鉴》，发表一系列文章，标志着他的世界观转变完成。同年和恩格斯在巴黎会见，结下终生友谊。不久他因从事革命活动被驱逐，迁居布鲁塞尔。1847 年他加入共产主义者同盟，并同恩格斯一起起草了影响广泛的《共产党宣言》。1848 年他回德创办《新莱茵报》参加斗争，再次遭驱逐，他先到巴黎，后定居伦敦。1867 年他最重要的著作《资本论》（第一卷）出版。1864 年他创建国际工人协会，即第一国际。晚年，他继续撰写《资本论》。1883 年 3 月 14 日与世长辞。

恩格斯是马克思的亲密战友。1820 年 11 月 28 日生于普鲁士莱茵省马门市。中学未毕业，就被迫经商。后去英国父亲的棉纺厂工作。他刻苦钻研，边研究理论著作，边参加工人运动。1844 年，发表《政治经济学批判大纲》，标志着他已成为唯物主义者和共产主义者。同年 8 月和马克思相见，结为终生挚友。1847 年，同马克思加入共产主义者同盟，撰写了《共产党宣言》。1848 年与马克思回国参加革命，创办《新莱茵报》。1850 年—1870 年，重新经商，资助马克思完成《资本论》。此期间他专心研究，在理论上也取得重大建树。马克思逝世后，他呕心沥血达 12 年整理出版《资本论》，同时关怀和指导国际社会主义运动。1895 年 8 月 5 日，病逝于伦敦，骨灰投于大海中。

马克思、恩格斯创立的科学共产主义学说包括三个部分：马克思主义哲学、政治经济学和科学社会主义。马克思和恩格斯在批判地继承黑格尔唯心论辩证法的"合理内核"和费尔巴哈唯物论的"基本内核"的基础上，创立了辩证唯物主义，用来诠释社会现象，并应用于人类历史的研究，创立了历史唯物主义，从而在哲学上完成了一次伟大的变革。

《莱茵报》

　　《莱茵报》（全称为《莱茵政治、商业和工业日报》）创刊于 1842 年 1 月，在科隆出版，由莱茵省具有反对普鲁士专制倾向的自由资产阶级分子主办，许多青年黑格尔派分子担任编辑。马克思从 1842 年 4 月开始为该报撰稿，并在该报发表了他的第一篇政论文章《论普鲁士的书报检查令》，开始了他反对封建专制和争取民主的斗争。同年 10 月起，马克思成为该报主编。在担任主编期间，他发表了一系列抨击专制的普鲁士政府的文章。《莱茵报》具有明显的革命民主主义倾向，受到人民群众的欢迎，影响日益扩大。报纸的影响使普鲁士政府感到严重不安。1843 年 1 月 19 日，普鲁士政府决定从 4 月 1 日起封闭《莱茵报》。报纸的股东们企图与政府妥协，以换取报纸的继续出版，但马克思坚决反对这种做法，并声明退出编辑部。3 月 31 日，《莱茵报》被迫停刊。

　　马克思、恩格斯在创立自己的新哲学时，吸取并继承了黑格尔关于内在矛盾和辩证发展的思想。同时，马克思、恩格斯抛弃了黑格尔哲学的唯心论糟粕，把辩证法建立在唯物主义的基础上，从根本上克服了黑格尔辩证法的缺陷，创立了具有全新内容的辩证法。马克思、恩格斯把辩证唯物主义的基本原理推广运用到人类历史上，用于解释社会现象和社会生活，从而创造了历史唯物主义学说。历史唯物主义的创立，是人类认识史上的一次空前革命。它把唯心主义从它的最后藏身之所——社会历史领域中清除出去，为社会生活各方面的研究奠定了坚实的科学基础，使得关于社会、社会规律的学说，变成了同其他科学一样能够提供精确的知识和能够预见的科学。

　　马克思主义哲学即辩证唯物主义和历史唯物主义的创立，为马克思主义政治经济学的创立提供了科学的方法论和理论基础。马克思、恩格斯把辩证唯物主义和历史唯物主义运用到政治经济学的研究中去，在批判地继承英国古典政治经济学的基础上，创立了同以前一切资产阶级政治经济学根本对立的无产阶级政治经济学，从而也在政治经济学领域完成了一次伟大的革命。

剩余价值学说是马克思主义政治经济学的基石。马克思以剩余价值学说为基础，全面地研究了资产阶级的经济规律，揭示了资本主义生产方式的基本矛盾和资本主义必然灭亡的规律，创建了无产阶级政治经济学体系，完成了政治经济学中的革命，为无产阶级认识自己在资本主义制度下的真正地位、奋起谋求自身的解放斗争提供了锐利的武器。马克思、恩格斯以历史唯物论和剩余价值学说这两个理论为前提，批判了空想社会主义的空想成分，继承和吸取了其中的有益成分，创立了科学社会主义学说。

▲马克思

长期的贫困生活和紧张繁重的工作严重损害了马克思的健康，1883年3月14日，在夫人燕妮去世1年多时间后，马克思也在伦敦与世长辞。他被安葬在伦敦的海格特公墓，恩格斯发表悼词，指出作为科学共产主义创始人的马克思的理论遗产和实际革命活动具有伟大的世界历史意义。

这样，马克思、恩格斯通过参加革命实践，在批判地继承19世纪人类所创造的优秀思想成果并加以改造的基础上，创立了马克思主义的三个组成部分——马克思主义哲学、马克思主义政治经济学和科学社会主义学说。完成了历史赋予他们的伟大使命。

1848年2月，马克思和恩格斯合写的《共产党宣言》在伦敦出版。《共产党宣言》把马克思主义哲学、政治经济学和科学社会主义的原理融为一体，完整地概括了无产阶级的世界观，体现了马克思主义形成时期在理论上取得的最高成就。《共产党宣言》运用辩证的和历史的唯物主义原理考察了人类社会，特别是资本主义社会的产生、发展的历史过程，全面地剖析了资本主义社会的经济结构、阶级关系及其国家上层建筑，阐明了资本主义必然为社会主义所取代的历史规律，明确指出了无产阶级的伟大历史使命，制订了社会主义运动的理论和策略，向世界宣告了无产阶级的奋斗目标。

《共产党宣言》是划时代的历史文献，所表述的基本思想，包括了马克思主义哲学、政治经济学和科学社会主义的基本原则，是无产阶级思想体系的完整概括。《共产党宣言》的发表，标志着马克思主义的诞生，是人类思想史上的一次伟大革命，从此，无产阶级找到了科学理论做指导，有了战胜敌人的强大思想武器，无产阶级的面貌焕然一新，无产阶级反对国际资本的斗争有了正确的方向。《共产党宣言》开辟了一个新时代。

法国 1848 年革命

19 世纪 40 年代后期，法国工农业衰落，大批工人失业，社会矛盾激化。资产阶级反对派以"宴会"形式举办的政治性集会，得到广大人民群众的响应。基佐政府两次禁止预定于 1848 年 1 月和 2 月举行的"宴会"，引起群众不满。1848 年 2 月 22 日，巴黎市民举行大规模的示威抗议活动，并同军警发生了冲突。次日，示威演变成武装起义，巴黎到处筑起了街垒，许多国民自卫军和正规士兵拒绝执行实行镇压的命令，倒向革命。国王路

▲ 曾先后担任法兰西第二共和国总统和第二帝国皇帝的路易·波拿巴

易·菲力普被迫罢免基佐，先后任命莫雷和梯也尔组阁，但愤怒的群众要求废除王政，建立共和国。2 月 24 日，起义群众几乎控制了巴黎，并开始向杜伊勒里宫进攻，国王路易·菲力普见大势已去，便带着眷属逃往英国。起义者占领了王宫，成立了以资产阶级共和派为主体的临时政府。次日，临时政府宣布成立共和国，这就是历史上的法兰西第二共和国。4 月 23 日选举制宪议会；5 月 9 日成立执行委员会；6 月 22 日代替临时政府的执行委员会下令解散"国家工厂"，引起工人不满，爆发六月起义。在血腥镇压了六月起义后，以卡芬雅克为首的共和党右翼控制了政权，执行打击

无产阶级和小资产阶级的政策，削弱了其统治基础。11月，制宪议会制定共和国宪法，确立立法和行政分立原则。由750名议员组成立法议会；参政院由议会任命；总统掌管行政权，任免部长与颁布法律，但无权解散或延长议会。在12月10日的选举中，拿破仑一世的侄子路易·波拿巴当选为总统。路易·波拿巴上台后，组成了代表大资产阶级和地主利益的秩序党，逐步夺取了共和派手中的权力。

1851年底，波拿巴又调集军队，解散了议会，把已成为他复辟君主制障碍的秩序党也推出门外。至此，共和国实际上已经寿终正寝。

1852年12月2日，路易·波拿巴宣布法兰西为帝国，他自己登上皇位，被人们称为拿破仑三世，他的帝国被称为法兰西第二帝国。第二帝国代表金融资产阶级和大工业家的利益。拿破仑三世为了维护其反动统治，建立了庞大的军事警察官僚机构，对内实行军事独裁统治，对外推行侵略政策。第二帝国经历了一个由专制统治向自由主义、议会政治演变的过程，发展了资本主义工商业，完成了工业革命。为了争夺欧洲大陆优势和进行海外殖民，帝国发动多次对外战争。1870年普法战争中，法军战败，拿破仑三世在色当投降。9月4日巴黎发生革命，第二帝国被推翻。

德国 1848 年革命

19世纪中期，德意志仍处在分裂之中。虽然有一个德意志邦联，但是这个邦联非常松散，设在法兰克福的邦联议会形同虚设。

政治上的割据状态和德国的封建专制统治成为德国发展资本主义的严重障碍。1845年—1846年的农业歉收和1847年经济危机，使工人、农民和小资产阶级的处境严重恶化。实现全德的统一和消灭封建专制制度，成为摆在软弱的德国资产阶级和广大德国人民面前的主要任务。1848年，法国二月革命的消息传入德国后，德国各地都掀起了声势浩大的游行和集会，农民运动也席卷德国，各邦的君主被迫妥协，先后任命资产阶级自由派组阁，并采取了一些自由主义措施。

1848年3月，普鲁士首府柏林爆发革命，柏林人民同军警发生冲突。

▲图为德国1848年革命中，已觉醒的无产阶级与反动警察在柏林街头展开激烈的巷战。

威廉四世看到武力镇压无法奏效，便许诺召集议会、制定宪法、建立德意志联邦国家，同时，在起义人民的压力下，还被迫下令把军队撤出柏林，改组政府。但新成立的资产阶级自由派政府害怕工人阶级会采取进一步的革命行动，因而同容克贵族妥协，这一行动预示了德国革命失败的命运。6月15日，威廉四世重新调集军队进入柏林，镇压了人民的起义，又改组了政府，解散了议会，把自由派赶出政府机构，反革命政变成功。由于德国资产阶级自由派害怕无产阶级起来革命，与封建势力妥协，到1848年底，革命失败。奥地利恢复了君主专制，普鲁士成立了地主官僚政府，其他各邦反动统治也相继恢复。

1849年6月，普鲁士政府又用武力解散了主张实现全德统一的法兰克福议会，保留了封建制度，德意志的统一事业宣告失败。革命虽然失败，但仍为德国统一创造了条件，并打击了封建势力。

克里米亚战争

克里米亚战争是沙俄与英、法等列强在近东的一场争霸战争，是列强为夺取黑海海峡而使矛盾激化的结果。在1841年《伦敦海峡公约》签订后，沙俄一直想重新确立自己在巴尔干和黑海地区的霸主地位。1848年欧洲革命之后，沙皇尼古拉一世因充当了"欧洲宪兵"而身价倍增，于是自认为宰割土耳其、实现自己的扩张计划的机会已经来到。

1852年8月，以天主教为国教的法国迫使苏丹政府将管辖权交给天主教，引起以东正教为国教的俄国的不满，强烈要求恢复东正教的权利。在英法的支持下，苏丹拒绝了俄国的要求。于是俄国出兵土耳其。

1853年7月，俄军渡过普鲁特河，迅速攻占了摩尔多瓦和瓦拉几亚等国。土耳其立即出兵应战。11月30日，双方为争夺黑海制海权，在汤诺普海展开激战，土耳其几乎全军覆没。12月，俄国又先后攻占了阿哈尔齐赫和巴什卡德克拉尔两地区。

土耳其在战场上的节节失利，使英法联军坐立不安。1854年初，英法对俄宣战，6月，英法联军投入战争。

▲尼古拉一世

1854年9月14日，英法联军在拉格伦和圣阿尔诺的率领下，从克里米亚岛的叶夫帕托里亚登陆后，直逼重要港口塞瓦斯托波尔城。塞瓦斯托波尔位于半岛的险要位置，西北两边都是宽广的港湾，海岸都是悬崖峭壁。俄军在科尔尼洛夫中将的指挥下，充分利用地理优势，加强防御工事，增加防御火炮。

10月17日，联军迂回到防守较弱的南边，开始了对塞瓦斯托波尔的炮轰。俄军奋力还击，但旧式的火枪、火炮射程较近，很难击中对方。而

▲英法联军与俄军在克里米亚激战

这场战争中英法联军使用了线膛枪、蒸汽船，大大提高了陆海军作战效能。落后的农奴制俄国损失惨重，不仅失去了在黑海拥有舰队的权利，使得对黑海扩张的长期努力前功尽弃，而且引发了国内的革命斗争。

欧洲宪兵

　　1848年夏、秋，俄军打着"解放者"的旗号，先后开进摩尔多瓦和瓦拉几亚，镇压了两公国的革命运动。此后，它又把目标指向匈牙利。匈牙利革命具有全欧的性质，如果它的革命取得胜利，势必引起整个欧洲革命的进一步高涨，特别对沙俄在波兰和东南欧的利益造成严重威胁，沙皇心急如焚。恰在这时，奥地利政府向沙皇求援，早已按捺不住的尼古拉一世立即狂叫起来："敌人出现在哪里，我们就打到哪里。"5月，15万俄军侵入匈牙利。匈牙利革命不久就被俄军血腥镇压。事实表明，沙皇俄国不但镇压国内人民革命，而且镇压欧洲其他国家的革命运动，成为欧洲反动势力的主要堡垒，起了一个宪兵的作用。因而，人们把沙皇俄国称为"欧洲宪兵"。

　　英法经过工业革命，科学技术有了长足发展，火枪、火炮得到了较大的改进，射程和命中率大大提高，汽船的使用也增强了英法舰队的机动灵活性。俄军防御工事、炮台在震耳欲聋的联军炮火轰击下纷纷倒塌。但俄军凭借险峻的地势和顽强的抵抗，粉碎了英法联军速战速决的攻城计划，战争转入持久消耗战阶段。

　　为改变被动防守的局面，俄军于10月25日调集援军袭击联军的基地巴拉克拉瓦，但遭到失败。11月5日，俄军3万余人向1.4万联军发起进攻。由于俄军内部协调不力，被联军痛击，损失1万余人。连连失利，使俄军陷入更为被动的境地。

　　冬天的严寒，给双方带来很大麻烦。联军只对俄军进行了几次炮轰。俄军于1855年2月对联军的进攻再次受挫。直到1855年8月16日，俄军为打破联军的围攻，兵分两路，向法军阵地发动全面进攻。法军指挥官圣阿尔诺果断决策，以小股部队牵制住俄军的左路进攻，集中兵力形成局部优势迎击右路俄军。在法军猛烈的火力下，右路俄军很快被击溃。法军主力转而猛攻左路俄军，俄军伤亡极为惨重，损失8000余人，被迫撤到黑海对岸。8月17日，联军又开始了新一轮的重炮轰击。

塞瓦斯托波尔在联军一轮接一轮的猛烈炮火的轰击下，防御设施被摧毁，险峻的地势不再显示出它的威慑力。俄军被迫通过浮桥渡海撤退。9月8日，联军向几乎被炸成废墟的塞瓦斯托波尔发起强攻，很快拿下了制高点。俄军在300多天的塞

▲ 这幅用蒙太奇手法描绘的画面是克里米亚半岛的港口城市塞瓦斯托波尔保卫战的情景。

瓦斯托波尔战役中损失人员达12.8万人，英法联军也损失惨重。1856年3月30日，交战各方签订了《巴黎和约》，俄国除了被剥夺在黑海拥有舰队和海军基地的权利之外，还把一部分领土割让给土耳其。

美国南北战争爆发

19世纪四五十年代，是美国资本主义经济迅猛发展的时期。北方的资本主义工业革命蓬勃发展，工业化进程也已经开始启动，西部资本主义农业随西进运动的进行而兴旺发达，南部的种植园经济由于植棉业的兴起而方兴未艾。在此背景下，美国掀起了大陆扩张的狂潮。1846年6月，美英签订了共同瓜分俄勒冈地区的条约，美国的版图正式达到太平洋沿岸。1848年，美国打败了墨西哥，夺取了原属墨西哥的得克萨斯、新墨西哥和加利福尼亚等地。从此，美国国力大增，成为在西半球能同欧洲抗衡的大国。

美国独立后，北方建立以雇佣劳动为基础的资本主义制度，而南方仍保留着以奴隶劳动为基础的种植园经济。在北方的资本主义工业迅速

▲ 林肯

▲两个出逃的、即将恢复奴隶身份的奴隶被戴上脚镣、手铐押解着穿过波士顿的街道，有些路边观看的废奴主义者忍不住潸然泪下。

发展的同时，南方的种植园经济也因植棉业的繁荣而兴旺起来。到19世纪四五十年代，南北双方在土地问题上展开了尖锐的斗争。奴隶制度作为美国社会的一个"赘瘤"，严重地阻碍着美国资本主义在全国范围内的发展。

到了19世纪40年代末，南北双方在新侵占的墨西哥土地上建立何种制度的问题上看法不一致。1850年双方妥协，规定加利福尼亚以自由州身份加入联邦，新墨西哥和犹他州的奴隶制存废问题由当地居民投票决定。由于这两州白人奴隶主占多数，所以等于承认在两州建立蓄奴制。1854年，双方又达成新的妥协，规定新近申请加入联邦的堪萨斯和内布拉斯加两州的奴隶制问题也交由当地居民投票决定。至此，打破了1820年达成的把奴隶制限制在北纬36°30′以南的《密苏里妥协案》的规定，把整个西部向奴隶制开放。1854年—1856年，堪萨斯的居民在投票时发生了武装冲突，表明南北两种社会制度的矛盾已到了兵戎相见的程度。

奴隶主的倒行逆施，引起了美国人民的愤慨。美国自18世纪末就开始了废奴运动，参加者有工人、农民、黑人、白人、妇女和部分资产阶级知识分子。到19世纪30年代，废奴主义组织了全国性的秘密团体，出版刊物，宣传废奴。他们组织了秘密联络点，称为"地下铁路"，帮助南方黑奴逃往北方或加拿大，并支持黑人奴

▲约翰·布朗成为美国废除奴隶制度的一面旗帜。

隶的反抗斗争。19世纪50年代，美国各地爆发的反对奴隶制的起义时有发生，其中影响最大的是约翰·布朗领导的武装暴动。约翰·布朗是美国的一位杰出的废奴主义者，他把毕生的精力都投入到解放奴隶的事业中。在长期的反对奴隶制的斗争实践中，他认识到使用武力废除奴隶制的必要性。1859年10月16日，布朗率领22人的小分队在弗吉尼亚的哈泼斯渡口举行起义。布朗率领起义者英勇地同前来镇压的军队作战，最后因寡不敌众，起义失败，布朗本人受伤被俘。布朗在就义前发出如下誓言："我，约翰·布朗，现在坚信只有用鲜血才能洗清这个罪恶深重的国家的滔天罪行。"布朗起义是美国内战爆发的导火线。

1860年11月，反对奴隶制的共和党在大选中获胜，林肯当选为美国第16任总统，南部扩展奴隶制度的梦想结束。为维护自身利益，南部奴隶主发动叛乱。12月20日，南卡罗米纳州宣布独立，佐治亚、亚拉巴马、密西西比、佛罗里达、路易斯安那和得克萨斯等州也纷纷跟随。1861年1

黑人奴隶制种植园

英国在北美的13个殖民地当中，南部殖民地土地肥沃，气候炎热，适宜稻米、烟草、蓝靛生长，种植园经济发达。种植园主大多数是欧洲的封建贵族，开始时，他们役使着大批契约奴隶（因贫困而卖身的欧洲劳动者或由欧洲流放到美洲的罪犯）。后来，由于种植园经济的发展，契约奴隶已不能满足需要，种植园主逐渐把奴役的主要对象转向非洲黑人。自16世纪初欧洲殖民者将第一批黑人掠到美洲卖为奴隶开始，到1775年独立战争爆发时，北美13个殖民地的黑人已占全部人口的20%。种植园主不给黑奴以任何权利，让其从事繁重的体力劳动，每日工作十五个小时以上。由于繁重的劳动和恶劣的生活条件，大多数身体健康的奴隶，六七年间便被折磨死。黑人奴隶制种植园经济是应欧洲市场对经济作物的需求而发展起来的，是当时世界资本主义经济的一个组成部分。

月，南部各州组织"南方同盟"，2月在蒙奇马利成立临时政府，戴维斯当选总统。4月12日，南方同盟炮击北军要塞萨姆特堡。4月15日，林肯宣布南方各州叛乱，号召人民为恢复联邦的统一而战斗，并下令征召志愿军7.5万人。人民纷纷响应，很快就有30万人应征，开赴前线。内战不可避免地爆发了。

《解放黑人奴隶宣言》

美国内战之初，北方占据了人力、物力和政治方面的优势。但由于在解放奴隶的问题上态度不明确，对战争的艰巨性没做充分的估计，再加上军事指挥的失误，致使战争在开始阶段遭到重大挫折。林肯政府的保守政策和北军的屡次败北，引起了人民群众的不满。

总之，群众要求用革命的方法进行战争。到1862年夏秋之时，前线的失败和后方人民群众运动的高涨，迫使林肯政府改变了保守政策，采取了一系列革命措施。

《宅地法》1862年2月18日，由众议院以107票赞成、16票反对而通过；5月6日，参议院以33票赞成、7票反对予以通过；5月20日，林肯总统予以签署。它规定：凡一家之长，或年龄已达21岁的合众国公民，或决定按照合众国人籍法的规定申请、愿意成为合众国公民，同时从未持械反对合众国政府或支持、帮助合众国政府的敌人的，从1863年1月1日起，只需交纳10美元手续费，就可以领得60英亩或160英亩（英美制地积单位）以下尚未分配的国有土地；耕种5年后，便成为这块土地的所有者，发给证书或执照。还允许私人购买一定

▲《解放黑人奴隶宣言》发表后，华盛顿上下一片欢腾。

数量的公共土地。这一措施的出台，满足了广大农民长久以来的要求，极大地鼓舞了农民参加反对奴隶制战争的斗志，同时也加快了开发西部的步伐，保证了北军的军粮供应。

1862年9月24日清晨，林肯发表了震惊世界的《解放黑人奴隶宣言》，宣布从1863年1月1日这天起，凡叛乱诸州的奴隶，永远获得自由；政府和军队将承认和保障他们的自由；获得自由的人，除非必要，应避免使用任何暴力；合乎条件的人，可以参加联邦军队。对未参加过叛乱的蓄奴州，仍按1862年的国会决议，采取自愿的、逐步的、有赔偿的解放奴隶的措施；对逃跑的奴隶，则视其主人是否参加叛乱而定是否引渡。这一伟大举措是美国内战进入以革命方法进行战争的阶段的标志。从此，解放奴隶成为北方作战的重要目标。

不过，当时林肯的《解放黑人奴隶宣言》是作为战时措施颁布的，直到1865年1月在广大群众的压力下，国会才通过了宪法修正案，禁止各州使用奴隶，正式在全国范围内废除奴隶制度。《解放黑人奴隶宣言》发布之后，林肯又推行了武装黑人的政策。这个政策使大批黑人报名参军，编成特别团队，开赴前线投入战斗，此举大大增强了北军的战斗力。同时，林肯又采取了严厉镇压反革命的措施，撤换了指挥不力的将领，调整了军事领导机构，任命有卓越军事才能的格兰特指挥军队，使前线的形势大为改观。

南北战争结束

《解放黑人奴隶宣言》的发布和军事上的调整，大大激发了美国人民的革命热情。北方工人、农民及黑人积极参军参战；而南方黑人奴隶为支援北军、解放自己，不断举行起义，有力地打击了南方奴隶主，牵制了南军的作战力量。由于广大人民群众的革命积极性被充分调动起来，北方对南方的战争变成了一场群众性的战争，从而使战场上的形势立即发生了根本性的变化，为北方取胜奠定了良好的基础。

北军采取主动进攻、全面摧毁南军的战斗意志和经济基础的战略决策。1863年5月，北方波托马克军团13万人向里士满进军。轻敌的南军

▲由白人领导的黑人军团猛攻瓦格纳堡垒

《解放黑人奴隶宣言》宣布南部各州的奴隶永远获得自由，并允许黑人参加北方军队。宣言沉重地打击了南部的农奴制度，奴隶们看到了曙光，纷纷起义，参加北方军队。黑人的参战加速了战争的进程，北方一步步走向胜利。

多次被击败，北军扭转了战争的被动局面。与此同时，西线的格兰特军团采取切断南军水上运输，从水陆同时实施进攻，打通密西西比河，向南军修筑在密西西比河上的重要堡垒维克斯堡发起总攻，把南军分割成东西两部分的策略。防御坚固的维克斯堡控制着整个河面。北军猛烈的炮轰持续了 47 天，几乎摧毁了要塞的所有防御工事。弹尽粮绝的守兵失去防御能力，于

7 月 4 日投降，2.9 万俘虏创造了南北战争期间俘虏人数最多的纪录。7 月 8 日攻占了哈得逊港，实现了分割南军的目标。9 月 9 日，格兰特命坎伯兰军团向联邦政府的交通枢纽和工业中心查塔努加发起围攻，取得向南部进军的基地。

维克斯堡和查塔努加大捷，注定了南军败亡的最后命运。因为维克斯堡切断了东西方的联系，查塔努加是进入亚特兰大的道路，也是弗吉尼亚州李军团的后门。至此，南军的进攻力量被彻底摧毁，南军开始溃退。到 1864 年，南方已是财力空虚，兵源枯竭，陷入了山穷水尽的地步，而北方则是越战越勇。1864 年春，北军最高统帅做了新的军事部署，决定在东、西两线同时展开强大的攻势。在东线，由格兰特将军亲自指挥部队向"南部各州同盟"首府里士满进攻；在西线，9 月 2 日，谢尔曼将军率领 6 万大军从密苏里河攻入南部腹地，并把南方最大的军事工业城市亚特兰大拿了下来。

两个月后，开始了有名的"向海洋进军"，目标是萨凡纳。士兵们斗志高昂，于 12 月 21 日攻占了大西洋沿岸的重要港口萨凡纳。1865 年 2 月 1

日，谢尔曼大军从萨凡纳出发北上，准备和格兰特将军所率军队会师。1865 年 4 月 3 日，北军攻占了里士满。9 日，南军总司令李将军见大势已去，率残军 2.8 万人在弗吉尼亚向北军投降。至此，历时 4 年的美国内战以北方的最后胜利告终。美国恢复了统一。

▲南方联军总司令罗伯特·李将军（左）与格兰特（右）在投降仪式上签字

美国内战是美国历史上第二次资产阶级革命。它摧毁了南方的奴隶制度，捍卫了联邦的统一，为美国资本主义在全国范围内的迅速发展铺平

应李的要求，格兰特允许南方军官保留佩剑，投降仪式在"令人敬畏的平静中"进行，"就像在悼念死者"。在这场历时 4 年的战争中，北方最终取得了胜利，资本主义在美国得以全面迅速地发展。罗伯特·李是美国军事家，在美国南北战争中，他是美国南方邦联的总司令。1865 年，他在邦联军弹尽粮绝的情况下向格兰特将军投降，从而结束了内战。战后，他担任大学校长，积极从事教育事业，1870 年病逝。

了道路。虽然内战后黑人仍没有得到真正彻底的解放，黑人问题仍然是长期影响美国社会发展的严重问题，但这次内战从根本上废除了奴隶制，具有非常伟大的历史意义。

美国内战的意义远远超出了美国本国范围。这次战争是 19 世纪五六十年代世界性民族民主运动的一个组成部分，它同英国人民争取扩大民主权利的斗争、意大利统一运动、德意志统一运动、俄国农奴制改革、日本的明治维新等一起合成一股强大的历史洪流，彻底扫除了封建主义的最后一个"赘瘤"，在世界范围内实现了资本主义的统一。从此，美国以大国的身份加入世界资本主义体系中。美国进一步介入世界事务，加快了向海外扩张的步伐，加入了瓜分世界的列强的行列，并提出"门户开放"的外交原则，把世界一体化进程推向新的历史时期。

威廉一世统一德国

德意志在历史上曾经是一个长期分裂的国家，境内邦国林立。1848年—1849年革命失败后，德意志各邦都恢复了反动的封建统治。19世纪50年代—60年代，资本主义在德意志普遍发展起来。资本主义农业关系的进一步发展以及工业品市场的扩大，都给资本主义工业的发展创造了有利条件。资本主义经济愈加发展，国家统一的要求就愈加迫切。当时存在着两条不同的统一道路：一条是由无产阶级领导，通过自下而上的革命，推翻各邦王朝，建立统一的德意志共和国。另一条是由容克阶级领导，通过王朝战争，自上而下地建立统一的君主国。可以说，德国的统一是历史发展的必然趋势。普鲁士最后完成了自上而下的统一。

1861年，威廉一世继承普鲁士王位，他打算通过军事改革实现德国统一。但是，他的改革计划在议会下院遭到资产阶级的强烈反对。为摆脱困境，威廉一世于1862年9月起用铁腕人物俾斯麦做普鲁士宰相。

俾斯麦出身于普鲁士勃兰登堡世家，早年是顽固的保守派，认为德国统一只是一种幻想。1851年，俾斯麦任普鲁士驻德意志邦联议会的全权代表后，他的政见发生了根本性的变化。他认识到德意志迟早会统一，顺应这一潮流的最好方式是由普鲁士掌握统一运动的领导权，从而能够保证普鲁士君主政体和容克的特殊地位。普鲁士要统一德国，除武力外别无他途。

依照俾斯麦的最初设想，要排除那些妨碍实现统一的各种干扰，普鲁士首先必须要与奥地利在战场上决战。但是，在发动对奥战争之前，德意志与丹麦之间却突然发生了领土纠纷。纠纷的起因是双方就施列斯维希、霍尔斯坦两个公国的归属问题发生了矛盾。这是两个以德语为主要语言的公爵领地，后者还是德意志邦联的成员，两个公国在名义上归丹麦国王所有。1863年，丹麦国王宣布将施列斯维希正式并入丹麦，此举马上引起德意志境内日耳曼人的反对，俾斯麦趁机挑起对丹麦的战争，并将奥地利作为"盟友"拉入战争。1864年2月，战争开始，丹麦很快战败。丹麦被迫签订和约，将两公国交与普奥共管。稍后，普鲁士占领了施列斯维希，奥地利占有了与自己的领土并不毗邻的霍尔斯坦。

接着，俾斯麦开始精心准备对奥地利的战争。发动战争前，俾斯麦除了得到俄、法中立的保证外，还与刚建立的意大利王国的首相加富尔签订了同盟条约，使奥地利陷入外交上的孤立。在做了一系列外交安排后，俾斯麦借口奥地利对霍尔斯坦管理无方挑起两国的争执，并导致 1866 年 6 月普奥战争爆发。战争持续了 7 个星期。7 月 3 日，普军在萨多瓦一场战役中大败奥军。8 月 23 日，普、奥签订了《布拉格条

▲ 1871 年 1 月，威廉一世加冕为德意志帝国的皇帝，台阶下着白衣者为俾斯麦。

约》，条约规定施列斯维希和霍尔斯坦归普鲁士所有，奥地利承认"没有奥地利帝国参加的新德意志组织"，并同意在莱茵河以北成立一个由普鲁士领导的德意志联邦。1867 年，北德意志联邦宣告成立。德意志统一运动由此迈出了关键性的一步。

经过普奥战争，普鲁士统一了德国的整个北部和中部地区，只有德意志南部紧邻法国的 4 个小邦国仍旧保持着独立。俾斯麦想兼并这 4 个小国，但他知道，法国也有同样的想法，不打败强大的法国，德国的统一将不可能实现。所以，俾斯麦铁血政策的第三步，就是进行普法战争。另一方面，拿破仑三世曾经许诺在普奥战争期间保持中立，他之所以许诺是因为他认为战争会持续很久，普、奥两国实力会因此互相削弱，这将有利于法国扩大对中欧局势的影响。然而，战争结果却出乎他的意料。

1870 年 7 月，普法战争爆发。拿破仑三世亲临前线督战。但是法军并没有做好充分的战斗准备，后勤供应又跟不上，而它所面对的又是一支经过改造以及多次炮火洗礼的欧洲劲旅，战争一开始便注定了法国失败的命运。在色当决战中，法国军队一败涂地，拿破仑三世连同他的 10 多万士兵都成了普军的俘虏。

色当战役后，普军深入法国腹地，兵临巴黎城下。在此期间，南德诸

▲色当会战

此会战，法军共损失 124 万人，其中仅 3000 余人逃到比利时境内；普军损失近 9000 人。色当惨败加速了拿破仑三世帝国的崩溃。

邦与北德意志联邦已经合并，成立德意志帝国。1871 年 1 月 18 日，威廉一世在巴黎凡尔赛宫举行加冕典礼，正式即位为德意志帝国的皇帝。至此，德国统一终于完成。

德国的统一是历史发展的必然趋势。它结束了长期的分裂状态，形成了统一的国内市场，为德国资本主义的迅速发展创造了有利的条件。统一后的德国成为欧洲和世界的强国，导致国际政治格局发生重大变化。

铁血政策

伸斯麦通过王朝战争实现德国统一的政策。1862 年 6 月，伸斯麦出任普鲁士的宰相兼外交大臣。他代表容克地主和大资产阶级的利益，竭力主张由普鲁士以强权和武力统一德国，建立以普鲁士为中心的德意志帝国。同年 9 月，他在普鲁士议会的首次演说中宣称："德国所注意的不是普鲁士的自由主义，而是权力……普鲁士必须积聚自己的力量以待有利时机，这样的时机我们已经错过了好几次……当代的重大问题不是通过演说与多数人的决议所能解决的——这正是 1848 年和 1849 年的错误——而是要用铁和血。"他不顾议会的反对强行扩大军队，并发动了 1864 年对丹麦的战争、1866 年对奥地利的普奥战争、1870 年的普法战争。1871 年 1 月 18 日，威廉一世在凡尔赛宫宣告了德国的统一，成立了德意志帝国。伸斯麦推行的这种政策被称为"铁血政策"，它后来成为战争政策的代名词。

日本明治维新

19世纪后半期，继欧洲和美洲的资产阶级革命之后，亚洲的日本也出现了一次在政治、经济、思想文化等领域的全面革新运动。这场以推行资本主义新政为目的的资产阶级革新运动，开始于明治年间，所以史称"明治维新"。

此前，日本是落后的封建国家。在1603年，德川家康消灭了各地的割据势力，在江户设置幕府，建立了德川家族的一统天下。名义上，首脑是天皇，但实权已落在德川家族的手中。德川幕府实际上对外代表国家，对内主持政府，根本不把天皇放在眼里。

德川幕府掠夺土地，并把土地分封给270家叫"大名"的封建领主。大名又把领地分割成更小的单位，分赐给自己的家臣——武士。武士一般是职业军人，是幕府将军统治人民的主要工具。"士、农、工、商"被划在武士之下，受到等级身份制度的严格限制。还有30多万被称作"非人"和"秽多"的贱民，被排斥在士、农、工、商之外，过着悲惨的生活。

幕府推行闭关自守政策，不同其他国家建立任何关系。德川幕府以为这样就可以长治久安了。18世后期，随着商品经济的发展，新兴的地主阶级和商业资本家为了争得政治上的地位，对幕府制度产生了强烈的不满，而广大的人民群众反抗的情绪也日趋高涨。接连爆发

▲明治天皇

生于1852年，是孝明天皇第二皇子，名睦仁。1866年12月继承皇位，第二年实行王政复古。1868年举行即位典礼，并改年号为明治。在他即位初期，日本发生维新运动，建立了天皇专制政权。在他的主持下，日本先后实行一系列资产阶级改革，推出版籍奉还、废藩置县、制定征兵令等改革措施。促进了日本资本主义的发展，摆脱了被殖民的危机。

▲明治维新大搞"文明开化"，学习西方文化。图为东京音乐学院的学生穿戴欧洲服饰在举行一场西洋音乐会。

的农民起义和市民暴动，严重地动摇了幕府的统治。

正当此时，西方列强大举入侵日本。幕府屈服于列强的炮火，连续与列强签订了许多不平等条约和关税协定。

大批农民和手工业者因为外来廉价商品的涌入而破产。民族矛盾和阶级矛盾迅速激化，在人民积极行动起来推翻幕府统治的形势下，以中下级武士、商人、资本家和新兴地主为主体的改革力量组成倒幕派，要求实行资产阶级性质的改革。倒幕派与幕府之间于1864年开始了武装冲突。

1866年6月，幕府发动讨伐长州的战争。7月，德川家茂突然死亡，德川庆喜继任将军，以举行家茂的葬礼为借口退兵。1867年10月，萨摩、长州、安艺三藩武士在京都召开秘密会议，决定组织联军正式讨伐幕府，并把讨幕计划秘密上奏天皇。10月14日，天皇给萨、长两藩颁发密诏，命令他们讨伐幕府。德川庆喜见势不妙，被迫提出了"奉还大政"的请求，表示要辞去将军职位，还政天皇。至此，统治日本260多年的德川幕府在名义上宣告结束。

1868年1月3日，明治天皇出面召开了有倒幕派皇族公卿、大名及下级武士参加的御前会议，颁布"王政复古"诏书，宣布废除幕府制，组织成立新的中央政府。德川庆喜不甘心失败，于1868年1月集合军队向京都进军，结果在京都附近的鸟羽、伏见被以萨、长两藩军队为主力的政府军击败。4月，德川庆喜走投无路，被迫投降，政府军进占江户，改名为东京，次年3月迁都东京。明治天皇宣布了新政府的施政纲领——《五条誓文》，纲领表达了地主资产阶级在政治、经济、文化、外交等方面进行改革的愿望和决心。接着，明治政府展开了全面的改革运动。

安政条约

　　安政条约是日本被迫先后同美、荷、俄、英、法五国签订的不平等的《友好通商条约》的总称，因签订于安政五年（1858年），故名。1858年7月29日，美国迫使日本签订了《日美友好通商条约》。主要内容为：日本开放箱馆、神奈川、长崎、新潟、兵库五个港口和江户、大阪为商埠；美国在江户驻外交代表，在各通商口岸派驻领事；美国可在江户、大阪两地及各通商口岸等设相当于租界的"居留地"；美国享有贸易自由和领事裁判权；美国的进出口货物实行协议关税。同年8至10月间，荷、俄、英、法相继迫使日本签订了内容类似的条约。这些条约进一步损害了日本的主权，彻底地打破了日本的锁国政策。从此日本陷入了沦为半殖民地的危机。条约由于未经天皇批准而签订，加剧了尊王攘夷的活动，导致了安政大狱。日本至1911年才完全恢复主权。

　　日本明治维新的主要内容是：第一，实行"富国强兵"政策，建立中央集权制的国家机构。第二，变革土地制度，进行地税改革。第三，贯彻"殖产兴业"，大力扶植资本主义。第四，大搞"文明开化"，实行教育改革。

　　明治维新是一次以农民为主力、以资产阶级同资产阶级化下级武士为联盟、以资产阶级化下级武士为领导的资产阶级革命，推翻了幕府的封建统治，建立了地主资产阶级联盟的中央集权国家，开拓了日本资本主义经济的发展道路，成为日本从封建社会进入资本主义社会的转折点。在人民群众的推动下，明治政府实行了一系列资产阶级性质的改革，加速了资本主义的发展，进而摆脱了沦为殖民地的危机。但是，由于资产阶级的软弱性和其尚未形成独立的政治力量，明治维新的领导权掌握在代表地主资产阶级利益的武士集团手中，因而使这次革命进行得很不彻底。

　　明治维新后，国家的政治、经济等方面仍然存在着大量的封建因素。农民的土地问题没有得到彻底解决，地主阶级始终在政治中占主导地位。

这使地主资产阶级专政从一开始就具有对内残酷镇压人民、对外大肆侵略扩张的性质，为后来日本走上军国主义的道路埋下了伏笔。

第一国际

19世纪60年代，随着大工业的发展，资本主义社会的基本矛盾日益暴露出来，无产阶级反对资产阶级的斗争也逐日高涨。马克思、恩格斯在对资本主义社会发展规律进行深刻探究的同时，也致力于对各国工人领袖的组织、联系和培养。

1864年9月28日，英、法、德、意、波等国近2000名工人代表在英国伦敦圣马丁教堂召开了声援波兰人民起义的国际性工人大会。大会决定成立国际工人组织，并选出临时中央委员会（总委员会将组织定名为"国际工人协会"，简称"国际"。第二国际成立后，被称为"第一国际"）。会上，英国工联领导人奥哲尔当选为主席，马克思任德国通讯书记。但实际上，马克思一直被公认为是第一国际的领袖。

第一国际成立后，积极在各国建立支部，把欧美各地的工人团体团结争取到第一国际中来。到1866年9月，就已建立了20多个支部。第一国际对英国、法国、比利时、瑞士等国工人的罢工斗争都给予了积极的声援和支持，并使许多次罢工取得胜利。

无政府主义

无政府主义是一种社会政治思潮，其基本观点是否定一切权威和任何形式的国家政权，主张个人绝对自由，建立一个没有国家的、完全平等和绝对自由的社会。无政府主义形成于19世纪40年代，其创始人是法国的蒲鲁东。他在1840年写的《什么是所有权》一书中倡导互助主义，主张通过建立人民银行和根据契约原则在生产者之间实行产品的等价交换，以达到消灭剥削和人人自由、平等的"无政府状态"。

第一国际的前期（1864年—1869年）工作主要是反对蒲鲁东主义。蒲鲁东主义是一种小资产阶级社会主义，表达了遭受破产威胁的手工业者和小生产者的愿望和要求。蒲鲁东主义者主张通过组建互助合作协会和"国民银行"，建立一种介于资本主义和共产主义之间的小生产者的私有制社会。对此，第一国际在马克思的指导下，在1869年9月前的四次代表大会上，与蒲鲁东主义者展开了激烈的斗争，使之最后分化瓦解。

第一国际后期（1869年—1876年）主要进行了反对巴枯宁主义的斗争。巴枯宁是一个极端的无政府主义者，他反对任何权威、任何国家和政府，反对无产阶级进行政治斗争，反对无产阶级政党和无产阶级专政，主张建立一个没有任何权威、没有国家的绝对自由的"无政府状态"的社会。

巴黎公社失败以后，欧洲各国资产阶级政府对第一国际进行了疯狂的迫害，巴枯宁分子也乘机加紧分裂第一国际的活动，第一国际的处境更加困难。1872年9月，第一国际在海牙召开代表大会，把巴枯宁及其追随者开除出第一国际，并决定将总委员会迁往美国。1876年7月，第一国际在美国费城举行了最后一次代表大会，宣布解散。第一国际加强了各国工人之间的团结，宣传了科学社会主义，培养了一大批干部，为国际工人运动做出了巨大贡献。

近东危机

1875年7月，巴尔干半岛的黑塞哥维那和波斯尼亚的斯拉夫民族发起了反对土耳其奥斯曼帝国统治的起义。

俄国在巴尔干和黑海海峡有着巨大的利益，它企图利用与巴尔干的斯拉夫人同宗同族的特殊关系，在"泛斯拉夫主义"的口号下，以支持巴尔干人民反土斗争为借口，实现自己在克里米亚战争中严重受挫的扩张计划。

1875年8月，俄国外交大臣哥尔查科夫向奥国建议给波黑自治权，遭到奥国的拒绝。

此时，保加利亚也爆发了反土起义，巴尔干局势又趋紧张。1876年6月底，已获得自治地位的塞尔维亚和门的内哥罗向土耳其宣战。俄奥为协

▲19世纪后半叶的俄国在军事扩张上不遗余力，图为驻守莫斯科的兵士在练兵。

调局势，于7月8日在捷克的莱希斯塔特会谈，并达成口头协议：若土耳其获胜，则不协助其成立大斯拉夫国家。显然俄国做出了让步。

1877年4月24日，俄国对土宣战，俄土战争爆发。俄军很快攻入土耳其本土，并于第二年1月20日占领亚得里亚堡，直逼土耳其首都君士坦丁堡。奥匈帝国这时则担心俄国独占巴尔干，也改变立场，反对俄军进一步扩大战果。俄国迫于形势只好停止军事行为。1878年3月3日，俄土双方在君士坦丁堡附近的圣斯特法诺签订和约。

《圣斯特法诺和约》引起各国的反对，俄国陷于孤立，被迫让步。1878年6月13日，在德国的建议下，俄、奥、英、德、法、意、土以及巴尔干各国代表在柏林集会，经过一个月的激烈争吵，于7月13日签订《柏林条约》，取代原来的俄土《圣斯特法诺和约》。《柏林条约》仍承认塞尔维亚、门的内哥罗、罗马尼亚的独立，承认俄国对土耳其和罗马尼亚部分领土的兼并；保加利亚的疆域被缩小到巴尔干山脉以北，山南的东鲁米利亚作为奥斯曼帝国的自治省，弗拉加和马其顿仍划归土耳其所有；奥匈帝国占有波黑（名义上仍附属于土耳其）；英国从土耳其手中得到了塞浦路斯岛。

柏林会议暂时解除了"近东危机"。但是，巴尔干各族人民民族解放的要求还没有彻底解决，土耳其的民族奴役还没有根除，而一些地区，如保加利亚，在"沙皇式解放"以后又沦为俄国的附庸。近东危机进一步加深了列强之间的矛盾，俄国同德、奥的关系恶化，而德奥关系则日益密切，"三皇同盟"走向分裂。

德奥同盟和三国同盟

　　进入 19 世纪后期，第二次工业革命开始兴起，科学技术突飞猛进，社会生产力得到了极大的提高，人类进入了电气时代。欧洲各国的工业和经济再次跨上了一个新台阶，逐渐形成了垄断资本主义，各国开始向帝国主义过渡。但它们之间的发展是不平衡的，英、法等老牌资本主义国家发展速度较慢，而新兴的美国、德国发展速度很快，成为世界排名第一、第二的资本主义工业大国。由于帝国主义国家之间的发展不平衡，它们之间的矛盾也在加剧。各国为了自己的利益，纷纷寻找对策。

　　普法战争后，为了防止法国东山再起，德国首相俾斯麦勒索了法国 50 亿法郎的巨额赔款，并且强行割走了矿藏丰富的阿尔萨斯和洛林地区，企图让法国"流尽血"。德国凭借着这些资源和资金，迅速跃升为世界第二工业大国。但出乎俾斯麦意料的是，法国人不仅没有一蹶不振，反而恢复了元气。法国人为了报仇雪耻，在不断扩充军备的同时，还四处寻找盟友，共同对付德国。

　　面对法国的复仇计划，俾斯麦也开始四处拉拢盟友，对抗法国。

　　恰好这时，奥匈帝国和俄国在巴尔干问题上发生了争端。原来两国都对巴尔干半岛上的波斯尼亚和黑塞哥维纳地区垂涎三尺，俄国凭借着强大的实力，四处宣扬"大斯拉夫主义"（波斯尼亚和黑塞哥维纳的居民与俄罗斯人同属斯拉夫人），企图把奥匈帝国的势力排挤出去，独占巴尔干半岛。德国不愿意看到俄国过于强大，害怕它威胁到自己，再加上德国和奥匈帝国同属日耳曼民族，所以德国在巴尔干问

▲ 结成同盟的三国君主画像

题上支持奥匈帝国。两国联手，开始排挤俄国的势力，使俄国吞并波斯尼亚和黑塞哥维纳的计划落空。

1879年8月—10月，德国首相俾斯麦与奥匈帝国的外交大臣安德拉西在维也纳秘密会谈，缔结秘密军事反俄条约——《德奥同盟条约》。这个条约的主要内容是：如果德、奥两国中一国遭到俄国的进攻，那么另一国应以全部的军事力量进行帮助；如果其中一国遭到另一个国家（暗指法国）的进攻，那么另一缔约国应对其盟国采取中立；如果进攻的国家得到俄国的支持，那么两国应动用全部的军事力量联合作战；如果遭到法国和俄国的联合攻击，那么双方则要共同作战。由此，德国和奥匈帝国正式结盟。

和奥匈帝国结盟后，俾斯麦还不放心，他总觉得力量还有些单薄，于是又把目光投向了意大利。意大利自从1870年统一后，资本主义得到了迅速发展，国家的实力迅速增强。为了扩大自己国家的产品销售市场，意大利急于开拓海外殖民地，首先看上了和自己一海之隔的北非明珠突尼斯。但法国人也想占领突尼斯，两国争执不下。俾斯麦看准了这一点，找上了意大利，表示在突尼斯问题上德国支持意大利。但紧接着他又找到法国，暗示德国不反对法国人占领突尼斯。法国于1881年出兵占领了突尼斯。当时在突尼斯有很多家意大利企业和2万意大利侨民，意大利政府早已经盯上突尼斯，不料却被法国人占领了。可是法国的实力比意大利强大，这时俾斯麦极力拉拢意大利。为了报复法国，丧失了地中海优势的意大利同德国的关系开始密切起来。

帝国主义的发展

帝国主义的经济实质上就是垄断资本主义。垄断的产生，标志着资本主义进入了新的阶段——帝国主义阶段。同自由资本主义不同，垄断资本主义最重要的政治和经济特点，是要攫取最大限度的垄断利润。因此，垄断必将导致资本输出的扩大和对海外销售市场及原料产地的控制，并因此引发资本主义国家之间的矛盾斗争。19世纪末，掀起了主要资本主义国家之间瓜分殖民地的狂潮。

但意大利和奥匈帝国有领土争端，两国素来不和。在德国的调解下，两国终于坐到了一张谈判桌前。1882年5月，德国、奥匈帝国和意大利三国在维也纳签订了同盟条约。条约规定，如果意大利遭到了法国的攻击，那么德国和奥匈帝国应以全部的军事力量援助；如果德国遭到了法国的进攻，那么意大利也应以全部的军事力量进行援助。如果缔约国中的一国或两国遭到了两个或两个以上的国家（暗指法国和俄国）的进攻，那么三国要动用全部的军事力量协同作战。但

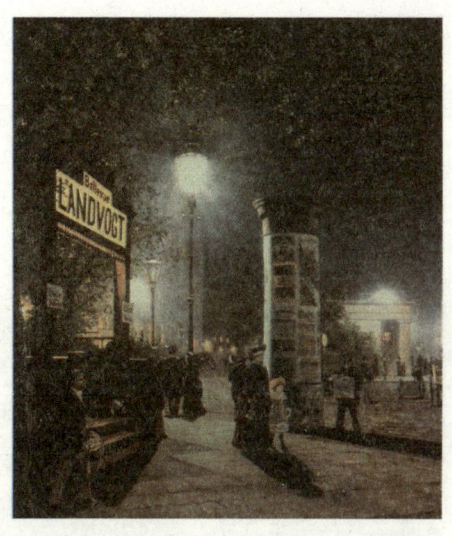

▲ 1884年柏林街头，电灯的使用使城市夜晚一片明亮。

意大利还有一个附加条件：如果英国进攻德国或奥匈帝国，意大利则不予援助。就这样，三国同盟正式形成。

1890年，俾斯麦被迫辞职。德皇威廉二世和新任首相卡普里维抛弃俾斯麦的外交方针，全力支持奥匈帝国，对俄国采取较强硬的态度。德国与英国在东非问题上达成妥协，1890年7月，两国签订了《赫耳果兰条约》。德、英的接近，使德、俄更加疏远，加速了法国与俄国的结盟。

三国协约的缔结

1890年3月，俾斯麦辞职后，德皇威廉二世放弃了俾斯麦的拉拢俄国以孤立法国的策略，结果把俄国推向了法国的怀抱。

法、俄两国在政治上有着共同的利益，他们都担心德国势力过于强大，法国希望在德法战争中能够得到俄国在东线的支援，而俄国也希望法国能策应它同奥国争夺巴尔干。两国在经济上往来也日益密切。自1888年以来，法国连续向俄国提供贷款，到1889年底，俄已欠法国贷款达26亿法郎，而此时德国却拒绝向俄提供任何贷款。这样，俄国在财政上对法国的

▲德皇威廉二世肖像，完成于1890年。就在这一年，他迫使俾斯麦辞职。

▲俄国沙皇尼古拉二世与他的儿子亚力克塞

依赖加深了。

1890年7月，德、英签订《赫尔果兰条约》，在东非问题上达成妥协。这个条约使法国感到孤立，于是加速了同俄结盟的步伐。1891年5月，德、奥、意第三次续订三国同盟。6月，意大利首相在宣布三国同盟续订的消息时，提到英、意、奥的《地中海协定》，法国因此怀疑英国也参加了三国同盟，于是决定采取外交行动。8月，法、俄以外交信函的形式，订立了《政治协定》，确定在有可能受到攻击的情况下，两国应就形势和所采取的措施"互致谅解"。第二年8月17日，法、俄又签订了秘密的《军事协定》。协定规定：如果奥国或意大利在德国支持下进攻法国，俄国应全力进攻德国；如果德国或奥国在德国支持下进攻俄国，法国应全力进攻德国；如果三国同盟国家动员其军队，法、俄两国无须协商便立即动员其全部军队开赴边境；法国用于对付德国的军队应为130万人，俄国用于对付德国的军队应为70万—80万人；双方不得单独媾和，不得泄露协定秘密；协定的有效期与三国同盟条约的有效期相同。

与此同时，出于对德国势力日益膨胀的畏惧，英国感到自己的地位受到越来越大的威胁，它决定放弃传统的"光荣孤立"政策，开始向法俄靠拢。1904年4月，英国和法国签订了瓜分殖民地的协约。这个协约的主要内容是：法国不干涉英国在埃及的行动，英国承认法国在摩洛哥有维护安宁和协助改革的权力；划定两国在暹罗（即今天的泰国）的势力范围，以湄公河为界，西半部是英国的势力范围，东半部是法国的势力范围；法国放弃在纽芬兰独占的捕鱼权，英国则让给法国西非一些殖民地。同时，秘密条款还规定，双方政府之一如为"情势所迫"，也可变更埃及或摩洛哥的现状。但是自由贸易、自由通行苏伊士运河、直布罗陀海峡南岸禁止设防等原则仍继续维

▲ 19世纪末的法国经济持续发展，城市景象较为繁荣。

持。通过协约，英法两国的矛盾解决，双方利益趋向一致。

此后，英俄为了对付共同的对手德国，也开始调整相互之间的关系，1907年8月，英国和俄国在彼得堡签订了分割殖民地的协定。这个协定的主要内容是：划定波斯（即今天的伊朗）东南部为英国的势力范围，北部

第一次摩洛哥危机

1905年，德法两个帝国主义国家为争夺摩洛哥而发生了战争危机。1904年《英法协约》签订，英国和法国在有关埃及和摩洛哥问题上达成默契，法国对摩洛哥的支配权得到了英国的认可。1905年，德国政府宣布，不承认法国对摩洛哥的占领，要求召开国际会议，重新审议英法两国关于摩洛哥的协定。法国拒绝了德国的要求，并派军舰到丹吉尔港示威。国际形势顿时紧张，出现了第一次摩洛哥危机。1906年1—4月，西方列强举行解决摩洛哥危机的国际会议。在出席会议的14个国家中，只有奥匈帝国支持德国，其余各国包括英、美、俄等国在内，都站在法国一边。德国在国际上陷于孤立境地。

为俄国的势力范围，两者之间是一个中立地带，对英俄两国平等开放；俄国承认阿富汗在自己势力范围之外，并承允英国代替阿富汗的外交，英国则声明不变更这个国家的政治地位。《英俄协约》虽然没有明确规定军事同盟义务，甚至还打着"维护和平"的幌子，但实际上也是为了加强掠夺殖民地和准备帝国主义战争而签订的。在《俄法协约》和《英法协约》的基础上，1907 年《英俄协约》的签订，标志着和三国同盟对抗的另一个帝国主义军事集团——英、法、俄三国协约的最后形成。

"三国同盟"与"三国协约"形成之后，两大集团之间互相竞争，最终导致了第一次世界大战的爆发。

"门户开放"

19 世纪末，尤其是在 1895 年中日甲午战争之后，远东的政治格局急剧变化，列强在中国的均势被打破，从而掀起了瓜分中国的狂潮。其中，俄国独占了中国东北；日本取得台湾和澎湖列岛之后，又把福建置为它的势力范围之内；德国强占了胶州湾，把山东变为其势力范围；法国强行租借了广州湾，其势力范围遍及滇、粤、川等地；英国租借了九龙和威海卫，并宣布长江流域为它的势力范围。列强瓜分中国的狂潮无法止步，中国面临亡国的危险，而列强之间的矛盾也越演越烈。

四方各国在各自的势力范围内都实行排他性殖民政策，这严重损害了因忙于美西战争而未能在中国占有一席之地的美国的商业利益。尤其是俄国封锁了中国东北市场，不准美国商品和资本

▲执行"门户开放"政策的美国总统威廉·麦金莱，他于 1901 年被刺身亡。

进入，为此美国耿耿于怀。虽然当时美国的对中国贸易总额并不是很大，但垄断财团早就看中了中国市场的潜在价值，它们向政府施加了强大压力，要求政府采取行动。当时，英国出于自身利益，也向美国建议以"门户开放"原则来规范各国的对中国贸易，协调各国在中国的商业利益。在这种背景下，美国国务卿约翰·海于1899年9月6日向英、法、德、俄、日、意等国递交了一份照会。美国承认各国在中国的"势力范围"和夺得的特权；同时要求在各国的租借地和势力范围内，美国享有均等的贸易机会；要求中国内地全部开放，使帝国主义国家都享有投资权利。美国提出该政策的目的是企图通过"机会均等、利益均沾"手段，缓和列强争夺中国的矛盾，防止列强瓜分中国，以使整个中国市场对美国商品自由开放，从而渗透其侵略势力。

第二年7月3日，美国又发出第二封照会，除重申"平等公平贸易"原则外，还提出要"保全"中国的领土和行政完整。两次照会组成了美国对外政策的"门户开放"原则，这个原则的内容与旧殖民主义的根本区别在于：1.反对以武力征服的方式从空间上对殖民地实行独占，主张建立"无边界"的殖民体系；2.反对对殖民地实行直接统治，而提倡保留殖民地原有的行政实体，实行间接统治；3.反对垄断式的保护主义，主张"门户开放"，实行"公平"的自由贸易竞争。

这样，"门户开放"原则实质上全盘否定了旧殖民主义赖以存在的基础，构筑了新殖民主义的框架体系。英国首先支持美国该政策，其他国家也先后表示同意。第二次世界大战后，美国在中国的独占地位已经形成，才放弃此政策。

第二国际

巴黎公社革命失败以后，第二次科技、工业革命及资本主义经济迅猛发展。随着国际工人运动的热情高涨、马克思主义的广泛传播和各国工人政党的建立，各国工人阶级要求加强国际联系和团结的愿望日益迫切。在这种情况下，马克思主义者于1889年7月14日，在巴黎召开了国际工人代表大会，这次会议被公认为是第二国际的成立大会。

▲德国修正主义者伯恩施坦

第二国际是第一国际的持续和发展。第二国际的活动方式也以召开代表大会为主。第一国际与第二国际的差异在于，第一国际实行较紧密的民主集中制，第二国际则是一个无中央机构的松散的组织，它无纲领、无章程，无机关报，无纪律。1900 年建立的社会党国际局只是各国党的组织中心，各国党都有自己的独立性。

为了引导工人运动走上正确的斗争道路，第二国际从成立到 1896 年的伦敦代表大会，一直进行着反对无政府主义的斗争。第二国际在前期的活动中基本上遵循了马克思主义路线，表现在：促进更多的国家建立了工人政党；推动各国工人进行议会斗争并取得很大胜利；推动各国工人运动进一步发展。

国际劳动节

国际劳动节是全世界无产阶级和劳动人民团结战斗的节日。1866 年，第一国际日内瓦支部提出了"8 小时工作制"的口号。1884 年，美国进步工人组织通过要求为实现 8 小时工作制而斗争的决议，得到各地工人的热烈支持和响应，决定在 1886 年 5 月 1 日举行大罢工。这天，芝加哥、底特律、纽约等城市举行罢工和示威游行。芝加哥 20 多万工人走在斗争的最前列，经过流血斗争，终于获得 8 小时工作制的权利。美国工人的斗争得到了国际无产阶级的有力声援。1889 年 7 月 14 日，在巴黎第二国际成立大会上，为纪念美国工人"五一"罢工，推进各国工人的斗争，增强无产阶级国际主义团结，通过一项决议：在每年的 5 月 1 日，组织大规模的示威游行，并把这天定为"国际示威游行日"。从此，5 月 1 日成为全世界无产阶级和劳动人民团结战斗的节日。

在 19 世 纪 末，由于资本主义已经发展到帝国主义阶段，而马克思、恩格斯又先后去世，有许多新问题、新情况出现了，工人运动中的许多理论家试图从理论上进行探索。1899 年，伯恩施坦发表了《社会主义的前提和社会民主党的任务》一书，系统地阐述了他的

▲图为 1906 年 3 月发生在法国多佛尔的矿工大罢工。第二国际期间，多次爆发无产阶级的罢工运动。

修正主义思想体系。伯恩施坦在"发展和完善"马克思主义的名义下，提出要使马克思主义"适应"新的政治和经济形势的观点。在哲学方面，他宣扬庸俗进化论和折中主义，对革命的辩证法予以否定，认为唯物史观既"自相矛盾"又"缺乏根据"。在政治经济学方面，他认为剩余价值学说只不过是"以假设为根据的公式"，垄断组织的出现可以使经济危机消除。在科学社会主义方面，他美化资本主义，反对暴力革命和无产阶级专政，认为只要反对暴力革命和无产阶级专政，只要坚持渐进的、和平改革的策略，就可以促使资本主义和平进入社会主义，并提出"最初的目的是微不足道的，运动就是一切"。修正主义出现后，得到英国费边社分子、俄国经济派、法国米勒兰派等的支持，并迅速发展成国际思潮。

修正思想的出现，引起了工人队伍在思想上和理论上的混乱，并引起第二国际内部的激烈斗争。1900 年 9 月，第二国际在巴黎召开第五次代表大会。与会代表围绕"米勒兰入阁"问题展开了激烈争论，争论的结果导致左、中、右三派的形成。米勒兰是法国独立社会主义联盟的成员，他于 1899 年加入资产阶级内阁，任工商部长。以伯恩施坦、饶勒斯为代表的修正主义者支持米勒兰入阁，宣称此举只是无产阶级夺取政权的第一步，称为"入阁派"。卢森堡、盖德等对社会主义者入阁表示反对，他们坚持传统的暴力革命和无产阶级专政的主张，称为"反入阁派"。第二国际领导人考

法国工人党

法国工人党是法国工人运动史上第一个无产阶级政党。1879 年在马赛举行的法国全国工人代表大会上，通过了成立法国工人党的决议。随后，盖德和拉法格在马克思的亲自指导下制订了党纲，并于 1880 年在哈弗尔代表大会上通过，称为《哈弗尔纲领》，法国工人党正式成立。纲领规定：必须建立无产阶级政党，进行革命斗争，推翻资产阶级统治，实现生产资料社会化，建立社会主义社会。不久，党内出现盖德派和可能派的斗争。在 1882 年的圣太田代表大会上两派正式分裂，盖德派保留了法国工人党的名称。1889 年法国工人党参与了筹建第二国际的工作，并支持和领导了法国工人的几次大罢工。1893 年的议会选举中法国工人党取得了可观的票数，此后，工人党更加注重议会斗争。1901 年，法国工人党与革命社会主义党、革命共产主义同盟联合组成法兰西社会党。

茨基提出"橡皮决议案"，声称社会主义者加不加入资产阶级内阁"只是一个策略问题，不是一个原则问题，国际大会对此不必有所表示"。"橡皮决议案"只是暂时防止了国际分裂，同时肯定了米勒兰入阁行为，这为以后第二国际的分裂埋下了种子。

俄日美在远东的竞争

俄国早在 17 世纪就开始对中国进行侵略活动。到 19 世纪末已把原属中国的 150 多万平方千米的土地并入了自己的版图。

日本是新兴的帝国主义国家，19 世纪 70 年代开始对外扩张。1872 年侵占了琉球；1874 年侵略中国的台湾，最终以失败告终；1875 年又入侵朝鲜，取得开放港口和领事裁判等特权。1885 年，日本迫使清政府订约，使日本在朝鲜取得了与中国同等的权利。当时英、美等国企图利用日本排挤俄国在中国和远东的势力，在英、美的支持下，日本于1894年7月25日发动了侵略中国和朝鲜的中日甲午战争。清政府战败后，于第二年被迫同日本签订了《马关条约》。根据《马关条约》的规定，中国割让辽东半岛、台

▲李鸿章与伊藤博文签订《马关条约》图
1895年4月，在日本马关（今下关）的春帆楼内，中日两国代表进行停战谈判，签订了《马关条约》。

湾、澎湖列岛给日本；赔款白银2亿两；沙市（现属荆州）、重庆、苏州、杭州开放为商埠，允许日本资本家在通商口岸开设工厂；承认日本对于朝鲜的控制。此外，为了保证中国履行条款，日军暂时占领威海卫。

甲午战争彻底暴露了清帝国的虚弱本质，各国不再有任何顾忌，立即掀起了瓜分中国的狂潮。《马关条约》中辽东半岛割让给日本的条款极大地触怒了俄国，俄国联合德、法两国威逼日本放弃对于辽东半岛的占领。1896年，李鸿章在莫斯科与沙皇政府代表签订了《中俄密约》，这是一份以同盟面貌出现的条约，俄国以"还辽"功臣自居，独霸了中国东北，而后取得了修筑东清铁路（后改称中东铁路）以及在铁路沿线的行政、驻兵、司法、采矿及贸易等权利。1897年11月，德国以武力占领胶州湾，次年3月强行"租借"胶州湾，租期为99年，进而把山东全境变成它的势力范围。俄国势力的加强使日本更加向英、美靠拢，因此，在远东已形成俄、法、德为一方和日、美、英为另一方的对立格局。

美国在亚洲、太平洋也有着重大利益，1895年以来，美国对中国贸易增长很快，对中国投资也已起步。但是，俄国对中国东北的控制使美国面临失去重要的中国市场的危险，美国国内许多垄断财团纷纷要求政府采取措施，以便打开中国市场。当时，美国主要是利用日本来同俄国对抗，然后从这种"均势"政策中获取自己的利益。远东的这种均势，一直维持到1905年的日俄战争才被打破。

英国对印度的殖民统治

19世纪末，随着英国对世界工业垄断地位的丧失，英国殖民者对其最大的殖民地印度的殖民掠夺更加疯狂了。这一时期，英国殖民者除了继续依靠军事政治权力对印度人无情搜刮、扩大商品倾销、加紧掠夺粮食原料之外，资本输出已逐渐成为主要的剥削手段。

在农业方面，英商经营着各种水利工程和茶叶、橡胶等种植园。由于殖民政府的强制和英商的操纵，印度的农业生产商品化有所发展，很多地区变成了单一种植区。与此同时，英国殖民者还利用封建土地关系加强对农民的剥削。19世纪60年代以后，殖民政府颁布一系列田赋法案，巩固了柴明达尔地主的地位，从而进一步保障了地主、商人、高利贷者对农民的剥削。这一时期，英国从印度掠夺的粮食和原料与日俱增。

英国资本输出的增长、近代工业的出现——特别是铁路网的修建，在客观上促进了印度民族工业的发展。但是，印度资产阶级和英国资产阶级之间仍存在着难以调和的矛盾。英国资本家依仗殖民政权，采取经济的和非经济的手段阻挠民族资本发展。殖民政府根据垄断资本家的利益，制定关税政策，进一步加强英国商品在印度市场的竞争能力。直到19世纪末，印度资本主义工业仍然是半封建殖民地经济大海中的一个小岛。

▲图为印度饥荒中的饥民。在英国殖民者的残酷压榨下，数百万印度人丧失生命。

随着近代工业的产生，印度出现了第一批产业工人。最早的近代工人是在英国资本家工厂做工。19世纪末，印度已有50多万的产业工人，他们大部分来自破产农民和手工业者。他们的工资微薄，劳动繁重，日工作时间长达14—15小时，根本没有假日。沉重的劳动严重损害了印度工人的健

印度国大党

印度国大党是代表印度资产阶级和地主利益的民族改良主义政党，全称印度国民大会党，英国殖民官吏休谟于 1885 年 12 月 28 日在孟买创立，主要成员是地主、资本家、商人、高利贷者和资产阶级知识分子。成立之初，主张通过宪法的手段在印度实现立宪和代议政治，带有浓厚的改良主义色彩。19 世纪末随着大量的中小资产阶级及知识分子的加入，以提拉克为首形成激进派，主张印度独立。1905 年 10 月，针对殖民当局分割孟加拉省的法令，掀起全国规模的抗议活动，并发展为抵制英货、提倡国货的运动。次年，在激进派坚持下第一次提出"自治、提倡国货、抵制英货、民族教育"四点纲领。1907 年温和派和激进派分裂。1916 年，两派重新联合。国大党成立初期，揭露了英国官吏的专横残暴，要求自治、独立，唤醒了印度人民的民族意识。

康，很多人被折磨致死。这一时期，印度无产阶级人数不多，政治上也不成熟，但却与先进的生产方式相联系，是一个不断发展的、组织性和革命性极强的阶级。随着殖民掠夺和封建剥削不断加强，各种社会矛盾，尤其是印度人民和英国殖民主义的矛盾日益尖锐。印度各地开展了轰轰烈烈的农民运动和工人罢工，同时兴起的还有资产阶级改良运动。19 世纪六七十年代，资产阶级改良主义运动发展迅速，并且出现了各种地方性的改良主义政治组织。他们反对英国殖民束缚，要求实行自下而上的社会改革，普及欧式教育，发展民族工业，改革税制，实施司法平等制度，建立陪审制度，实现在英帝国范围内的自治。

工人运动、农民起义和资产阶级改良主义运动三者同时进行，这种形势引起了英国殖民者极大的恐惧。英国殖民者为了防止工农运动和资产阶级运动相结合，极力拉拢地主资产阶级上层分子，力图把资产阶级改良主义运动纳入合法的轨道，以便加以操纵和控制。于是，他们便支持资产阶级的代表建立全国性的改良主义政党。

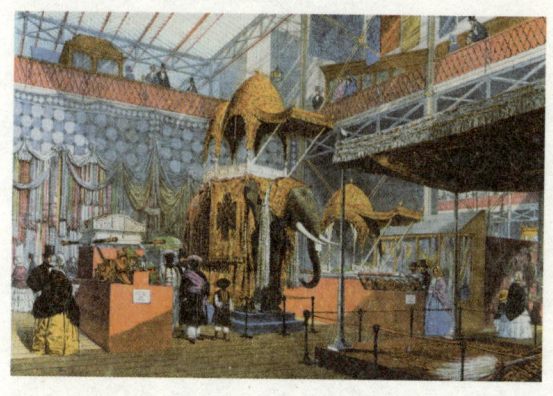

▲一座专供英国上流社会和印度大公们游赏玩乐的戏院。此图绘于 19 世纪末期。

1885 年 12 月 28 日，在英国殖民官吏休谟的操纵下，印度国民大会党（简称国大党）在孟买举行成立大会。出席大会的代表中半数是资产阶级知识分子，半数是地主商人和高利贷者。大会的中心议题是要求民权和自治。

国大党成立不久，收容了一批激进主义者，很快使国大党内部分成两派。以苏伦德拉·纳特·巴纳吉为首的温和派掌握领导权，代表地主和上层资产阶级的利益，主张和英国妥协合作。以巴尔·甘格达尔·提拉克为首的激进派，代表小资产阶级、富农、小地主和自由职业者的利益，他们极力反对温和派的妥协合作路线，认为英国殖民奴役是印度贫穷落后的根源，主张联合人民群众的力量，运用各种不同的斗争形式——包括暴力，来推翻英国殖民统治，实现民族独立。英国殖民当局把提拉克视为死敌，1897 年将他监禁起来，但在印度人民的抗议下，殖民当局被迫把他释放了。提拉克在印度人民中的威望日益增长，到 19 世纪末 20 世纪初，他成为印度资产阶级民族运动的代表人物。

第二次工业革命

从 19 世纪 70 年代到 20 世纪初，科学技术飞速发展，人类历史上又发生了一次新的工业革命，被称为"第二次工业革命"。

第一次工业革命和资本主义的迅速发展，使得自然科学在 19 世纪取得重大突破。在物理学方面，法拉第发现了电磁感应现象，伦琴发现了放射现象；在化学方面，分子－原子结构学说确立，门捷列夫制定了化学元素周期表；在生物学方面，细胞学说建立，达尔文创立了生物进化论学说。这些重大突破，为自然科学与生产技术相结合，把科学原理转化为技术，直接运用到生产中去，创造了有利的条件。而世界市场的出现和资本主义世界体系的基本形成，又推动了商品的生产。因此，人们追求更高的生产效率，渴望有更好的机器和更强大的动力。这些条件，使第二次工业革命的发生成为可能。

▲早期的电话及从事电话交换工作的人

刚开始的时候，电话交换是靠手工来完成的，所以，电话局需要很多工人。

第二次工业革命最主要的表现是电力的广泛应用。1866年，德国人西门子制成发电机。4年后，比利时的格拉姆发明了电动机。于是，电力作为一种新能源开始用来带动机器。此后，以电为能源的产品及技术迅速被发明出来，如电灯、电车、电报、电话以及电焊技术等。电的广泛使用，造成对电力的需求大增。于是有了法国人马·德普勒关于远距离送电技术的发明，美国发明家爱迪生建成了第一座火力发电站，将输电线路结成了网络。制造发电、输电和配电设备的电力工业纷纷建立和发展起来。

这次工业革命的另一个重要表现是内燃机的发明和应用。从19世纪70年到90年代，德国人奥托、戴姆勒、狄塞尔先后发明了以煤气为燃料的四冲程内燃机、以汽油为燃料的内燃机和柴油机。这就解决了交通工具的发动机问题，引起了这一领域的革命性变革。80年代，汽车诞生；90年代，许多国家建立起汽车工业，并牵动了内燃机车、远洋轮船、拖拉机和装甲车、飞机等的制造和使用，也促使石油开采与炼制业迅速发展起来。

化学工业也在这一时期兴起。无机化学工业、有机化学工业都相继建立和发展起来。纯碱、硫酸的生产，煤焦油的综合利用，促成了一系列新发明和新产品的出现，如化肥、化学药品、人造染料、人造丝和人造纤维等。炸药工业更成为化学工业的重要部门，瑞典人诺贝尔因发明火药和无烟火药而成为世界名人。

最早的汽车拉力赛

现在谈到汽车拉力赛，人们便自然而然地想到各式各样精致的跑车，时速个个达到几百千米。可当年汽车刚发明时的汽车比赛可没这么风光。19世纪末，出现了各种类型的汽车，它们互相竞争。在1894年，法国巴黎举行了首届汽车比赛。启事是这样写的："各种各样的车辆不论其动力是蒸汽的、燃气的、汽油的还是电的，都可以申请参加比赛。"结果，仅在预赛中，大部分车子就抛锚，被淘汰了。决赛中的21辆车，也仅有15辆到达目的地。值得一提的是，15辆中有9辆使用戴姆勒发动机。在第二年的巴黎－波尔多长途汽车赛中，汽油汽车再次把蒸汽汽车抛在后面。从此，汽油汽车在运输领域取得主导地位。

第二次工业革命在规模、深度和影响上都远远超过第一次工业革命，出现了不少新的特点。

第一，它有坚实的科学基础。所有成果都是科学技术运用于生产实践而创造出来的。没有热力学、电磁学、化学等的突破性成就，绝不可能出现新的工业革命。科学技术是第一生产力的原理得到了充分体现。

▲1850年工程师们在不列颠桥举行会议
第二次工业革命改变了英国工业面貌，工业家与工程师的才干和学识得到极大的发挥。

第二，它侧重于基础工业、重工业、化学工业、能源工业等部门，具有更强的经济改造能力和社会改造能力，使主要资本主义国家首先实现工业化，城市人口远远超过了农村人口。

第三，它是在几个先进大国同时起步，相互促进下进行的。其中，德国人贡献尤多，其次是美国人，英国与法国也有一些重要的发明。而且，某一国的重大发明，很快就被别国所吸收。你追我赶，经济发展迅速。到1900年，美、德、英、法四国的工业产值，已占全世界工业产值的72%。

第二次工业革命极大地促进了生产力的发展，人类社会进入电气时代。它改变了资本主义的工业结构，新兴工业部门，如电力工业、石油开采业、石油化工业、汽车制造业等重工业迅速发展起来，重工业逐渐取代轻工业在资本主义工业体系中占据主导地位。随着生产力的发展，生产和资本高度集中，引起了生产关系的变化，产生了垄断组织，垄断经济逐渐成为整个国民经济的基石，世界主要资本主义国家开始进入帝国主义阶段。垄断还进一步造成资本主义经济发展的不平衡。老牌国家英国和法国，经济发展相对缓慢。新兴的美国和德国经济发展相当快，工业总产值超过英、法而位居世界第一和第二。俄国和日本经济也迅速发展。这就刺激了帝国主义列强对世界霸权和殖民地的掠夺，加深了列强之间的矛盾，造成国际局势的紧张，最终酿成第一次世界大战。

英布战争

继美西战争之后，英、布（布尔人）殖民者为重新划分南部非洲而挑起争端。

19世纪末，英国对非洲的侵略进入一个新的阶段。它企图把长期以来在非洲夺取的殖民地连成一片，实现"开普－开罗计划"。而这一计划的实现，还存在着障碍，那就是荷兰殖民者后裔——布尔人在非洲南部建立的德兰士瓦和奥兰治两个共和国。这两地是世界上最大的黄金和金刚石产地，英国为夺取这两块宝地，实现其侵略计划，准备与布尔人打一场战争。为此，英国人在军事上和外交上做好了准备，并寻找借口挑起事端。

1899年，英国借口两个共和国对移民的选举权限制过严等，派大军到德兰士瓦边境驻扎，双方矛盾激化。英国拒绝了布尔人让英军撤离边境的要求，同年10月11日，布尔军向英军发起进攻，英布战争爆发。

1899年10月，英军调集大批援军，企图从开普沿铁路线向奥兰治和德兰士瓦进军，一举占领其首都。布尔人却计划在英援军到达前占领纳塔

▲英布战争中指挥作战的英军军官

▲反映英布战争中英军战斗场面的版画

英军凭借人数优势，迂回包抄，使布尔人陷入被动，迫使布尔人转为运用游击战，以消耗英军。

尔，向英殖民地开普进攻。10月12日，布尔总司令约伯特率领军队向纳塔尔发起攻势。约伯特采用分散队形，充分利用地形筑建野战工事，进行伪装前进，使英军判断不清主力目标的准确位置，增加了英军的攻击点。英军采用密集队形，既不实施机动，也不进行伪装，战术呆板。布尔军队士气高昂，装备先进，使英军遭到重创，伤亡惨重。布尔人攻下纳塔尔后，又一举占领了埃兰兹纳各特，趁势将万余名英军包围在莱迪史密斯、马弗金、金伯利。接着，约伯特采用围城打援的策略，连续击退增援英军，英军损失近3000人。

1900年1月，不甘失败的英军频频调兵，从印度、加拿大、新西兰和澳大利亚调集25万大军支援南非。英军调整军事将领，更换新式武器，在总司令罗伯茨的率领下，重新部署兵力，改变进攻策略。布尔军由于围攻的城市较多，牵制了众多兵力，进攻力量被大大削弱。罗伯茨于是将战略重心从纳塔尔转移到易于攻击的奥兰治河流域。

2月，英军在奥兰治河的北岸，分东北两路向奥兰治发起进攻，英军采用迂回战术，顺利从后面绕过防御坚固的克罗里埃，直扑金伯利。围城的布尔军仍以分散队形顽强抵抗。战斗极为激烈，英军伤亡较重，但终因人数优势击败布尔军，切断其后退之路。27日，布尔军被迫投降。东路英军于27日经4次激烈的进攻，冲破图盖拉防线，围困莱迪史密斯的布尔军

南非重建

为了恢复金矿生产，英国政府与清政府于1904年签订《保工章程》，招募6万多名华工到德兰士瓦。1905年，南非的黄金生产超过之前水平。在政治上，英国重提"联邦"方案。1908年召开了开普、纳塔尔、德兰士瓦和奥兰治4个地区代表的国民会议，就"联邦"问题达成了协议。会议决定，联邦议会设在开普敦，行政首都设在比勒陀利亚，司法首都设在布隆方丹。1909年，英国国会公布了南非法案。1910年5月31日，南非联邦正式宣告成立。

面临腹背受敌的境地。28日，布尔军被迫撤围。几个城市的围困解除，英布战争朝向有利于英军的方向发展。

3月，英军乘胜追击，依靠人数的绝对优势分进合击，两翼包抄，迫使布尔人退出坚固的防御阵地。英军顺势占领了奥兰治首都布隆方丹。5月31日，攻克约翰内斯堡。6月5日，德兰士瓦首都比勒陀利亚失陷。德兰士瓦、奥兰治被英国吞并。

1900年9月，处于绝对劣势的布尔军队退出城市，在博塔和德韦特的领导下，分成若干小纵队，开始了旷日持久的游击战，对英军进行顽强的运动突袭。他们破坏交通线，抢截英军辎重，使英军不得安宁，遭受到更大的损失。为挫败布尔人的游击战，英军被迫将军队增至45万人，并对乡村实行"焦土"政策，大肆烧杀抢掠。同时采用集中营的办法，拘禁大批群众，企图断绝布尔军的供

▲武装起来的布尔人

在这次战争中，所有年满14岁的布尔人都要投入战斗。虽然他们没有受过专业训练，也没有精良的装备，但他们坚信自己所从事的事业是正义的。

给。另外，还广泛建立碉堡，秘密监视布尔军动向。

1902 年 4 月，双方均感觉消耗巨大，无力再战，决定和谈。5 月 31 日，双方签订《费雷尼条约》。条约规定：德兰士瓦和奥兰治划归英国；英国付给布尔人 300 万英镑作为"补偿"。1910 年，英国将德兰士瓦和奥兰治等合并，组成南非联邦，使其成为英国的一个自治领地。

英布战争是帝国主义形成初期的又一次帝国主义战争。英布战争使英国在外交上陷入困境，不得不做外交政策上的重大调整，向结盟的国家靠拢。

第一次世界大战

奥匈帝国认为塞尔维亚是它向外扩张的障碍，因此，瓜分乃至吞并塞尔维亚、粉碎大塞尔维亚主义，是奥匈帝国的既定国策。1914 年 6 月底，奥匈帝国在波斯尼亚举行以塞尔维亚为假想敌的军事演习，向塞尔维亚进行军事挑衅，激起了塞尔维亚民族主义者的极大愤慨。一个名为黑手党的塞尔维亚民族主义军人团体，决定以刺杀奥匈帝国皇储斐迪南的行动，来打击奥匈侵略者的气焰。

1914 年 6 月 28 日上午 10 时，斐迪南夫妇在城郊检阅军事演习之后，乘敞篷汽车进入萨拉热窝市区巡视。埋伏在路旁人群中的黑手党成员查卜林诺维奇突然冲到车前，向斐迪南投掷了一枚炸弹。司机见此情景，加足马力，汽车冲向前方。炸弹落到随后的汽车上，炸死一名军官和几名群众。查卜林诺维奇当场被捕。斐迪南故作镇静，挥手示意"继续前进"。到市政厅出席了欢迎仪式，稍做休息之后，他又乘车上街。当汽车途经一拐角处时，17 岁的中学生加·普林西波冲上前去用枪打死了斐迪南夫妇。

德奥集团在暗杀事件发生后，欣喜若狂地叫嚣道："这是千载难逢的机会。"

奥匈帝国以萨拉热窝事件为借口，于 7 月 28 日悍然对塞尔维亚宣战。7 月 31 日，德国政府向俄、法两国同时发出最后通牒，要求俄国停止军事动员，法国在未来冲突中保持中立，但遭到两国的拒绝。于是，德国分别于 8 月 1 日、3 日先后对俄、法宣战。

凡尔登战役

第一次世界大战期间德法在凡尔登地区进行的具有决战性质的大会战。德国认为凡尔登是巴黎和法军阵地的枢纽，是协约国西线的突出部分，对德军造成了威胁，于是发动进攻，并一度压制法军。1916年10月24日，法军转入反攻，并发动了两次进攻，收复了原防守阵地。12月28日凡尔登战役结束。该战役是第一次世界大战中规模最大、时间最长的战役，法军伤亡40多万人，德军伤亡近35万人。此次战役是第一次世界大战的转折点，德军战略计划破产，标志着其军力的衰落。

8月1日，德军占领了卢森堡，2日下午，又向中立国比利时发出最后通牒，要求准许德军借道过境进攻法国。比利时拒绝了德军的无理要求，同时呼吁英、法、俄诸国保护它的中立地位。英国要求德国尊重比利时的态度，但遭到拒绝。8月4日，英国对德宣战。8月6日，奥匈帝国正式向俄国宣战。

欧洲大战爆发后，在极短的时间内便蔓延到远东和近东，日本为扩张在东亚的势力也趁火打劫。8月15日，日本向德国发出最后通牒，要求德国军队立即撤出中国和日本领海，在9月15日之前，把德国租借的胶州湾和青岛移交给日本。德国拒绝了最后通牒，日本便于8月23日对德宣战。

从1914年7月28日起，在3个月的时间内，奥匈帝国和塞尔维亚的冲突就演变成世

▲描绘斐迪南夫妇被刺场面的图画

▲作为德国停战代表团成员，埃尔茨贝格尔只能屈服于协约国的要求，这样可以把他的部队从被歼灭的危险中拯救出来。

▲战争让城市一片狼藉，图为德国的囚犯在修复被炸毁的道路。

界大战。到 1918 年，以德、奥、土为一方，俄、法、英、日、比、塞等国为另一方，共有 31 个国家参加了战争，从而出现了战火蔓延至亚洲、非洲和美洲的首次世界规模的战争。

欧洲大陆是第一次世界大战的主战场。在那里有 4 条战线：西线的对阵形势是英、法、比军队与德军对抗，东线的对阵形势是俄国军队与奥匈、德国军队作战，巴尔干战线的对阵形势是塞尔维亚、门的内哥罗以及罗马尼亚、希腊等国军队与奥匈、保加利亚的军队作战，意大利战线的对阵形势是意大利军队对抗奥匈军队。其中，西线和东线起决定性作用。

位于比利时、法国北部和德国边境的西线，从北海延伸到瑞士边境，长 700 千米。1914 年 8 月初，德国按施里芬计划，首先在西线发起进攻。到 12 月，战争从运动战转为阵地战，形成双方相持局面。

在东线，俄军于 8 月中旬进攻东普鲁士。德军从西线抽调一部分军队去对付俄军。8 月底—9 月中旬，兴登堡指挥的德国军队在马祖尔湖地区歼灭了俄国第二集团军，既而攻下了俄国第一集团军司令部所在地斯特尔堡。俄军被迫退出东普鲁士。与此同时，俄军挫败奥匈军队。截至年底，东线交战双方军队在阵地里对峙，呈相持状态。

1916 年，是大战关键性的一年，交战双方最大限度地调动了本国的人力、物力投入战争。德国将重点放在西线，以法国凡尔登要塞为目标，发动了强大攻势。凡尔登位于法国的东北边境，是巴黎的前卫，也是法军战线的枢纽。1916 年 2 月 21 日，德军集中近 900 门大炮，辅之以飞机，向凡尔登马斯河左岸的法军阵地发起猛攻。法军被迫退至马斯河右岸。自 2 月 27 日起，法国用 3900 辆汽车运送援兵和武器，组织了有效的防御。双方不断增加兵力，反复冲杀，形成拉锯战。德军仅推进 7 千米。6 月初，德军 20 个师第二次大举进攻，但始终未能突破。8 月，法军发起反突击。到 9 月，德军攻势停了下来。

为了减轻凡尔登的压力，牵制德军对凡尔登的进攻，英、法军队按照预定计划，于 7 月 1 日发起了索姆河战役。战役从 9 月持续到 11 月中旬。索姆河战役和凡尔登战役一样，都是消耗战。几个月中，双方伤亡惨重，各损失 60 余万人。英、法军队虽未达到预定的夺回失地的目标，但牵制了德军，使战局朝着有利于协约国的方向转化。两次战役以后，协约国集团人力物力资源的优越性开始体现出来，它的军事装备已赶上同盟国，而军力则继续领先。在 1916 年的几次重大战役中，同盟国各国都遭到严重挫败，形势越来越不利。而协约国虽然未能击溃同盟国，但军事力量却在日益增长，并逐渐掌握了战略主动权。

1917 年 11 月 7 日，俄国爆发了十月社会主义革命，以列宁为首的苏维埃政府宣布退出帝国主义大战，德国又鼓起了战争勇气，集中兵力对西线作战。德军统帅部把英军作为攻击的首要目标，企图击败英军后占领法国海岸，而后围歼法军。1918 年 3 月，德军集结 190 多个师连续发动 4 次战役，在英法联军的抵抗下，损失 70 多万人。7 月中旬，德军的进攻力量枯竭。

美国军队陆续赶到，增强了英法打败德军的决心。7 月 24 日，

▲法军在战争后期逐渐掌握了主动权，图为法国空军在对撤退中的德军阵地进行轰炸。

协约国制订反攻计划：先打通被德军在马恩河、亚眠、圣米耶尔切断的铁路交通，然后实施全面反击，彻底打败德军。

7月18日，大规模反攻开始，经过埃纳－马恩河战役、亚眠战役和圣米耶尔三场战役，德军节节败退。9月26日，联军总攻开始，28日，德军登堡防线全面崩溃。29日，同盟国保加利亚投降。接着土耳其、奥地利相继签订停战协议。11月，《康边停战协定》签订，第一次世界大战以同盟国的失败而告终。

第一次世界大战的性质是一场帝国主义争霸战争，前后持续了51个月，有15亿人口被卷入战争，世界各国损失惨重。第一次世界大战使德、奥、俄、土这4个帝国覆灭，英、法被削弱，美、日兴起，俄国建立了社会主义政权，对此后的世界格局影响很大。

世界现代史

十月革命

第一次世界大战进行到 1917 年时，饱受压迫奴役之苦的俄国人民不堪战争的重负，为了获得土地、和平和面包，他们再次掀起革命斗争的高潮。

1917 年 3 月 15 日（俄历 2 月 27 日），工人和革命士兵在彼得格勒发动武装起义，推翻了沙皇政府，统治俄国 300 多年的罗曼诺夫王朝垮台了。这次革命史称"二月革命"。

二月革命以后，俄国出现了两个政权并存的局面，一个是资产阶级临时政府，它掌握着各级权力机构，另一个是工人士兵代表苏维埃，它得到工农的支持，拥有实权，但它只是辅助性政权。两个政权并存的局面不可能长久维持下去，随着形势的发展，其中一个必然要化为乌有。

在这种复杂的形势下，1917 年 4 月，长期流亡国外的列宁回到了彼得格勒。他在党的会议上做了被称为《四月提纲》的报告。列宁指出，俄国革命必须从资产阶级民主革命向无产阶级社会主义革命过渡；无产阶级和贫苦农民必须夺取政权，建立苏维埃共和国。列宁还号召布尔什维克党积极准备新的革命。《四月提纲》指明了俄国革命的方向。

1917 年 7 月，俄军在前线的进攻遭到惨败。消息传到彼得格勒以后，工人和士兵满腔怒火。他们走上街头，举行示威，要求全部权力归苏维埃，游行遭到临时政府派的血腥镇压，史称"七月革命"。两个政权并存的局面不复存在，临时政府掌握了全部权力，开始大肆逮捕布尔什维克和革命群众。布尔什维克党的活动转入地下。

8 月，布尔什维克党召开代表大会，确定了武装起义的方针。9 月，俄军最高总司令科尔尼洛夫下令向彼得格勒推进，企图武力镇压革命力量，建立军事独裁政权。在布尔什维克党的领导下，科尔尼洛夫的计划被粉碎。国内阶级的力量对比发生巨大变化。临时政府的支柱——军队瓦解。布尔什维克党的威信空前提高，革命形势日趋成熟。

1917 年俄历 10 月 7 日，列宁秘密回到彼得格勒，筹备武装起义。10 月 10 日，党中央开会讨论武装起义问题。会上讨论了列宁的报告，最后，

《四月提纲》

1917 年 4 月 17 日（俄历 4 月 4 日）列宁在布尔什维克代表会议上所做的《论无产阶级在这次革命中的任务》的报告。因发表在四月，故称《四月提纲》。提纲指出：当前俄国的特点是从革命的第一阶段过渡到第二阶段，即从资产阶级民主革命过渡到无产阶级社会主义革命；政权应该转到无产阶级和贫苦农民手中；不要议会制共和国；资产阶级临时政府所继续的战争仍是帝国主义性质的战争，要摆脱这场战争，就必须进行社会主义革命，推翻资产阶级的统治。还提出了"不给临时政府以任何支持"和"全部政权归苏维埃"的口号。并在经济上提出，没收地主土地，实行土地、银行国有化，由工兵代表苏维埃对社会生产和分配实行监督。《四月提纲》为布尔什维克党明确规定了从资产阶级民主革命过渡到社会主义革命的路线，指明了革命发展的道路。

并且业已完全成熟。"尽管季诺维也夫、加米涅夫在会上投了反对票，但会议仍然同意他们参加由列宁、托洛茨基、斯大林等组成的七人政治局，负责武装起义的政治领导工作。

1917 年俄历 10 月 18 日，孟什维克左翼的《新生活报》刊登了季诺维也夫和加米涅夫关于反对发动武装起义的文章，从而泄露了武装起义的机密。列宁称之为"叛变活动"，随即加紧了起义的具体准备工作。

布尔什维克党面对急剧变化的革命形势，决定提前起义。俄历 10 月 24 日上午，军事革命委员会向刚刚组建的卫戍部队发出战斗命令。当晚又下令波罗的海舰队的水兵开赴首都参加战斗，赤卫队受命守卫工厂和设备以及斯莫尔尼宫。起义的发动工作进行得十分顺利，起义者在 24 日上午就按计划占领了事先规定的地点。当晚，列宁来到斯莫尔尼宫，亲自指挥起义。从 24 日晚到 25 日晨，卫戍部队、赤卫队和水兵采取联合行动，夺取了主要桥梁、火车站、邮政总局、政府机关、中央发电厂等战略据点，只剩下临时政府所在地冬宫、军区司令部大楼和预备国会所在地玛丽娅宫尚未被攻克，彼得格勒武装起义取得了初步胜利。

俄历10月25日上午10时，彼得格勒苏维埃军事革命委员会发布了列宁起草的《告俄国公民书》，下

▲冬宫前的广场及凯旋门

十月革命前，俄国临时政府的驻地即在冬宫。

午6时，约2万名起义者包围了冬宫。龟缩在冬宫的临时政府妄图负隅顽抗，拒绝接受战地指挥部发出的令其20分钟内投降的最后通牒。晚9时40分，彼得保罗要塞的大炮开始向冬宫轰击，停泊在涅瓦河畔的"阿芙乐尔号"巡洋舰也响起了炮声。接着，起义者向冬宫发起进攻，并很快就突破了冬宫的外围防线。俄历10月26日凌晨2时10分，攻下了冬宫。2时35分，彼得格勒苏维埃在斯莫尔尼宫召开紧急会议，列宁在会上郑重宣布，权力归军事革命委员会为代表的苏维埃。至此，彼得格勒武装起义取得了决定性的胜利，社会主义的曙光在彼得格勒的上空闪耀。彼得格勒胜利是通过暴力革命取得的胜利，也是十月社会主义革命进程中最为重要的一笔。

1917年俄历10月25日晚10时4吩，第一届中央执行委员会代理主席、孟什维克党人唐恩宣布大会开幕。当10月26日凌晨，起义队伍攻下冬宫和逮捕临时政府成员的消息传到会场时，全场顿时沸腾起来。接着，卢那察尔斯基宣读了列宁起草的《告工人、士兵和农民书》，选出了由101人组成的全俄中央执行委员会。至此，世界上第一个无产阶级专政国家诞生了。

德国革命爆发

19 世纪中后期，普鲁士经过 3 次王朝战争，统一了德国，并确立了容克资产阶级在德国的统治，使德国走上了发展资本主义的道路。德国资本主义保留了浓厚的封建残余：政治上，保留了半专制主义的君主制度，容克地主在政治生活中占据很高的地位，人民很少有自由民主权利；经济上，封建容克土地所有制占优势，容克地主与垄断资本紧密勾结，对广大人民实行残酷的剥削。第一次世界大战爆发后，德国经济濒临崩溃，劳动人民陷入困境，国内阶级矛盾进一步加剧。

1918 年初，德国各地爆发了工人罢工运动，并在罢工过程中建立了工人代表苏维埃。1918 年秋，德军在前线接连不断地失利，败局已定，士兵的厌战情绪日益高涨，革命形势日益成熟。11 月 3 日，基尔的

斯巴达克团

德国社会民主党左派成立的革命组织。第一次世界大战前，德国社会民主党即已分成左、中、右三派。大战爆发后，以卡尔·李卜克内西、罗莎·卢森堡等人为首的左派坚持马克思主义，反对帝国主义战争，主张重建工人阶级的国际组织。1916 年 1 月在柏林召开的全国代表会议通过了《国际社会党人的任务提纲》，坚持阶级斗争和无产阶级的国际团结，主张反帝反战，清除资产阶级民族主义对无产阶级的影响，决定出版刊物《政治书信》，后改为《斯巴达克书信》，左派即称"斯巴达克团"，一月会议为其成立标志。斯巴达克团广泛开展革命宣传活动，组织领导工人斗争和反战运动，领导和推动德国十一月革命，提出建立苏维埃政权，实现社会主义革命的目标。1918 年 11 月改组为斯巴达克同盟，12 月全国代表会议决定成立独立的德国共产党。

▲德国工人阶级组织起来举行游行示威，直接促成了德国共产党的成立。

水兵、士兵和工人举行起义，到 5 日时，苏维埃掌握了基尔的全部政权。基尔起义吹响了德国十一月革命的号角，革命迅速向全国蔓延。11 月 9 日，柏林数十万工人和士兵举行了总罢工和武装起义，推翻了霍亨索伦统治的王朝。同一天，德国社会民主党领导人谢德曼和斯巴达克派领导人李卜克内西分别宣布德国为"德意志共和国"和"自由社会主义共和国"。

1918 年 11 月 10 日，德国社会民主党和独立社会民主党联合组成了以艾伯特为首的资产阶级性质的临时政府——人民委员会。临时政府成立后，人民委员会实行了一些资产阶级民主性质的改革，但保留了原有的国家机器，解散了工人武装，实行敌视苏俄的外交政策，反对革命继续发展。德国革命有停留在资产阶级民主革命阶段的危险。

为了推动革命继续前进，斯巴达克派积极进行活动。1918 年 11 月 11 日，斯巴达克派进行了改组，更名为"斯巴达克同盟"。12 月 29 日，斯巴达克同盟举行了全国代表大会，决定与独立社会民主党彻底决裂，成立德国共产党。12 月 30 日，德国共产党宣告诞生。

为防止德共领导革命向前发展，艾伯特政府寻机对德共进行镇压。1919 年 1 月 4 日，艾伯特政府宣布解除独立社会民主党人埃希霍恩的柏林警察总监职务，这一决定激起了柏林工人的极大愤怒。1 月 5 日，柏林 15 万工人举行了声势浩大的示威游行，结果遭到了艾伯特政府的血腥镇压，德国工人阶级的杰出领袖卡尔·李卜克内西和罗莎·卢森堡被杀害。在镇压柏林一月起义的恐怖气氛中，德国

▲罗莎·卢森堡

国民议会于 1919 年 2 月在魏玛召开，制定了资产阶级民主性质的《魏玛宪法》，这部宪法宣布德国是共和国，同时宣布私有财产不可侵犯，并规定了资产阶级的民主自由权利。根据三权分立的原则，宪法规定在德国实行议会民主制，并给予总统以广泛的权力。宪法中也包括一些有利于劳动者的内容，如规定国家为了公共福利可以实行社会化政策；职工在名义上可以和雇主在工资、劳动条件等方面有"共同决定权"；成立工人委员会，保护工人和雇员的社会经济利益。这样，《魏玛宪法》在维护资产阶级和容克地主利益的基础上，也确认了人民经过革命争得的一部分民主权利。宪法全文共 181 条，是德意志共和国的基本组织法。《魏玛宪法》实施后，德国进入魏玛共和国时期。

魏玛共和国在政治上加强垄断资本的政治统治，削弱工人民主权利；在经济上大力扶植垄断资本，借助外国资本的流入发展经济，使德国工业生产 1929 年跃居资本主义世界第二位。1925 年加入国际联盟并任常任理事国，重新取得欧洲大国的地位。1929 年，受到世界经济危机严重打击，国内矛盾激化，革命形势高涨，政局动荡。垄断资本遂支持希特勒于 1933 年上台，建立法西斯政权，魏玛共和国宣告解体。

巴黎和会与凡尔赛体系

巴黎和会于 1919 年 1 月 18 日—6 月 28 日在巴黎近郊的凡尔赛宫召开。参加巴黎和会的共有 27 个国家，1000 多名代表。按照享有权利的不同，与会国被分成 4 类：第一类是享有整体利益的国家，即英、法、美、日、意五强国，它们可以参加任何会议；第二类是享有局部利益的国家，它们是第一次世界大战中对同盟国作战的国家，它们只能出席有关问题的会议；第三类是第一次世界大战中与德、奥断绝外交关系的国家，它们只有在讨论涉及本国问题时才能出席会议；第四类是中立国和即将成立的国家，它们只有在五强国邀请下，才能出席有关问题的会议。

巴黎和会主要对以下几个议题进行了讨论：

第一，建立国际联盟问题。会议刚开始，威尔逊便提出讨论建立国际联盟的问题，但英、法更关心殖民地和领土问题，反对首先讨论国联问题。

▲各国代表在和约上签字

经过争论，最后决定将国联问题交给威尔逊主持的专门委员会讨论。经过讨价还价，最后通过了一个在英美方案折中基础上的《国际联盟盟约》。

第二，德国的边界问题。这是对德和约的主要问题，也是会议争论的热点问题之一。法国要求德国不仅要归还阿尔萨斯和洛林，而且要求以莱茵河为德、法之间的边界，并主张分割德国的其他领土。英、美不愿德国过分被削弱，极力反对法国的要求。经过激烈争论，三国最终以英国提出的《丹枫白露文件》为基础达成了协议。

第三，关于德国的赔款问题。在这个问题上，英、法、美三国同样进行了激烈的争吵，无论是在赔款数目上还是在赔款的分配办法上，三国都存在着许多分歧。

第四，中国山东问题。中国作为战胜国，在会上提出了收回德国在山东的一切非法权益的要求，而日本则以中、日之间签订的协议为由，要求将德国在山东的一切权益全部转让给日本。美国主张将德国在山东的权益先由国际共管，等山东完全开放后再交还中国。英、法、意则始终支持日本的无理要求。最后，美国也向日本让步，致使日本的要求得到了满足。

第五，俄罗斯问题。对于俄国建立的苏维埃政权，帝国主义各国都耿耿于怀。在和会上，英、法、美三国都主张对苏俄进行干涉，但通过什么方式却意见不同。法国极力主张武装干涉，但英、美则倾向于通过外交途径解决。最终通过了对苏俄进行经济封锁的计划，以遏止其革命的发展。

巴黎和会是帝国主义的分赃会议。帝国主义战胜国都力图借此机会掠夺战败国，抢占弱小国家的丰富资源，以扩大自己的势力范围。最终，与会各帝国主义国家根据自己的实力对欧洲进行了重新划分。在经过几个月的激烈争吵之后，列强终于完成了对德国的分赃，于1919年6月28日在凡尔赛宫签订了《协约国和参战各国对德和约》，即《凡尔赛和约》。和约是在战胜国列强宰割战败国和牺牲弱小民族的基础上订立的，它为第二次世界大战的爆发埋下了祸根。

和约在德国领土的问题上规定：德国西部边界恢复到1870年—1871年的状况，阿尔萨斯和洛林重归法国；萨尔区的行政权由国联代管，15年后进行公民投票决定其归属，萨尔煤矿由法国开采；莱茵河右岸作为非军事区，不得设防，左岸分成三个占领区，分别由协约国占领5年、10年、15年；在东部，德国承认波兰独立，并将一部分领土划归波兰；在南部，德国承认奥地利独立，德、奥永远不合并；在北部，将德国与丹麦之间的部分领土划归比利时和丹麦。

关于德国的殖民地，由战胜国以委任统治的形式加以分割。

和约在德国军备的问题上规定：德国废除普遍义务兵役制，解散总参谋部；陆军人数不得超过10万，海军不得拥有主力舰和潜水艇，不得拥有空军。德国必须拆除西部边境线上的防御工事，但仍可保留沿海和东线的军事工程。

国际联盟

国际联盟是第一次世界大战后建立的国际组织，简称国联。1920年1月成立，总部设在日内瓦。成立时会员国有44个，后增到60多个。美国本是其主要倡议者，但因争夺领导权失败而未参加。设有会员国全体代表大会、行政院、秘书处，附设国际法庭、国际劳工局等常设机构。行政院由英、法、意、日4个常任理事国和经大会选出的4个非常任理事国的代表组成。大会和行政院的决议，除程序问题和盟约另有规定者外，须经全体一致通过。由于战后人民反战情绪高涨，国联盟约规定要裁减军备、制裁侵略，但这些规定根本不能实现。国联盟约还规定了"委任统治"制度，即战败国的殖民地和领地以"委任统治"的形式由战胜国瓜分。国联自成立之日起即为英、法所操纵，实质是帝国主义国家推行侵略政策、重新瓜分殖民地的工具。1946年4月宣告解散。

关于德国赔款问题，和约规定：由协约国专门委员会加以确定。在此之前，德国应于 1921 年 5 月 1 日前支付 200 亿金马克的现金和各种实物，德国负担占领军的全部费用。

德国和约签订后，战胜国立即与德国的战时盟国签订了一系列条约。1919 年 9 月 10 日，协约国与奥地利签订了《圣日耳曼条约》。条约规定奥地利废除征兵制，陆军不得超过 3 万人，赔款数额必须在 30 年内付清，等等。协约国又同保加利亚在巴黎近郊的纳依签订《纳依条约》，规定：西色雷斯交给战胜国代管；保加利亚必须废除义务兵役制，陆军不得超过 2 万人；偿付 4.45 亿美元的战争赔款。而后，战胜国在凡尔赛的特里亚农宫与匈牙利签订了《特里亚农条约》。根据条约，匈牙利只剩下了原来国土的 28.6%，陆军限额为 3.5 万人，赔款 22 亿金法郎。1920 年 8 月 10 日，在巴黎近郊的色佛尔，战胜国与土耳其苏丹政府签订了《色佛尔条约》，这一条约使土耳其失去了五分之四的领土，财政经济由战胜国监督。

以上这些条约同《凡尔赛和约》《国际联盟盟约》一起形成了一个互为联系的条约体系，建立了帝国主义在欧洲、西亚和非洲的国际新秩序，使这些地区的政治、经济、军事活动又重新纳入了列强所控制的轨道，这一体系被称为"凡尔赛体系"。

华盛顿会议

第一次世界大战前，在远东和太平洋地区争霸的是英、法、俄、日、德、美六国。战后，德国败北，沙俄消亡，法国则忙于医治战争创伤和处理欧洲事务。因此，在亚太地区便形成了英、美、日三国角逐争霸的局面。在远东和太平洋地区，主要矛盾是美、日矛盾。大战期间，日本趁欧美国家忙于战事之机，夺取了德国在中国和太平洋上的殖民权益，形成了远东和太平洋地区事实上的独霸局面，从而加剧了列强间的利害冲突。美、英、日三国在亚太地区展开的激烈争斗，主要表现在三国的海军军备竞赛上。美国看出要在海上获得优势，还需要花些时间，便想通过外交途径来制约竞争对手。

十四点原则

　　"十四点原则"是美国总统威尔逊为结束第一次世界大战而提出的纲领。1918 年 1 月威尔逊在国会的演说中提出了"十四点原则"。其主要内容是：公开订立和平条约；航海自由；消除国际贸易障碍；各国军备裁减到同国内安全相一致的最低点；"公正调整"殖民地；德军撤出俄国，调整俄国问题；德军撤出法国，并归还阿尔萨斯、洛林；德军撤出比利时；重新调整意大利边界；奥匈各族自治；重新调整巴尔干国家领土；奥斯曼帝国境内非土耳其族自治，开放达达尼尔海峡；重建波兰；建立国际联盟。"十四点原则"的真实意图是，美国利用其经济优势来夺取世界市场和殖民地，取消在大战初期签订的未包括美国的分赃密约，并通过国际联盟来操纵国际事务。它是美国企图越出美洲、争夺世界霸权的纲领。

　　1921 年 8 月 11 日，美国正式向远东互有利害关系的 8 个国家：英、日、中、法、意、比、荷、葡发出邀请，参加华盛顿会议。1921 年 11 月 12 日，华盛顿会议开幕。美国在会议中居主导地位，列入会议正式议程的问题有两项：一是限制海军军备，二是太平洋及远东问题。

　　经过近 3 个月的争吵，会议于 1922 年 2 月 6 日闭幕。会议缔结了 7 项条约和 12 项决议案，主要有《四国条约》《五国海军协定》《九国公约》和中、日《解决山东悬案条约》。

　　美国主张废除英日同盟。英日同盟问题虽然未被列入会议议程，但第一次世界大战后，英日同盟成为美国争霸远东和太平洋地区的障碍。因此，美国把废除英日同盟视

▲ 1921 年，英国失业的退役军人在街上当叫卖的小贩。

▲参加华盛顿会议的各国代表在《五国海军条约》上签字

《五国海军条约》的签订是列强在海上实力对比问题上暂时妥协的结果，它使美国在海军军备上取得了与英国相等的地位，从而标志着英国海上霸权的终结。但条约只对两类舰种做了限制，因此并未从根本上缓和列强对海上霸权的争夺。

为自己的头等大事。经美、英、日代表私下磋商和法国同意，1921年12月13日，四国共同签署了《关于太平洋区域岛屿属地和领地的条约》，简称《四国条约》。条约规定：缔约各国相互尊重它们在太平洋区域内岛屿属地和领地的权利；如上述权利遭到任何国家侵略或威胁时，缔约国应进行协商，以便联合或单独地采取应对措施；条约生效后，英日同盟应予终止。《四国条约》以体面的形式埋葬了英日同盟，这是美国外交史上的一大胜利。

关于中国"门户开放"原则的《九国公约》与中日解决山东问题的条约方面，在华盛顿会议上，中国政府迫于中国人民反帝斗争的压力，提出了取消《凡尔赛条约》中关于山东的条款、要日本放弃"二十一条"等一系列正当要求。由于美日矛盾激化，中国政府的一些反日要求得到了美国的支持。1922年2月4日，中日签订了《解决山东悬案条约》及《附约》，规定：恢复中国对山东的主权，日军撤出山东，归还胶济铁路，但中国要以铁路产值偿还日本。山东问题的解决，为贯彻美国的意图扫除了障碍。1922年2月6日，与会九国共同签署了《九国公约》，公约声称尊重中国的独立和领土完整，遵守在中国之"门户开放"和各国商务实业机会均等的原则。

华盛顿会议是巴黎和会的延续，它在承认美国在远东及太平洋地区占优势的基础上，建立了战后帝国主义列强在亚太地区新的国际关系结构，被称为"华盛顿体系"。由凡尔赛体系和华盛顿体系构成的帝国主义国际关系新格局，标志着帝国主义战胜国完成了全球范围内对世界秩序的重新安排，史称"凡尔赛–华盛顿体系"。它调整了帝国主义的关系，暂时缓解了它们的矛盾，并巩固了它们的既得利益。20世纪30年代，随着资本主义政治经济危机的加深，德、日先后建立了法西斯专政，形成了欧、亚两个战争策源地，该体系开始局部瓦解。1939 年 9 月，德国突袭波兰，英、法对德宣战，第二次世界大战全面爆发，该体系彻底崩溃。

苏联建立

苏维埃社会主义共和国联盟，简称苏联。它是在俄国十月革命胜利的基础上建立起来的。

十月革命胜利以后，俄国各地区的被压迫民族纷纷建立起自己的民族国家和民族政权组织。从 1917 年底至 1921 年，乌克兰、白俄罗斯、立陶宛、拉脱维亚、爱沙尼亚、阿塞拜疆、亚美尼亚、格鲁吉亚等宣布成立独立的民族国家，建立了苏维埃政权。在外国帝国主义武装干涉和国内反革命武装叛乱的严峻形势下，它们建立了密切的军事、经济和外交方面的联系，签订了相互合作条约。为了打破帝国主义的包围和封锁，尽快恢复被战争破坏的国民经济，进一步巩固和壮大无产阶级政权，联合各民族人民共同走上社会主义道路，各苏维埃共和国需要建立更加紧密的合作关系。

1922 年 8 月，俄共（布）中央政治局成立专门委员会，由斯大林主持工作。负责讨论各苏维埃共和国联合的问题。9 月，委员会通过了斯大林提出的《关于俄罗斯苏维埃联邦共和国同各独立苏维埃共和国的相互关系的决议草案》。这个"自治化"方案严重削弱了各苏维埃共和国的独立自主权。各苏维埃共和国在讨论这个决议草案时产生了严重分歧，少数赞成，多数反对。

列宁严厉批评了斯大林的"自治化"方案。他认为各苏维埃共和国必须保持平等的地位，联合成为新的民主联盟国家，建立平等的、民主的苏维埃社会主义共和国联盟国家。他坚持俄罗斯联邦、乌克兰、白俄罗斯、南高加索联邦（包括阿塞拜

▲托洛茨基（第二排左四）视察莫斯科苏联军事研究院时与研究员们合影留念。

▲《伟大的无产阶级领袖们》（宣传画）

疆、亚美尼亚、格鲁吉亚3个苏维埃共和国）必须按照自愿和平等的原则加入新的联邦制国家，建立新的全联盟中央机构。根据列宁的建议，委员会重新制定了联合决议草案，确认乌克兰、白俄罗斯、南高加索联邦共和国同俄罗斯联邦共和国必须缔结关于组成新的联邦制国家的条约，选举新的全联盟中央执行委员会，作为统一联邦制国家的最高权力机关。

1922年12月30日，苏联第一次苏维埃代表大会在莫斯科举行。大会批准了《苏维埃社会主义共和国联盟成立宣言》和《苏维埃社会主义共和国联盟成立条约》，宣告苏维埃社会主义共和国联盟正式成立。1924年1月，苏联通过了第一部宪法，把苏维埃共和国联盟的形式固定下来。

战时共产主义政策

1918年夏—1921年春，苏维埃俄国针对战时物资极度匮乏的情况采取的一种临时经济政策，亦称军事共产主义政策。主要包括如下几个方面：实行余粮征集制，国家组织工人征粮队，征收农民的全部余粮，甚至部分口粮；工业企业实行普遍国有化；禁止私人贸易，实行贸易垄断制；规定居民的生活必需品全部由国家和合作社经销；实行口粮和生活必需品的配给制以及实物工资；实行高度集中的总管理局体制；实行"不劳动者不得食"的普及一切阶级的劳动义务制。战时共产主义政策使苏维埃俄国能够集中全国的财力、物力用于前线，对国内战争的胜利起到了重要的作用。但由于其实施超过了一定的限度，对经济的发展起了一定的消极影响，在后期引起农民的不满。内战结束，进入恢复国民经济时期后，它被新经济政策所代替。

苏联成立宣言和苏联成立条约、1924 年苏联宪法及其他立法对联邦制国家的运行做出了一些原则规定：苏联是由各个平等的苏维埃共和国自愿联合组成的社会主义联邦制国家；各加盟共和国享有主权国家地位，在苏联宪法规定的分权范围内独立行使自己的国家权力；各加盟共和国享有自由退出联盟的权利。联盟国家最高权力机关为联盟苏维埃代表大会，苏维埃代表大会闭会期间联盟中央执行委员会为最高权力机关。

1922 年 12 月成立时，苏联由俄罗斯联邦、南高加索联邦、乌克兰、白俄罗斯 4 个苏维埃共和国组成。此后，1924 年—1936 年，中亚地区先后成立了乌兹别克、塔吉克、土库曼、哈萨克、吉尔吉斯 5 个苏维埃共和国，它们作为主权共和国加入了苏联。1936 年 12 月初，将南高加索联邦划分成阿塞拜疆、亚美尼亚、格鲁吉亚 3 个主权苏维埃共和国并加入了苏联。1940 年 6 月，苏联政府派兵进驻波罗的海地区的立陶宛、拉脱维亚、爱沙尼亚三国。8 月，苏联以武力强行改组三国政府，将三国变为苏维埃共和国并入苏联。到 1940 年，先后有 15 个加盟共和国加入苏联。苏联成为一个统一的、多民族的社会主义联邦制国家。

斯大林模式

列宁逝世后，托洛茨基再度提出"不断革命"理论。他认为在俄国这样一个农民占绝大多数的落后国家，苏维埃政权所面临的问题只有在国际范围，即无产阶级世界革命的基础上才能得以根本解决，为此，他认为列宁的新经济政策只是等待欧洲革命爆发的权宜之计。这一观点最初得到了包括斯大林在内的党内大多数人的认同，但随着形势的发展与变化，现实让斯大林等人的观点发生了改变。斯大林开始思考是否能首先

▲苏维埃标志

▲为把苏联建设成为社会主义国家，斯大林领导苏联人民大干社会主义建设。（宣传画）

在一个国家内开始建设社会主义，并得以完成。在1925年12月召开的联共（布）第十四次代表大会上，斯大林系统提出和阐述了自己的这一理论，认为在苏联率先展开社会主义建设的条件已经具备，其论据是政治上无产阶级已经夺取政权，工、农之间尽管还存在着待解决的矛盾，但根本利益相同，农民完全可以在工人阶级的领导下，通过社会主义改造走上社会主义道路。而在经济上，一个国家可以依靠本国力量建立起社会主义的经济基础；与此同时，世界资本主义经济发展的不均衡导致资本主义国家内部的竞争和利益冲突不可避免地加剧，从而削弱其力量；并且各国掀起的民族独立等革命运动，也构成了强大牵制；这些外部因素也为在苏联一国首先展开社会主义建设，争取了一定的有利时间和空间。斯大林同时强调，一国的社会主义建成并非社会主义最终的胜利，应该将二者严格加以区别。他认为社会主义国家内部矛盾可以通过建立工农联盟加以克服；至于无产阶级专政国家与资本主义各国之间的矛盾，无法靠一国力量来克服，解决这一矛盾有待无产阶级世界革命的全面胜利。

斯大林的这一理论被广泛接受，成为苏联进行社会主义建设的指导思想。从1926年起，实现苏联社会主义工业化的运动全面展开。其基本手段是优先发展重工业，实行统一计划，集中管理，高积累、高速度，迅速消灭非社会主义经济成分。1927年12月，联共（布）第十五大通过"关于制定国民经济五年计划的指示"的决议，指出应注意消除国民经济中的不平衡，正确处理工业与农业、重工业与轻工业、积累与消费等的比例关系，进一步强调了重工业高速发展的意义，并起草了两个一五计划方案，即最高和最低方案。

斯大林经济模式

20世纪30年代，苏联开启高度集中的经济管理模式。这一模式有着下述几个主要特点：高度集中的部门管理；具体体现为依托行政手段、通过指令性计划指标由国家控制企业和社会经济活动。财政上采取统收统一支出，减少中间环节和市场波动的影响；放弃资本在经济活动中的杠杆效用，企业生产所需资金由国家统一根据计划拨给。这一模式尽管存在诸多弊端，但在当时的特定历史条件下，通过把有限资源统一调配的方式形成合力，为工业化进程提供了物质的基础。1931年至1937年苏联经济的快速发展正是得益于这一模式，它帮助苏联由一个贫穷落后的农业国，迅速实现了全面工业化。

1928年开始，斯大林与布哈林就如何建设社会主义的问题展开了激烈的争论。到1929年4月召开的联共（布）中央全会，布哈林的观点遭到了批判，斯大林的社会主义经济建设的理论被联共（布）完全接受，"斯大林经济模式"由此形成，并对世界带来了深远影响。

美国爆发经济危机

资本主义从1924年起，进入了相对稳定时期。经过几年的恢复和发展，资本主义世界出现了繁荣景象，各主要资本主义国家的工业生产总值均大大超过战前的水平。经济的短暂繁荣，使资产阶级忘乎所以，声称资本主义已消灭了贫困，进入了"永久繁荣"阶段。然而，正当资产阶级扬扬得意之时，一场空前的大危机突然降临。

1929年10月，以纽约股票市场的崩溃为标志，美国爆发了一场资本主义生产过剩危机。它很快由美国向英国、加拿大、日本等主要资本主义国家蔓延，并波及许多殖民地、半殖民地国家和地区，席卷了整个资本主义世界。这次危机前后持续了4年，使整个资本主义世界经济损失2500亿

▲正当资本主义世界陶醉于数年来的繁荣之时，"黑色星期四"倏然降临。危机来临，许多美国人只能靠领救济金为生。

美元，比第一次世界大战的物质损耗还多 800 亿美元。它是资本主义世界较为严重的一次经济危机。

20 世纪 20 年代中期，对西方资本主义国家来说，是经济繁荣的大好时光。股票投机成风，人们似乎从不怀疑这个市场有朝一日会突然崩溃。1929 年 10 月 24 日，这一天突然乌云密布，股市暴跌，被西方世界称作"黑色星期四"。纽约股票市场开盘后一个小时内就抛出了 1300 万股，超出正常标准的 100 万股以上。虽然花旗银行、大通银行和其他两个大银行的总裁们在摩根公司大厦策划买进 2.4 亿美元进行干预，仍然无济于事。10 月 29 日这一天更糟，总共抛出股票 1650 万股。到 12 月底，纽约市场股票价值总共下跌了 450 亿美元左右。1929 年—1932 年，由于跌价而造成的证券贬值，美国为 840 亿美元。股市风波迅速席卷金融、工业、农业等各个领域，一场空前的世界经济大危机开始了。

在整个大危机期间，金融货币、信用和财政陷入全面危机。股票价格指数下降的幅度，美国为 51%，德国为 32%，日本为 45%。1931 年 5 月 11 日，奥地利最大的信用银行倒闭，各国随即引起向银行挤兑存款风潮，国际货币体系和传统金本位制面临严峻挑战。1931 年 7 月 13 日，德国达姆塔特国民银行宣告破产。1931 年 9 月 21 日，英国宣布放弃金本位，禁止黄金出口，英镑贬值近三分之一。随后，日本等 56 个国家纷纷宣布放弃金本位，货币贬值。此后，资本主义世界货币体系四分五裂，分裂成若干个区域性的货币体系。它造成了国际支付体系的普遍受阻、资本输出几乎停止和对外贸易的大萧条。1929 年—1933 年，美国破产的银行共 10500 家，占银行总数的 49%。美国的进出口在 1930 年为 10.1 亿美元，而 1933 年只有 10 万美元。英、法、德、日的进出口总额都减少了 61% 以上。

大危机使工业生产大幅度下降，大量企业倒闭，无数工人失业。1932 年的工业生产总值与 1929 年相比，美国下降了 46.2%，德国下降了 40.2%，日本下降了 37.4%，意大利下降了 33.2%，法国下降了 31.9%，英国下降了 20%。危机使资本主义世界的工业大约倒退了 20 年。重工业损失尤为严重。美国的机

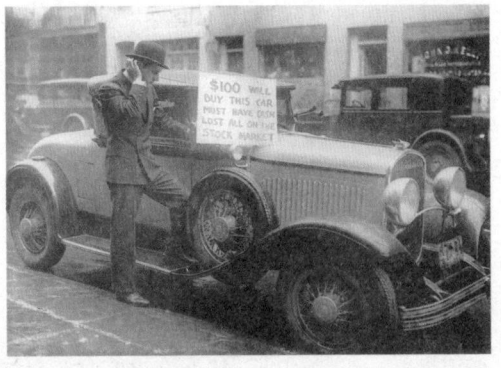

▲一位"黑色星期四"的受害者以 100 美元的价格出售他的汽车，以尽快得到现金。

床制造业产值下降了 80%，生铁下降了 79.4%，钢铁下降了 75.8%（倒退了 28 年），汽车下降了 74.6%，采煤下降了 40.9%。大危机使失业人数达到有史以来的最高纪录。美国的失业率高达 24.9%，德国为 26.3%，英国 21.3%。

柯立芝繁荣

20 世纪 20 年代美国经济的迅速发展和高涨，因其主要发生在柯立芝总统任内，故名。英、法、德经历第一次世界大战后，经济处于停滞或恢复状态，便于美国经济势力向外扩张。美国国内通过技术革新、固定资本更新和企业生产及管理的合理化，生产和资本的集中过程空前加速，经济发展迅速。国民生产总值和工业生产总值均创新纪录，汽车制造、电机电器制造和住宅建筑业发展尤其显著。到 1929 年，美国在资本主义世界工业生产的比重已达 48.5%，超过了当时英、法、德三国所占比重总和。但这种繁荣主要集中在部分工业部门和城市中，其他一些工业部门和农业的不景气，使美国经济发展很不平衡。并且由于股票投机成风，使繁荣本身带有一定虚假性。生产和资本的进一步集中则加深了资本主义社会的固有矛盾，孕育着新的危机。

大危机的蔓延造成了世界农业危机，涉及粮食种植业、畜牧业、林业等技术作业部门，造成生产的大破坏，农民收入大幅度减少，大量农民破产。在大危机的打击下，资本主义各国的国民收入大幅度下降，人民生活严重恶化。

伴随着资本世界的经济大危机，整个西方世界出现了社会大动荡，法西斯主义思潮泛滥，社会主义运动兴起，大规模的反饥饿运动和工人罢工运动高涨，各国面临严重的政治危机。

这次大危机的明显特点是持续时间长、危害程度深、渗透领域广，涉及全世界，影响深远。在大危机的谷底过后并未出现繁荣，而是持续萧条，到1937年又发生了短暂的经济危机。由于第二次世界大战的爆发，各国的经济才逐渐好转。

这次大危机是资本主义社会的周期性生产过剩危机。在某种意义上，这次大危机是第一次世界大战前后，资本主义世界潜在的经济问题和自由放任政策恶性发展相结合的产物。

20世纪30年代经济大危机使得传统的自由放任的庸俗经济学发生危机，也使人们对现代资本主义发生信任危机。资产阶级为了摆脱危机，维护本国的统治，分别走上了不同的道路。美国实行罗斯福新政，在资本主义民主的范围内，强化国家对资本的干预；德、意、日则疯狂对外侵略扩张，最终导致了第二次世界大战的爆发。

"圣雄"甘地

印度的民族解放运动是由印度民族资产阶级的政党——国大党领导的。国大党全称为"国民大会党"，领导人是莫汉达斯·卡拉姆昌德·甘地。甘地出身于印度一个土邦大臣家庭，7岁时，全家迁往拉吉科特，他便在当地读小学，12岁进入拉吉科特的阿弗列德中学。13岁时，根据印度教习俗，甘地与卡斯特巴尔结婚。1887年，甘地考取萨玛达斯学院，但因种种原因，在一学期后退学。1889年9月，他去英国留学，攻读法律。在英国期间，他读了大量的宗教书籍，这对他日后的非暴力思想的形成产生了很大影响。1891年，甘地考取了律师资格，学成归国。

1893 年，甘地因为办案到了南非并在那里定居，他的非暴力抵抗思想就是在那里发展起来并得到实践的。甘地看到印度侨民在南非受到了种种不公正的待遇，就组织了一个印侨团体"纳塔尔印度人大会"，以非暴力的方式为印度侨民争取平等待遇，产生了很大影响，迫使南非政府废除了针对印侨的人头税，并承认印度的合法婚姻在南非有效。

▲甘地在"非暴力不合作运动"中纺线的情形

甘地回国后，受到印度民族资产阶级的热烈欢迎，被称为"圣雄"。他的非暴力主张，也深得资产阶级和国大党稳健派的支持。甘地后来成为国大党的领袖。

1914 年，在南非生活了 21 年的甘地偕夫人回国。第一次世界大战爆发后，他在伦敦召集印度侨民组成志愿救护队，后来又在印度为英国招募士兵，希望以此感化英国，换取印度的自治。然而，第一次世界大战结束后，英国非但没有满足印度人民的自治要求，反而颁布了压制印度民族解放运动的《罗拉特法案》。甘地马上组织起非暴力运动，号召全国总罢工，要求印度人民绝食和祈祷，以示抗议。1919 年，甘地第一次提出了针对英国政府的"非暴力不合作"主张，主要内容是印度人抵制英国殖民政府的学校、法庭、立法机关，抵制英国货和不接受英方委任的国家职务。

1919 年 4 月 6 日，国大党根据甘地的建议，决定举行全国总罢工，和平抵制《罗拉特法案》。在印度全国人民反英斗争的推动下，为了将斗争推上非暴力的轨道，1920 年 12 月，国大党在那格普尔召开年会，通过了甘地拟订的"非暴力不合作计划"。

国大党的"非暴力不合作计划"得到了各阶层人民的广泛响应，非暴力不合作运动在印度各地轰轰烈烈地开展起来。1921 年，群众运动达到了高潮，工人运动与农民运动相结合，各教派的教徒并肩战斗。在斗争过程中，许多地方的群众冲破了国大党非暴力的限制，袭击并烧毁了警察所，

▲在这艘象征印度驶向光明彼岸的大船上，手持竹竿的甘地是领路人和掌舵者。

烧死了警察，结果遭到殖民当局的残酷报复。暴力事件发生后，甘地认为这是自己的最惨痛的耻辱。1922年2月12日，国大党在巴多利召开紧急会议，决定停止非暴力不合作运动。第一次非暴力不合作运动至此宣告失败。

1929年—1933年的资本主义世界发生经济危机，印度经济也受到了冲击，工农业生产严重萎缩。而英国为了转嫁危机，加强了对印度的剥削，致使印度的民族矛盾再度激化，导致了民族解放运动的再次高涨。

在日益高涨的工农运动的推动下，国大党激进派代表贾瓦哈拉瓦·尼赫鲁积极主张争取印度独立，并于1928年当选为国大党主席。1929年12月，国大党在拉合尔召开年会，通过了"争取印度完全独立"和"发动和平抵抗运动"的决议，并将1930年1月26日定为印度独立日。

1930年2月，国大党授权甘地领导第二次非暴力不合作运动。这次运动是从甘地的"食盐进军"开始的。3月12日，甘地率领78名信徒从阿麦达巴德出发，步行去往丹地海滨。甘地的行动得到了沿途广大群众的拥护和支持，抗英斗争迅速在全国开展起来。尽管甘地力图把运动限制在和平抵抗的范围内，但许多地方的斗争发展成了暴力行动。1930年4月爆发了白沙瓦起义，5月爆发了绍拉普尔起义。这两次起义虽然都遭到了血腥镇压，但却将第二次非暴力不合作运动推向了高潮。

甘地领导的两次非暴力不合作运动，唤起了印度人民的民族觉悟，沉重打击了英国的殖民统治，奠定了印度独立的基础。作为印度民族资产阶级的代表人物，甘地自始至终参与并领导了这两次运动，为印度民族独立做出了卓越贡献，被印度人民誉为"圣雄"和"国父"。

▲ 1930 年 3 月，甘地率 78 名信徒开始"食盐进军"，揭开了第二次"非暴力不合作运动"的序幕。

法西斯主义思潮泛滥

在世界经济大危机期间，有资产阶级民主传统的美、英、法等国家法西斯主义思潮开始泛滥。

美国在 20 世纪 30 年代初，出现了众多的法西斯团体，如黑衣社、白衣社、民兵团、美国民族主义党、美国自由同盟、三 K 党等法西斯组织和右翼团体。1934 年 11 月，在"美国军团"和部分华尔街大资本家的策划下，由巴特勒将军率领 50 万退伍军人向华盛顿进军，企图发动法西斯政变，但最终未能得逞。福特汽车公司同法西斯组织联系密切，亨利·福特在 20 世纪 20 年代就开始资助希特勒的纳粹活动，他是被德国政府授予日耳曼大十字勋章的第一个美国人。1936 年出现的"德美联盟"是受戈培尔控制和纳粹指挥的法西斯团体，它指挥着在美国的 160 万德籍居民中的法西斯分子，并在各大城市设有分会。资产阶级的一些上层人物也公开叫嚷要建立独裁统治。堪萨斯州的州长艾尔弗雷德·兰登声称，宁可实行独裁统治，也不可让国家瘫痪。

美国面临着法西斯主义的现实威胁，有人甚至提出美国需要一个墨索里尼，实行法西斯统治，但是法西斯势力始终未能掌握政权。原因是美国

▲第二次世界大战前，美国少数人为希特勒的疯狂魔力所惑，效仿纳粹军礼。

自建国以来就具有较深厚的民主自由传统，资产阶级民主制度在民众中有广泛的影响；另外，资产阶级两党都不愿法西斯上台，他们宁愿寻求资产阶级民主制度的新模式，也不愿接受法西斯独裁。在经济上，美国垄断资本乐于通过经济扩张争夺世界霸权，并不像德、意、日垄断资产阶级那样急于通过发动战争来重新瓜分世界。此外，美国垄断资产阶级不像德国垄断资产阶级那样面临着无产阶级的危机，美国中产阶级与农场主也不像德国的中产阶级和地主那样倾向于垄断资产阶级右翼。

法西斯主义

第一次世界大战后出现的鼓吹种族主义、专制独裁和侵略扩张的政治理论、运动和政权形式。"法西斯"一词源于拉丁文，象征强权和暴力。法西斯主义否定资产阶级自由平等民主思想，鼓吹对领袖的绝对服从和国家主义，宣称"高贵"民族有权统治"劣等"民族乃至全世界，既反对资产阶级民主也反对共产主义，主张建立少数独裁者的恐怖统治，镇压劳动人民和进步势力，实行扩张政策和战争政策，是资本主义政治经济社会及意识形态全面危机的产物。墨索里尼和希特勒，先后于1922年、1933年在意大利和德国建立了法西斯专政。日本亦于20世纪30年代法西斯化。西班牙、匈牙利、保加利亚、阿根廷等国也推行过法西斯主义。法西斯主义给世界人民带来痛苦和灾难，导致第二次世界大战的爆发，最终被世界人民彻底摧毁。

在危机年代，英国的一部分垄断资本家也开始向法西斯主义靠拢。1932年9月，原工党执委会委员、工党政府大臣莫斯里，在工业巨头的资助下组织了"英国法西斯联盟"。该组织反对民主制度和犹太人，主张建立英国在世界范围的霸权。但是，由于英国在危机前的20世纪20年代，没有出现经济繁荣的局面，危机对英国的影响也便没有美、德等国那样大，大起大落的现象并没有出现。另外，英国的民主传统，工人阶级和民主派别的坚决抵制，使英国的法西斯运动没有形成气候。法国卷入经济危机的时间比较晚，但摆脱危机也最晚，

▲ 1933年11月，德国纳粹党徒招摇过市，拉选票，法西斯势力山雨欲来。

直到1936年才有所好转。在危机时期，法国国内阶级矛盾加剧了。1930年2月—1934年1月，法国政府更迭达12次。由于政局混乱，财政政策摇摆不定，人民群众的不满情绪普遍高涨。在这种情况下，各种法西斯主义组织滋生起来，如"火十字团""法兰西行动""束棒""法兰西团结"等，它们在垄断组织扶植下公开活动，非常猖獗。其中最有影响的法西斯组织是"火十字团"，由德拉罗克上校领导，因最初参加的人是获得战争十字勋章的复员军人而得名。该组织从1934年的20万人发展到1935年年底的70多万人，成员遍及各界，其骨干是退伍军人，他们头戴钢盔，身着军装，胸前佩戴各种勋章，对群众产生了一定吸引力。"火十字团"不仅拥有大量武装，甚至还拥有150架飞机，它公开主张改组议会，建立法西斯主义专制政府。

日本的法西斯体制

在日本法西斯专政的建立过程中，军部的法西斯势力起着主导作用。由于历史的原因，日本军部在日本军事官僚机构中地位特殊，权力很大，直属天皇统领，不受政府管束，而且军部还可以通过陆海军大臣干涉政府事务。

由于日本军部拥有这种特殊的地位，它成为法西斯势力兴起的温床和支柱。

1930年11月，在军部法西斯势力的支持下，法西斯组织"爱国社"成员暗杀了滨口首相，从此法西斯势力和军部少壮派势力日益嚣张，企图靠对外扩张、对内搞政变来夺取政权，建立法西斯独裁统治。

1931年9月18日，日本关东军在沈阳北郊柳条湖附近炸毁了一段南满铁路铁轨，却诬称中国军队搞破坏，并以此为借口，向沈阳及东北全境发动进攻，并在3个月内占领了整个东北三省。"九·一八"事变标志着第二次世界大战亚洲战争策源地的形成。

这次事件过后，日本军内法西斯势力开始分化，围绕着如何建立军事法西斯统治的问题，出现了对立的两派：以荒木贞夫和真崎甚三郎为首的皇道派，在新财阀的支持下，积极鼓吹"发扬皇道""尊崇天皇"，主张使用暴力手段，推翻政党内阁，建立以天皇为中心的军部法西斯独裁政权。因皇道派以中下级军官为骨干，又称为"少壮派"。以永田铁山和东条英机为首，军部上层为核心的统制派，认为军部势力已经壮大，没有必要用暴力手段改变现状，主张在军部中央机关将校军官的统治下，用自上而下的合法手段控制政权，实现全国法西斯化。

1932年5月15日，在"血盟团"的领导下，几个海军少壮派军官率领陆军士官学校学生，袭击首相官邸、警视厅、内大臣官邸、政友会本部、日本银行等，首相犬养毅被枪杀。同日夜，橘孝三郎率领的"爱乡塾"成员企图袭击东京周围变电站，在混乱中颁布戒严令，建立军事独裁政权，但均未达到目的。政变参加者纷纷自首。事件后，军部借口"时局非常"，拒绝由政党继续组阁，政党内阁宣告结束。5月26日，由海军大将斋藤实组织了包括军部、官僚和政党在内的所谓"举国一致内阁"，日本从此步入了向军事独裁政权过渡的阶段。

在扩军备战过程中，皇道派与统制派的矛盾日益尖锐。1936年1月，皇道派成员对第一师团调往中国东北的消息极端不满，决定提前发动武装政

▲日军发动"九·一八"事变，进攻中国沈阳。

变，遂于 2 月 26 日清晨，在东京进行叛乱。

1936 年 2 月 26 日凌晨，日本东京一片沸腾，一队士兵组成的队伍浩浩荡荡地向日本政府首脑的官邸行进。这些士兵一边走，一边挥动着手里的大字标语，高喊口号。这就是历史上的"二·二六"兵变。

▲ "五·一五"事件后，斋藤实内阁成立。

这次兵变约有 1400 名士兵参加，由皇道派军官安藤辉三、村中孝次和栗原安秀等率领。在皇道派军官的鼓动下，士兵们冲入政府首脑官邸，杀死内阁大臣斋藤实、大藏大臣高桥是清和教育总监渡边锭太郎，占领陆军省、参谋本部、国会和总理大臣官邸、警视厅及附近地区，要求任命荒木贞夫为关东军司令官，并罢免统制派军官。

军 部

日本军部是日本掌握军事并起独特政治势力作用的军人上层集团，主要指参谋本部和军令部。此外，陆军省、海军省、侍从武官长、元帅府等军事首脑机关也属于军部势力。1872 年日本成立陆军省和海军省，天皇作为大元帅统率陆海军。这种统帅大权即军令权的行使则由参谋总长和军令部长辅佐，元帅府和军事参议院是其顾问机关。作为军政机关的陆军省和海军省的首脑陆海军大臣为内阁成员，拥有不经内阁直接向天皇上奏的权力。陆海军大臣只由现役大将或中将担任。大本营的幕僚全由陆海军将校组成。国务大臣不得参与大本营一切作战计划和作战领导事宜，法律上确定了军部上层在战时的独裁权力。进入 20 世纪 30 年代以后，军部是日本对外进行侵略战争和法西斯化的核心力量，确立了军部控制下的法西斯体制。1945 年日本投降后，军部被废除。

为了平息皇道派军官的叛乱，日本陆军当局颁布《戒严令》。2月29日，日本陆军部下达镇压命令，大部分叛军头目被逮捕，参加叛乱的士兵被迫回到各自的营房。

"二·二六"兵变虽然因为军阀集团的内讧而未能得逞，却使得原内阁辞职，使老牌法西斯分子广田弘毅上台组阁。广田弘毅上台后，首先恢复了军部大臣的现役武官制，规定内阁中陆海军大臣必须由现役中将级以上的军人担任，以加强军部左右日本政局的能力。广田弘毅还以镇压叛乱、稳定时局为名，对内禁止工人罢工，限制人民的各种自由，并加紧对舆论及宣传机关的控制和收集情报的活动。此外，广田弘毅还制订了《基本国策纲要》，公开表明，不仅要继续扩大侵略中国的战争，而且还要对亚洲、太平洋地区其他国家进行侵略扩张。与这一国策相适应，日本加紧了扩军备战，陆军提出了6年内增建41个师团、142个航空中队的计划，海军提出了5年内增建各种军舰66艘的计划。

这样，以广田弘毅上台组阁为标志，以天皇和军部为核心的法西斯专政在日本建立起来了，世界大战的亚洲策源地就此形成。

苏联确立社会主义制度

经过社会主义工业化和农业集体化的改造，20世纪30年代中期的苏联社会已经发生了翻天覆地的变化。从经济结构上来说，社会主义经济成分超过了资本主义成分，社会主义公有制在国民经济中占据了主导地位。从阶级构成上说，资产阶级和富农作为一个剥削阶级已经消失了。这表明社会主义制度已经在苏联确立起来。为了全面反映苏联政治、经济生活的变化，从法律上巩固社会主义改造和社会主义建设的胜利成果，制定新的宪法已提上议事日程。

1935年2月，全苏苏维埃第七次代表大会决定修改1924年宪法，并成立以斯大林为首的宪法委员会负责草拟宪法。经过一年多的研讨，宪法委员会拟出新宪法草案并于1936年6月交全民讨论。1936年11月26日，全苏苏维埃第八次代表大会在莫斯科举行。斯大林在会上做了《关于苏联宪法草案》的报告，他在报告中分析了苏联社会发生的深刻变化，概括了新宪法的基本特点等。大会一致通过了新宪法，这部宪法被称为《1936年宪法》。

《1936年宪法》规定：苏联是工农社会主义国家，全部政权属于城乡劳动者，由苏维埃实现之；经济基础是社会主义所有制——全民所有制和集体所有制，实行"各尽所能，按劳分配"的原则；国家最高权力机关是苏联最高苏维埃，它行使立法权，选举最高苏维埃主席团和人民委员会；实行普遍、直接、平等、无记名投票和等额选举制；公民一律平等，均享有劳动权、休息权、受教育权，有言论、出版、集会、结社等自由，人身不受侵犯；公民必须遵守公共生活准则，爱护公共财物，保卫社会主义祖国。

《1936年宪法》从法律上巩固了社会主义改造和社会主义建设的胜利成果，进一步推动了苏联社会主义改造和法制建设。1936年宪法的制定，标志着苏联基本上实现了社会主义，建立了社会主义制度。但是，由于苏联的生产力发展水平较低，还没有达到马克思、恩格斯所设想的发达社会主义的程度，所以社会主义制度的确立并不等于社会主义社会的完全建成。

苏联农业全盘集体化运动

1929年9月至1932年期间，在苏联开展的对农业进行社会主义改造的运动。1927年底，联共（布）"十五大"提出了农业集体化的任务。1929年9月18日，在批判了所谓"右倾反对派"之后，在全国范围内掀起了农业全盘集体化运动。11月3日，联共（布）中央领导人要求农民整村、整乡、整区地加入农庄。1930年1月5日联共（布）通过了《关于集体化速度和国家帮助集体农庄建设的办法》的决议，规定对富农采取消灭政策，提出要在五年计划期间完成绝大多数农户集体化的任务。在农业全盘集体化运动期间，加入集体农庄的农户从1928年占农户总数的1.7%上升到1932年的61.5%，至1937年上升到93%。苏联农业集体化把个体小农经济改造成了社会主义的公有经济，消灭了富农，但也一度造成农业产值的下降和苏维埃政权同农民关系的紧张。

法西斯独裁统治

1929年—1933年的经济危机沉重打击了本已外债累累、民生凋敝的战败国德国。面对空前严重的危机，软弱无力的魏玛共和国政府回天乏术。1928年—1933年先后更换4届政府，各届政府都无法克服财政困难和各统治集团之间的矛盾，社会动荡不安。在危机深重的非常时刻，在德国这个民主传统较为薄弱的国家，脆弱的民主体制失去了自我调节的弹性和能力。议会民主的政治体制在危机的冲击下，摇摇欲坠。

正是在这种特殊的社会历史环境下，德国法西斯势力兴起。德国的法西斯政党全称是德意志民族社会主义工人党，简称纳粹党，其首领希特勒利用德国人民对凡尔赛－华盛顿体系对德国制裁的不满情绪以及这场空前的经济危机给德国造成的更为困难的处境，四处鼓吹"生存空间论""种族优劣论"，提倡"领袖原则"的独裁统治，肆意攻击社会主义，大力宣扬重塑德国的昔日辉煌，不但蒙蔽了多数德国人民，并且逐渐取得了德国垄断资产阶级的支持。

纳粹党不断发展壮大，在1930年9月的选举中成为国内第二大政党。1932年，纳粹党认为夺取政权的时机已经成熟，便出动参加竞选。一些处于绝望中的小资产阶级、公务员、大学生，以及一部分农民和失业工人被蛊惑，在1932年7月的国会选举中，纳粹党竟获得了130个席位，成为国会中的第一大党。同年11月，纳粹党最终在垄断资产阶级的鼎力帮助下获得权力。1933年1月，德国法西斯政党——纳粹党的党魁希特勒被任命为总理，开始在德国建立法西斯独裁专制统治。

▲登上权力之巅

兴登堡死后，希特勒将各种权力集于一身，自称元首。图为希特勒在军队的支持下登上纳粹德国的最高统治宝座。

纳粹党

德国法西斯政党，全称为德意志民族社会主义工人党。其前身为慕尼黑一小政治团体"德意志工人党"，1919 年，希特勒加入后，逐渐控制该党。1920 年 2 月希特勒发表党纲《二十五点纲领》，鼓吹种族主义、对外扩张和民族复仇主义，4 月更名为纳粹党，制定"卐"字党徽和红底白圆心黑"卐"字的党旗，以《人民观察家报》为党报。1921 年确定"领袖原则"，希特勒在党内取得绝对领导权。1923 年纳粹党被勒令解散。1924 年希特勒不断扩充力量，企图通过"合法"途径取得政权。1929 年经济危机爆发后，纳粹党取得军队的支持，1932 年成为国会中第一大党。1933 年 1 月，希特勒被任命为总理，夺取了政权。该党对内实行一党独裁的法西斯专制统治；对外积极扩军备战，组织轴心国集团，挑起第二次世界大战。1945 年德国投降后，被盟国管制委员会宣布为非法组织。

希特勒出任总理后，很快组建了内阁，即所谓的民族团结政府，纳粹党在其中仅占有几个职位。希特勒并没有满足于登上总理的宝座，他的目标是将其他政党排挤出政府，建立独裁统治。

1933 年 2 月，兴登堡宣布解散国会，并决定于 3 月 5 日进行新一轮国会选举。为了使纳粹党在选举中获胜，希特勒开始利用职权打击其他政党，并首先把矛头指向了在群众中影响日益扩大的德国共产党。2 月 27 日，纳粹党制造了"国会纵火案"，借此掀起了反共风潮。大批德共党员被逮捕，德共报纸被查封，德共被迫转入地下。次日，政府颁布了《保护人民和国家法》，取消了公民自由的基本权利。国会大选在法西斯的白色恐怖之下如期举行，但纳粹党只获得了选票的 43.9%，并没有取得绝大多数。

为了取得修改宪法需要的三分之二以上的席位，希特勒于 3 月 14 日宣布取缔德国共产党，得到了德共的 81 个席位。随后，希特勒又软硬兼施，争得了天主教中央党等资产阶级政党的支持。3 月 23 日，在纳粹党的胁迫下，国会以三分之二的多数票通过了《消除人民和国家痛苦法》即《授权法》。希特勒据此获得了在4年任期内的立法权，有权不经国会同意制定法律、与外国签订条约。至此，国会名存实亡，立法权和行政权都控制在希特勒一人手中，资产阶级议会民主制被取消。

为了实行纳粹党一党独裁，希特勒解散了除纳粹党之外的所有政党，国会成为由纳粹党员组成的清一色国会。1933年12月，希特勒颁布了《保证党和国家统一法》，将纳粹主义确立为德国国家思想的支柱，宣布党和国家统一。这样，希特勒就在德国建立了纳粹党的一党专政。

1934年8月，兴登堡总统去世。内阁立即宣布一项法律，规定总统职务与总理职务合二为一，取消总统职务。自此，希特勒攫取了总理兼国家元首的头衔，并掌握了国防军的最高统率权，成为不受任何法律约束的独裁者，法西斯独裁政治体制在德国正式确立起来。

为了制止侵略、维护本国安全，苏联开始争取与法国等国缔结双边互助条约。1935年5月2日，《苏法互助条约》在巴黎签字，两国相约定在遭受欧洲国家侵略时相互援助。作为欧洲大陆上的两个大国，苏、法两国的合作原本可以阻止德国的侵略，但是法国只想把条约作为与德国打交道的筹码，根本无意履行，而且拒绝为条约加入军事内容。结果，条约成为一种形式，没能发挥应有的作用。

尽管苏联为建立欧洲集体安全体系做了一系列的努力，但是，由于英、法两国的妥协政策，这些努力都遭受了挫折，欧洲集体安全体系最终没能建立起来。

20世纪30年代末，苏联在战争一触即发的情况下，为了本国的利益，放弃了安全不可分的原则，改变了原来致力于欧洲集体安全体系的做法，于1939年8月与德国签订了《苏德互不侵犯条约》，为德国发动世界大战提供了便利条件。

西牙反法西斯战争

20世纪30年代初，西班牙在经济危机的打击下，国内矛盾加剧。1931年4月，资产阶级共和派在选举中获胜，建立了资产阶级共和国。共和国的建立，遭到了西班牙各种反动势力的仇视。1933年，反动势力成立了"西班牙自治权利联盟"，简称"塞达党"。一些法西斯分子也蠢蠢欲动，于1933年10月建立了法西斯组织"长枪党"。这些反动势力疯狂地反对民主改革，并积极展开活动。1933年11月，塞达党在选举中获胜，建立了亲法西斯的勒鲁斯政府。勒鲁斯政府取消了各项民主改革，

▲ 1936年，佛朗哥宣誓成为西班牙国家最高元首。

在内阁里安插了不少法西斯分子，开始了西班牙历史上"黑暗的两年"。

勒鲁斯政府的倒行逆施，激起了西班牙人民的强烈反对，各地都开始举行罢工斗争，一些城市还发动了武装起义。在反法西斯的斗争过程中，左翼政党逐渐联合起来。1936年1月，人民阵线在国会选举中取得胜利，成立了联合政府。人民阵线政府解散了法西斯组织，并采取了一系列的改革措施。

人民阵线政府的建立，给反动势力以沉重打击。反动势力决定铤而走险，用武力推翻共和政府。他们在法西斯头目圣胡尔霍、佛朗哥、莫拉的带领下，策动军事叛乱。1936年7月18日，圣胡尔霍等在西属摩洛哥发动了武装叛乱。7月19日，叛乱蔓延到西班牙本土。西班牙内战爆发了。

叛乱爆发后，西班牙政府军在人民的支持下，很快打退了叛军的进攻，控制了局势。在西班牙政府军即将取得完全胜利的情况下，德、意法西斯开始进行武装干涉。德、意的武装干涉主要有两个意图：一是企图占领西班牙这一战略要地，在未来与英法的争夺中占据优势；二是打击西班牙的反法西斯势力，防止国际反法西斯势力的扩大。

▲在国内形势最严峻的时刻。马德里的街头到处张贴着号召妇女起来战斗的宣传画。

德、意的武装干涉，使西班牙内战转变为一场具有国际意义的反法西斯民族革命战争。

面对德、意的插手叛乱，西班牙各派民主力量联合起来，领导各阶层人民奋起保卫共和国。西班牙的反法西斯战争，得到了世界反法西斯力量的有力支持。在共产国际的号召下，54个国家的近4万名反法西斯人士来到西班牙，组成了"国际纵队"，与西班牙人民并肩作战。1936年10月—1937年3月，共和国军队在"国际纵队"的帮助下，先后进行了3次马德里保卫战。1936年10月，在德、意法西斯的大力支持下，佛朗哥叛军从南北两面向首都马德里进攻，逼近郊区。叛军的进攻受到共和国军民的英勇反击。马德里地区96%以上的共产党员走上前线参加战斗，共产党建立的第五团同国际纵队守卫在最险要的地段，他们和共和国军并肩浴血奋战，击溃了叛军的精锐部队。第一次进攻被击退。1937年1月，叛军发动的第二次反扑也被击退。3月8日，意大利干涉军从东北方实施突击，企图配合叛军夺取马德里。共和军调整部署、顽强防御，至22日终于粉碎意军进

西班牙人民阵线

西班牙人民阵线是西班牙人民反法西斯统一战线组织。1931年西班牙成立共和国后，法西斯右翼势力活动猖獗，1933年亲法西斯的勒鲁斯政府上台。1936年1月，共产党、共和党、社会党、左翼共和联盟、工团主义党等左派政党组织签订了人民阵线公约，结成反法西斯统一战线，提出人民阵线纲领。2月在国会选举中获胜，组成新政府。人民阵线政府推进资产阶级民主改革，实施人民阵线纲领，释放政治犯，实行军队和国家机关的民主化，恢复民主自由，宣布各民族拥有自治权利；进行局部土地改革，实施劳动和社会立法，降低捐税和租金，提高工资。7月反动势力发动叛乱，德、意法西斯全面武装干涉西班牙。共和国政府在人民阵线支持下坚决镇压叛乱，领导了反法西斯的民族革命战争，进一步推行社会改革政策。然而终因力量悬殊，1939年，共和国被扼杀，革命失败。

攻。同年 6 月起，叛军的进攻重点从中部战线转向北部战线，马德里周围地区的态势趋于稳定。但是，由于英法等国奉行"不干涉"政策，对德、意的武装干涉坐视不管，共和国的形势越来越严峻。在严峻的形势面前，人民阵线内部的右翼势力叛变投敌。在内外交困的形势下，共和国于 1939 年 3 月 28 日被颠覆。4 月 1 日，叛军将领佛朗哥宣布战争结束，西班牙建立起法西斯政权。

绥靖政策

绥靖政策也称姑息政策，是一种对侵略不加抵制、姑息纵容、退让屈服，以牺牲别国为代价，同侵略者勾结和妥协的政策。第一次世界大战后，各国人民革命的兴起和社会主义苏联的出现，引起了西方帝国主义国家的恐惧和仇视。他们在争夺世界霸权的斗争中，既想削弱和击败竞争对手，又想联合起来反对社会主义、镇压人民革命，这一矛盾心理处处都能得到体现。

1929 年—1933 年的世界经济大危机使各帝国主义实力此消彼长，英、法雄霸欧洲的局面一去不复返。随着德国法西斯的兴起，英、法两国已经丧失了协调欧洲格局的外交主动权。1934 年 10 月，法国强硬外交的代表人物——法国外交部长巴尔都在马赛遇刺身亡，标志着法国绥靖政策的开始。而在英国，张伯伦则是这一政策的代表人物。

尼维尔·张伯伦，二战初期的英国首相，对法西斯德国实行绥靖政策的代表人物。1869 年，张伯伦出生于贵族之家。1937 年出任英国首相，积极奉行对德国的绥靖政策，主张对德妥协、退

▲ 1938 年 9 月英、法、德、意在慕尼黑举行会议，签订阴谋瓜分捷克斯洛伐克的《慕尼黑协定》，图为希特勒（左二）与张伯伦（左一）在一起。

▲ 1938 年希特勒没动用闪电战即吞并了奥地利，维也纳被笼罩在纳粹旗下。

让、姑息，希望以此换取英国的安全。为推行绥靖政策，他一方面打击以丘吉尔为代表的强硬派，一方面同希特勒秘密会晤，并最终签订《慕尼黑协定》，企图以牺牲捷克斯洛伐克、波兰等小国的利益来换取英国的安全。但德国军队的步步紧逼促使张伯伦在 1939 年被迫对德宣战。由于绥靖政策所造成的恶果，张伯伦在 1940 年被迫辞职，后抑郁而终。张伯伦的绥靖政策，不仅使英国丧失了第二次世界大战初期的战争主动权，助长了法西斯的嚣张气焰，遭到了欧洲许多国家的反对，而且最终还使英国卷入了战争的深渊。

20 世纪 30 年代以前，英、法、美的绥靖政策主要表现为扶植战败的德国并支持日本充当防范苏联的屏障和镇压人民革命的打手。从凡尔赛－华盛顿体系和道威斯计划、杨格计划、《洛迦诺公约》中都能看到绥靖政策的影子。1937 年的经济危机再一次给英国造成了经济困境和社会动荡，与此同时，苏联正逐渐强大起来，英、法一直希望能找到一种遏制苏联的势力。

面对德国希特勒的强硬，张伯伦企图以退让来稳定形势，以便重整军备来确保英国在欧洲乃至整个世界的霸权地位。以丘吉尔为代表的少数人反对张伯伦这种一面寻求妥协，一面重整军备的双重政策，但遭到了张伯伦的排斥。

在张伯伦的积极"努力"下，英国制定了"欧洲总解决的绥靖政策总计划"，并派大臣哈利法克斯伯爵于 1937 年 11 月 17 日访德，向希特勒详细介绍了英国的政策，以使希特勒进攻苏联有恃无恐，妄图早日把祸水引向苏联、坐收渔翁之利。张伯伦政府还承认了意大利对埃塞俄比亚的侵占，并与法、美一起对西班牙内战实行"不干涉政策"。1937 年，英、法、美对日本发动全面侵略中国战争视而不见，在此后的太平洋国际会议上，更是同日本妥协。

美国中立法

美国在第二次世界大战前及初期通过的几个避免卷入国际冲突和战争的法案。20世纪30年代的经济大危机使美国主要关注国内经济问题，在法西斯侵略者面前主张退守美洲以自保。1935年8月31日，美国国会通过第一个中立法，禁止向一切交战国输出武器。该法适用于意大利侵略埃塞俄比亚的战争，但美国仍向意大利输出了原料和战略物资。1936年2月，国会对该法进行了修改，增加禁止贷款给交战国和武器禁运不适用于拉丁美洲等内容。1937年4月，国会通过第三个中立法，使武器禁运适用于发生内战的国家。这三个中立法实际上纵容了法西斯的侵略扩张。第二次世界大战爆发后，国会通过了新中立法，取消武器禁运条款，改为"现款自运"。它的通过表明美国外交政策的调整，即在不直接参战的前提下尽可能援助反法西斯国家。1941年，中立法被租借法案彻底取代。

1938年3月，德军开进奥地利，张伯伦政府给予了默许。当希特勒挑起捷克斯洛伐克境内的苏台德危机时，英国虽象征性地对德施加了压力，但依然没有放弃既定的绥靖政策。而慕尼黑会议和《慕尼黑协定》则是绥靖政策最典型的体现。1938年9月29日，英、法、德、意四国首脑在慕尼黑举行会议，四国正式签订了《关于捷克斯洛伐克割让苏台德领土给德国的协定》，即《慕尼黑协定》。会上，英、德还签订了《英德互不侵犯宣言》。捷克斯洛伐克政府在德国的军事威胁和英、法、意的压力下，被迫接受了这个协定。英、法及幕后支持的美国，妄图以牺牲捷克斯洛伐克为代价，来求得"一代人的和平"，并将"祸水东引"。但事与愿违，绥靖政策不但没有给欧洲带来张伯伦所谓的"和平新时代"，反而加速了战争的到来。当希特勒以"闪电战"占领捷克斯洛伐克时，张伯伦开始有些坐不住了，他一边威胁德国，一边与德国进行秘密谈判，毫无意义的谈判更加坚定了希特勒发动战争的决心。

第二次世界大战爆发后，西线出现了"奇怪战争"，英、法的"不战不和"战略使希特勒在侵略欧洲小国时忘乎所以，野心越来越大，以至于最后直取法国，进逼英国。

历史证明，绥靖政策不但无法满足法西斯国家的侵略野心，反而加速了第二次世界大战的爆发。

德国横扫西欧

1939年8月31日，希特勒命令早已集结的150万军队、2000余架飞机和2800辆坦克向波兰发起进攻。9月1日，德军采取闪电战术，首先以大批飞机密集轰炸战略要地，继而以坦克和摩托化部队为先导分3路突进。波军第一线对德作战部队因准备不足，装备落后，军事思想保守，未能挡住德军的攻势，边境防线迅即被突破，部队被分割包围。英、法两国随即向德国发出了警告：如果不在两天内撤出波兰，英、法将出兵保证盟国波兰的安全。在警告无效的情况下，英、法两国于9月3日向德国宣战。

英、法对德宣战时，在西线拥有近110个师的兵力，而德国在那里只有23个师。如果英、法在西线向德国发动进攻，德军将陷入两线作战的不利局面，这将从根本上扭转战局。然而，英、法政府对德国却是宣而不战。宣战后8个月的时间里，英、法除在大西洋上击毁过德国的军舰和商船外，在陆地上按兵不动。英、法军队躲在坚固的钢筋水泥的工事内，眼看自己的盟国被德国消灭。这种战争现象被称为"奇怪的战争"。其实，"奇怪的战争"并不奇怪，它实际上是英、法战前推行的绥靖政策的延续。英、法虽然对德宣战，却不想与德国正面冲突，只是企图封锁德国西进的路线，迫使其在灭亡波兰后向苏联进攻。

▲ 1940年6月14日巴黎失陷，德国纳粹几乎没有发过一枪一弹。图为德军在击鼓声中列队走过凯旋门。

德国灭亡波兰后，并没有像英、法希望的那样进攻苏联，而是按原定计划加紧向西线进攻。为了保证进攻英、法时侧翼的安全，德国决定首先控制北欧。

▲ 1939 年 10 月，德军攻陷波兰，图为希特勒正在检阅通过华沙街道的军队。

1940 年 4 月 9 日，德国分别向丹麦和挪威发动进攻。丹麦在无力抵抗的情况下不战而降，德军在 4 个小时内就占领了丹麦。挪威也于 6 月 10 日陷落。

在挪威战事尚未结束之时，德国就同时向荷兰、比利时、卢森堡三国发动了进攻。卢森堡当天就不战而降；荷兰在抵抗 5 天后正式投降；随后，比利时也宣布无条件投降。

在进攻荷兰、比利时的同时，德军主力选择了英、法军队防守薄弱的法比边境的阿登山区，作为向法国进攻的据点，并以迅雷不及掩耳之势向西挺进，直扑英吉利海峡。英法联军因军事战略保守，指挥不当，作战失

马奇诺防线

马其诺防线是 1929—1936 年法国为防备德国进攻在其东部与德国、比利时、卢森堡和瑞士的边境上构筑的防御阵地体系。因由陆军部长安德烈·马其诺提议并主持构筑，故名。防线北起隆维，南至贝尔福以南，全长约 400 千米，共有 5600 个永久性工事，22 个大型工事群由地下坑道连接，设有暗堡、宿舍和容纳 3 个月粮食与弹药储备的仓库、独立电站等。工事混凝土顶盖厚达 3 米。共耗费 2000 亿法郎，是法国军事当局保守主义的消极防御理论的产物。第二次世界大战爆发后，有 50 个师驻守。1940 年德国向西欧发动进攻时，以少量兵力牵制防线守军，主力绕过防线，从北面法比边境阿登山区攻入法国，使其丧失了防御的作用。

利，遭到分割，近40万军队溃退至法国西海岸的敦刻尔克地区，面临全军覆没的危险。德军先头坦克部队受命暂缓前进，使英法联军得以巩固防御工事，掩护实施从海上撤退至英国的"发电机计划"。5月26日—6月4日，英国动用各种类型船只，冒着德机的轰炸，将20万英军和13万法、比军队由英吉利海峡撤至英国。到6月4日德军攻克敦刻尔克时，只有4万多名法国官兵未能及时撤离而被俘。这就是著名的"敦刻尔克大撤退"。这次撤退保存了反法西斯的有生力量。

6月5日，德军直扑法军仓促构筑的"魏刚防线"，3天后就突破了防线，直逼巴黎城下。6月10日，意大利向法国宣战，使得法国的处境更加艰难。6月13日，法国向德国提出停战请求，德军14日进入巴黎，并向法国视为牢不可破的马其诺防线发起进攻。17日，德军在德法边境的莱茵河畔，歼灭了近50万法军。

敦刻尔克大撤退

1940年5月20日，德军进抵英吉利海峡，切断法国北部和比利时境内的英、法、比、荷盟军与索姆河以南法军主力的联系。英、法军虽实施多次反突击，但因兵力不足和行动时间先后不一等原因，未能奏效。大约40万英、法联军陆续退缩到敦刻尔克地区。24日，希特勒突然命令先头部队停止追击，使联军得到一个喘息机会。26日晚，英国政府下令执行代号为"发电机"的撤退计划。英、法、比、荷4国共派出各种舰船861艘，其中包括渔船、客轮、游艇和救生艇等小型船只。撤退开始后，德军加强了进攻，在对敦刻尔克和英吉利海峡进行轰炸的同时，还派出潜艇和鱼雷艇攻击英、法联军的运输船队。英、法联军顽强抗击，在英空军掩护下，经9昼夜奋战，将33.8万人（其中法军12.3万人）撤至英国本土。6月4日，德军占领敦刻尔克，4万余名法军被俘。这次撤退虽然丢掉了几乎全部的武器装备，但是成功地保存了英、法军的实力，为日后对德军进行反攻创造了条件。

6月16日，法国总理雷诺辞职，法军元帅、投降派贝当就任新总理。贝当上任的第二天就要求全国停止抵抗，并向德国正式提出停战请求。

6月22日，法国代表在贡比涅同德国签订了停战协定。24日，法国又与意大利签订了停战协定。根据停战协定条款，法军解除全部武装并交出武器，占法国国土面积五分之三的北部工业区由德国占领，剩余领土由设在维希的贝当傀儡政府管辖，史称"维希政府"。至此，法兰西第三共和国宣告终结。

《苏德互不侵犯条约》

1939年3月10日，斯大林在联共（布）第十八次代表大会的总结报告中，认真分析了国际形势。斯大林对英、法的绥靖政策进行了无情的抨击，而对法西斯国家的批评却很少，并表示苏联将把"保持谨慎态度，不让那些善于从中渔利的战争挑拨者把我国卷入冲突中去"作为今后主要的对外政策之一。这表明苏联已开始把谋求自保作为外交的重点。

1939年初，苏联开始与德国进行接触，这种接触在1939年4月—8月的英、法、苏三国谈判期间也没有停止。三国谈判前期，英、法由于对德国采取绥靖政策，因而在谈判中采取了消极应付的做法，并拒绝了苏联提出的制止战争所必需的一些条件，这使苏联失去了对三国谈判的信心。到1939年8月，尽管英、法在战争日益逼近的形势下开始尽量满足苏联的要求，但苏、德的接触这时已有了很大进展。德国

▲ 1939年8月，苏、德在莫斯科签订《苏德互不侵犯条约》，图为斯大林（右二）与德国外长冯·里宾特洛甫（右三）在条约签订仪式上。

▲ 1941年，苏联与日本在莫斯科签订《苏日中立条约》。

为了摆脱两线作战的处境，几乎对苏联提出的一切要求都予以满足。德国不仅答应让苏联置身于未来的战争之外，而且同意了苏联划分东欧势力范围的要求，并许诺发挥自己的影响来改善苏联与日本的关系。在这种情况下，苏联抛弃了安全不可分的原则，把苏、德之间的谅解放在其外交决策的首位。8月21日，斯大林同意了希特勒提出的德国外长访苏的要求，并于8月23日在莫斯科签署了《苏德互不侵犯条约》。正文主要有以下几点：双方保证彼此间不进行任何武力行动、任何侵略行为或任何攻击；通过和平方法解决两国间的纠纷；如果缔约一方成为第三国敌对行为的对象，缔约另一方将不给予第三国任何支持；缔约任何一方将不加入直接或间接旨在反对另一方的任何国家集团；条约有效期为10年。第二次世界大战后，双方又公布了该条约附加秘密协定书，主要内容为划分两国在东欧的势力范围。

《苏德互不侵犯条约》签订后，英、法、苏三国谈判宣告破裂，而德国则得以摆脱两线作战的困境，敢于放手发动第二次世界大战。《苏德互不侵犯条约》签订后的第九天，德国就发动了入侵波兰的战争，欧洲的全面战争爆发。

苏联不仅在欧洲对德外交中采取了绥靖政策，而且在亚洲对日外交中也奉行绥靖政策。

《苏德互不侵犯条约》的签订，为苏联赢得一个短暂和平时期进行反侵略战争准备，然而它使德国避免两线作战的危险，为发动世界大战创造了有利条件，同时条约也暴露了苏联大国主义的倾向。

俄罗斯伏龙芝军事学院

　　俄罗斯伏龙芝军事学院是苏联培养各兵种协成军队团以上军官的高等军事学校，也是协同战术和集团军战役问题的理论研究中心。学院创办于1918年，刚开始称工农红军总参学院，位于莫斯科。1924年，伏龙芝元帅任院长，后以伏龙芝的名字命名。1992年苏联解体后，学院改名为俄罗斯伏龙芝军事学院。它的入学条件极为苛刻，学员必须毕业于诸兵种合成军队高级指挥学校，担任过2年以上营级指挥官职务，具有分队指挥的实践经验，年龄在38岁以下，军衔为大尉或少校。招生办法是先由部队领导推荐，然后逐个审查，最后择优录取。考试科目有俄语、数学、物理、文学、战术、技术装备等。学员毕业后均实行统一分配，一般晋衔一级，晋职一至两级。该院在苏联甚至在世界享有盛誉，为苏联军队培养了大批军事人才，如苏联元帅崔可夫、格列奇科、朱可夫、沃罗诺夫、比留佐夫等。

　　1931年"九·一八"事变后，苏联宣布对中日冲突奉行严格的不干涉政策。1932年初，苏联答应了日本关东军使用中东铁路的要求，而且只收一半的运费。当国际联盟邀请苏联协助"李顿调查团"解决东北事变时，苏联不仅不主持正义，还拒绝调查团取道苏联直达中国东北。1935年3月，苏联不顾中国政府的强烈反对，根据日本的意见，把中东铁路低价卖给了日本的傀儡政权伪满洲国。苏联的这些做法，纵容了日本法西斯对中国的侵略行径，助长了日本的侵略气焰。

　　1935年5月开始，日本在中蒙边境不断向苏联进行大规模的军事挑衅。苏联为了自保，加强了对华援助。但是，为避免与日本的正面冲突，这种援助都是在秘密状态下和日本势力所不能及的地方进行的。1941年4月13日，苏联为了避免把自己推到与日本法西斯斗争的第一线，在与日本进行了9个月的讨价还价之后，签订了《苏日中立条约》。这样，苏联就在法律上正式承认了日本在中国东北建立的傀儡政权。苏联又一次拿别国的领土和主权做交易，换取了自己的和平。《苏日中立条约》把苏联的对日绥靖推到顶峰，使日本敢于放手发动对东南亚的进攻。

—— 第二次世界大战中的太平洋战场 ——

法国战败投降后，日本决定趁机向东南亚扩张。1940 年 8 月，日本提出了"大东亚共荣圈"侵略计划。9 月，日军进占印度支那北部，开始向东南亚扩张。

日本的侵略行径，加剧了它与英、美之间的矛盾。英、美两国对日本采取了冻结财产和贸易禁运等措施，这更促使日本决心用武力夺取东南亚。珍珠港是美国在太平洋上最大和最重要的海军基地，太平洋舰队停泊于此。1940 年，美日矛盾加剧，日本一面与美国进行谈判，一面准备对美战争，制定了偷袭珍珠港的作战计划，企图一举歼灭美国太平洋舰队，解除南进的海空威胁。1941 年 12 月当地时间 7 日晨，南云忠一中将率领日本特遣舰队秘密开抵珍珠港以北约 370 千米处，于 7 时 55 分发动突袭。第一批 183 架飞机攻击历时 30 分钟，随后第二批 171 架飞机扩大战果，攻击共约 50 分钟。美国被击毁击沉大型舰艇 19 艘，飞机 300 架左右，死伤 3600 余人，太平洋舰队几乎全军覆没。

▲中途岛海战的失利使日本将战争的主动权拱手相让

日本偷袭后的第二天，美、英分别向日本宣战，随后又有 20 多个国家也相继对德、意宣战。至此，第二次世界大战真正成为全球性的战争。

日本偷袭珍珠港成功后，暂时掌握了太平洋上的制海权和制空权。到 1942 年 5 月，日本相继占领了东南亚和西太平洋上的许多国家和战略要地，英、荷、法、美等国在这一地区的岛屿和殖民地几乎全部落入日本手中。

中途岛位于珍珠港西北 1852 千米处，为珍珠港的重要屏障和前哨。1942 年 5 月，日本决定占领该岛作为前进基地。为此，日军调集 200 余艘舰艇，700 架舰载飞机，由海军联合舰队司令长官山本五十六亲自指挥作

▲珍珠港的偷袭成功，使日本在此后的半年里将整个太平洋抓在手里。

战。然而，处于劣势的美国太平洋舰队破译了日本的无线电密码，对敌行动了如指掌。6 月 4 日凌晨，日本主力舰队飞机向中途岛发起攻击，因美军早有准备，未取得预期效果，又发现美国舰队，陷入了既需再次轰炸中途岛又要攻击美舰的处境，仓促为飞机改装鱼雷，将大批炸弹堆放在甲板上。10 时左右，美舰载飞机 100 余架，分批连续攻击日舰，日军 3 艘航空母舰中弹，引爆甲板上的炸弹，当即相继沉没。傍晚又一艘航空母舰被击沉。中途岛海战是太平洋战争的转折点，日军从此丧失了太平洋上的制空权和战争主动权，由战略进攻转为战略防御。

中途岛海战后，美军乘胜出击，于 1942 年 8 月 7 日向瓜达尔卡纳尔岛的日本舰队发动进攻。经过半年的激烈争夺，美军于 1943 年 2 月 7 日占领了瓜岛。此次战役使日军损失惨重，完全丧失了战争的主动权。此后，美军在太平洋战场上展开了全面进攻，与日军进行了激烈的逐岛争夺战，一步步向日本国土逼近。

1944 年，美军凭借空中优势，从"逐岛争夺"转为"越岛进攻"，直插日军重防区域。1944 年上半年，美军先后攻占了马绍尔群岛、加罗林群岛和马利亚纳群岛。马利亚纳群岛被日本视为本土的屏障，必须确保的地区。美军冲破这道屏障后，日本本土便落入美军的轰炸范围。1944 年 9 月和 10 月上旬，美军对日军在各地的机场接连实施轰炸。

1945 年春，美军攻占了硫磺岛和冲绳岛，并不断轰炸日本本土，沉重

打击了日本军民的士气。8月6日和9日，美国分别向日本广岛、长崎两地投放了原子弹，给这两地以毁灭性打击。8月8日，苏联对日宣战，并于第二天出兵中国东北，日本70万关东军遭受重创。与此同时，中国和亚洲其他各国人民纷纷发起大反攻。日本法西斯四面楚歌，彻底绝望了。8月15日，日本天皇宣布无条件投降。9月2日，日本在盟国代表面前正式签署了投降书。至此，第二次世界大战以法西斯国家的失败而告终。

中途岛海战

太平洋战争期间，美、日海军在中途岛附近海域进行的海战。1942年，日本企图夺取中途岛，美军"无畏"式俯冲轰炸机准备攻击日舰，日海军航空母舰则全力躲避美机轰炸，以作为前进基地，将海上防线推进到中太平洋，迫使美军退守夏威夷及美国西海岸。6月4日，日军出动200余艘舰艇向中途岛发起进攻。由于美国破译了日本海军的无线电报密码，事先令航空母舰编队群进至中途岛东北海域隐蔽待机，从而掌握了主动权。当日凌晨4时30分，日军的第一拨飞机108架从航空母舰起飞，攻击中途岛。此时，美航空母舰编队群立即向日军航空母舰编队群接近。美舰队在距日舰队150海里处，于7时2分开始接连派出第一、第二拨飞机200多架，乘日军第一拨攻击中途岛飞机返舰、第二拨飞机卸下炸弹改挂鱼雷的混乱时机，对日航空母舰实施连续攻击。日军虽有部分战斗机临空迎战，但为时已晚。

中途岛海战改变了太平洋地区日、美航空母舰的实力对比。日军损失大量飞行员，仅剩重型航空母舰1艘和轻型航空母舰4艘，从此在太平洋战场丧失战略主动权。

雅尔塔体系

1943 年 9 月，意大利法西斯投降后，盟国开始就如何处置战败国和安排战后世界的问题进行了具体的讨论。1943 年 10 月，苏、英、美三国外长在莫斯科举行会议。会议期间，三国代表就如何处置德国和意大利的问题展开讨论，一致同意废除德国对奥地利的占领，重建奥地利为自由、独立的国家；并决定成立欧洲咨询委员会和意大利问题委员会，分别对这些问题进行研究。会后，苏、美、英、中四国还根据会议精神发表了关于普遍安全的宣言，重申罗斯福在 1943 年 1 月提出的

▲雅尔塔会议上的丘吉尔（右一）和斯大林（中）

"无条件投降"原则，决定建立一个维护战后和平的国际组织，用和平方式解决国际争端。

1943 年 11 月 28 日—12 月 1 日，苏、美、英三国首脑在德黑兰举行会晤，商讨加速战争进程和战后世界的安排问题。会议主要包括以下

▲战后主宰世界格局的三巨头——（左起）丘吉尔、罗斯福、斯大林，在雅尔塔会议上留下了这张难得的照片。

内容：决定于 1944 年 5 月在法国南部开辟第二战场；就成立一个战后维护世界和平与安全的国际组织问题交换了意见；初步讨论了战后如何处置德国的问题；就波兰问题达成初步一致；讨论苏联对日作战问题。会议签署了《苏、美、英三国德黑兰协定》和《苏、美、英三国德黑兰宣言》。这是反法西斯三大盟国首脑在

第二次世界大战中的首次直接会晤，对加强盟国间的团结与合作，协调军事战略行动，加速反法西斯战争的胜利进程起了重大作用。但这次会晤也反映出了大国强权政治的倾向，预示着几个大国对战后国际事务的主宰。

1944年8月—10月，美、英、苏三国和美、英、中三国先后在美国敦巴顿橡树园举行会议，就建立战后国际组织的问题专门进行讨论，最后通过了"关于建立普遍性的国际组织的建议案"。该案把未来的国际组织定名为"联合国"，并规定了联合国的宗旨、原则、会员国的资格、联合国主要机构的组成和职权等问题。敦巴顿橡树园会议形成了联合国宪章的雏形，在雅尔塔体系的形成过程中起了不可忽视的作用。

1945年2月4日—11日，在法西斯灭亡的前夕，苏、美、英三国首脑在雅尔塔举行了首脑会议。这次会议在安排战后世界的问题上达成了许多协议。在处置德国的问题上，三国一致同意对德国实行分区占领。关于波兰问题，三国进行了激烈争论，最后决定在广泛的基础上对苏联支持的波兰临时政府进行改组，波兰的东部边界以寇松线为界，扩增其西部和北部的领土。会上，苏联许诺在欧战结束后2—9个月参加对日作战。关于联合国问题，三国就橡树园会议上存有分歧的问题，继续讨论，最后达成了妥协：大国在非程序问题上拥有否决权，吸收苏联的两个加盟共和国为创始会员国。同时，三国决定于1945年4月25日在旧金山举行联合国制宪会议。雅尔塔会议对苏、英、美三大国此前商谈过的问题做了调整与总结，为战后世界格局确定了基本框架以及赖以建立的精神原则。因此，人们以"雅尔塔"来命名战后的国际秩序。

根据雅尔塔会

▲纽约的时代广场上，一个刚从战场归来的海军士兵在亲吻一个护士，以此庆祝第二次世界大战胜利结束。

议的决定，1945 年 4 月 25 日，48 个国家的代表在旧金山召开了联合国制宪会议。6 月 25 日，与会代表通过了《联合国宪章》。《联合国宪章》确定了联合国这一国际组织的宗旨和原则，这些宗旨和原则成为维护战后世界和平的最高纲领。同时，《联合国宪章》也成为雅尔塔体系的支柱。

1945 年 7 月 17 日—8 月 2 日，苏、英、美三国首脑在波茨坦举行了最后一次会议，就安排战后世界的问题进行讨论。关于德国问题，三国确认了雅尔塔达成的协议；承认波兰临时统一政府，初步确定波兰西部边界为奥得－尼斯河，但泽和东普鲁士南部划归波兰；东普鲁士北部和哥尼斯堡划入苏联；苏联重申对日作战的承诺。通过了《苏、美、英三国柏林会议议定书》和《柏林会议公报》。会议还就成立外长会议，准备对意、匈、保、罗、芬的和约达成一致协议。此次会议解决了欧洲战争结束后的一系列迫切问题，巩固了欧洲反法西斯战争的胜利成果，加速了对日战争的结束，奠定了战后世界新秩序。

同盟国

同盟国，即第二次世界大战中结成国际反法西斯统一战线共同对轴心国作战的国家。20 世纪 30 年代，中国、埃塞俄比亚等国人民奋起开展反法西斯斗争，但英、法等国却推行绥靖政策。德国进攻西欧后，英、美受到严重威胁，英国与欧洲沦陷国家及英、美之间遂建立起同盟合作关系，反法西斯统一战线初步形成。苏德战争爆发后，英、美宣布支持苏联。1941 年 8 月英、美发表《大西洋宪章》，苏联和其他 10 余个国家表示支持。太平洋战争爆发后，美国等国正式参战，反法西斯阵营进一步扩大。1942 年 1 月 1 日，美、苏、英、中、加等 26 个反法西斯国家在华盛顿签署了《联合国家宣言》，国际反法西斯联盟正式形成。此后，一些国家陆续加入。同盟国在反法西斯战争中互相配合与支援，最终打败轴心国，为联合国的建立奠定了基础。

纽伦堡和东京审判

德、意、日法西斯把战争强加给许多国家，同时还犯下了骇人听闻的罪行。他们灭绝人性，烧杀抢掠，无恶不作。

在中国，日本侵略者推行"三光"政策，屠杀大批无辜居民。仅南京一地，就有30多万无辜居民惨死在日寇的屠刀之下。

在欧洲，德国法西斯实行种族灭绝政策，570多万犹太人遭到杀害，此外还杀害了数以百万计的受侵略国家的人民。

德国法西斯还建立了许多集中营，用以关押和集中屠杀反法西斯战士、战俘和犹太

▲赫尔曼·戈林

人。有些集中营里还设有释放毒气的"浴室"，囚犯们被脱光衣服推进"浴室"，喷头里喷出的不是水而是毒气，"沐浴者"立刻被毒死。"浴室"旁边就是大型的焚尸炉。1940年建立在波兰的奥斯威辛集中营里，德国法西斯于此杀害了三四百万人，每天都有大约1万人在"浴室"中被害。而死于此集中营的人数至少占犹太人死亡总数的三分之二。

第二次世界大战后，如何处理战败的德国和日本的问题，成为国际关系中一个重要的问题。为了肃清法西斯势力，实现民主化和非军国主义化，防止军国主义和法西斯主义死灰复燃，维护世界和平，盟国对德、日法西斯战犯进行了审判，这就是纽伦堡审判和东京审判。1943年10月，苏、美、英三国莫斯科宣言规定，战争结束后，将对战争罪犯进行审判。1945年8月，上述三国和法国在伦敦签订协定，拟定欧洲国际军事法庭宪章，规定由四国指派检察官组成委员会进行起诉，由四国指派的法官组成国际军事法庭进行审判。

1945年10月18日，国际军事法庭第一次审判在柏林举行。从11月20日开始，审判移至德国南部城市纽伦堡举行，至1946年10月1日结束，历时近一年。包括纳粹第二、第三号人物戈林、赫斯和外长里宾特洛

甫在内的 20 多名战犯被提起公诉。法庭进行了 403 次公审，以大量确凿的证据揭露了德国法西斯的种种滔天罪行。法庭根据四条罪行对战犯进行起诉和定罪：策划、准备、发动、进行战争罪，参与实施战争的共同计划罪，战争罪（指违反战争法规或战争惯例），违反人道罪（指对平民的屠杀、灭绝和奴役等）。前两条合起来称为破坏和平罪。1946 年 10 月 1 日，法庭做出了最后判决，判处戈林等 12 人绞刑，3 人无期徒刑，4 人有期徒刑。

死刑于 1946 年 10 月 16 日执行，戈林在处决前一天服毒自杀。与此同时，法庭还宣布了 4 个犯罪组织，它们是纳粹党领导机构、秘密警察（盖世太保）、保安处和党卫队。对这几个犯罪组织的成员，各国可以判以参与犯罪组织罪，直到判处死刑。此后，在美、英、法、苏各个占领区以及后来的联邦德国和民主德国各法庭，又对众多的战争期间的犯罪分子进行了后续审判，他们大多是法西斯医生、法官、工业家、外交人员、国防军最高司令部人员、军事骨干以及党卫军高级干部等。

纽伦堡审判基本上是一次公正的审判，是人类有史以来对侵略战争发动者的第一次法律制裁，有利于防止历史悲剧的重演。它为以后对破坏和平罪的审判奠定了基础，标志着国际法的重大发展。

在第二次世界大战进行之时，盟国就认为，日本战犯也应受到与德国战犯同样的处理。1945 年 12 月 16 日—26 日，苏、美、英外长决定实施《波茨坦公告》中的日本投降条文，包括惩办日本战犯。根据《波茨坦公告》、日本投降书、盟国的《特别通告》以及《远东国际军事法庭宪章》，盟国决定在东京设立法庭审判日本战犯。

根据宪章规定，法庭将审判及惩罚被控以个人身份或团体成员身份犯有以下 3 种罪行的战犯：破坏和平罪，战争罪，违反人道罪。盟军最高统帅麦克阿瑟于 1946 年 2 月 18 日任命澳大利亚的韦伯为首席法官，中国、苏联、美国、英国、法国、荷兰、

▲战后的纽伦堡审判

菲律宾、加拿大、新西兰和印度十国各派一名代表为法官，美国的约瑟夫·B.凯南为首席检察官。

1946年4月29日，东条英机等28名战犯正式被起诉。1946年5月3日，远东国际军事法庭正式开庭。首席检察官历数了28名战犯在战争中的罪行，列举了55项罪状，指控他们犯有破坏和平罪、战争罪、违反人道罪。1948年11月4日，法庭宣读判决书，对25名出庭战犯判决如下：判处东条英机等7人绞刑，16人被判处无期徒刑，其余判处有期徒刑。1948年11月12日，远东国际军事法庭闭庭。1948年12月23日，东条英机等7名战犯在东京巢鸭监狱被绞死，尸体被火化。其余战犯入狱服刑。

对日本战犯做出的严正判决，受到了世界舆论的欢迎。这次审判，使全世界人民进一步了解了日本帝国主义从"九·一八"事变到太平洋战争期间的侵略真相和罪恶的事实，是对日本法西斯分子的一次全面清算和重大打击。但是，一些应该受到审判的战犯并未成为被告，一些罪大恶极的战犯并未受到严惩，给深受其害的各国人民留下了不良的印象。

血胆老将巴顿

小乔治·史密斯·巴顿，美国陆军四星上将。1904年进入西点军校。1917年随美国远征军赴法参战，11月组建美军第一个装甲旅。1942年任第一装甲军军长，11月作为北非远征军西部特遣部队司令，率部参加北非登陆战役，占领法属摩洛哥。后负责组建美国第七集团军，于1943年指挥美第七集团军参加西西里岛登陆战役。1944年1月在英国就任美国第三集团军司令，7月赴法国诺曼底，突入布列塔尼半岛和法国中部。尔后协同盟军其他部队在法莱斯战役中重创德军，并追击洛林方向逃敌。阿登战役中，奉命率部驰援被围困在巴斯托涅的美军，击退德军进攻。1945年率军突破齐格菲防线，强渡莱茵河，突入德国腹地，占领捷克斯洛伐克西部，进抵捷奥边境。巴顿作战勇猛顽强，指挥果断，富于进攻精神，善于发挥装甲兵优势，实施快速机动和远距离奔袭，有"热血铁胆""血胆老将"之称。

联合国建立

1945 年 4 月 25 日，美国旧金山市中心的大歌剧院里一片沸腾，来自世界各国的人们兴奋地谈论着即将开幕的大会。是什么重要的大会让世界各国的人们聚集到了一起呢？原来，今天在这里举行的大会将要讨论联合国的成立，并制定《联合国宪章》。

下午 4 时左右，美、中、英、苏 4 个发起国和其他国家的代表先后走入歌剧院。紧接着，1800 多名各国记者也进入会场，他们将成为这一历史性时刻的见证人。

联合国是在第二次世界大战期间开始筹备创立的，它是世界人民渴望和平的产物。第二次世界大战的战火燃烧到世界 60 多个国家和地区，有近 20 亿人被卷入战争，其中有 5000 万人死亡，全部交战国直接战费总额计 11540 亿美元。蒙受战争苦难的世界各国人民渴望实现持久的和平。早在 1941 年英、美两国发表的《大西洋宪章》里，两国首脑就提出了要在战争结束后建立一个"广泛而永久的普遍安全制度"，道出了饱受战争之苦的人们的心声。

1943 年 10 月，中、美、英、苏代表在莫斯科举行会议，并签订了《四国关于普遍安全的宣言》，这是呼吁建立国际安全机构的开端。1943 年 11 月的开罗会议中，中、美、英三国代表商讨了战胜日本及战后的共同策略。不久，美、英、苏又在德黑兰举行会议，在这次会议期间，罗斯福与斯大林提出了战后成立联合国的建议。1944 年 8 月—10 月，苏、美、英三国代表和中、美、英三国代表分别举行会议，讨论并拟定了《关于建立普遍性国际组织建议》，在这个建议中，规定了联合国的宗旨、原则和各机构的组成。

尽管世界各国在维护世界和平方面的宗旨一致，但在一些方面却也存在着很大的分歧，尤其是美国和苏联。作为两种社会制度的代表，美国和苏联永远都是针锋相对的。美国的目标是建立一个战后世界各国的协调机构，而苏联却以防止德、日法西斯侵略力量的再起为目标。此外，苏联代表提出的苏、美、中、英、法五大国享有否决权的问题也遭到了美、英的反对。

在 1945 年 2 月召开的雅尔塔会议上，罗斯福和丘吉尔终于与斯大林达成了协议，接受了苏联关于联合国的组织方案，同意五大国拥有否决权，并把乌克兰和白俄罗斯列为联合国会员国。于是，几个大国才在举行制定联合国宪章的会议问题上取得了一致意见，并决定"制宪会议"在旧金山召开。

大会的开幕式上，美国代表发表了简短的讲话，接着是新继任的美国总统杜鲁门的讲话，杜鲁门在讲话中强调了联合国对世界和平与人类发展的意义，并一再强调"和平"与"合作"是此次大会的两大主题。开幕式洋溢在一种和谐友好的气氛中。

"制宪会议"持续了整整两个月，这时的会员国已增至 51 个。各国代表都先后在大会上发了言，研讨了会议的组织工作，并确定了英、俄、法、汉和西语为大会正式工作语言。6 月 26 日，大会一致通过了《联合国宪章》，51 个国家的代表在宪章上签了字。

1945 年 10 月 24 日，联合国正式宣布成立，并把总部设在美国东海岸纽约市的曼哈顿区。

世界当代史

杜鲁门主义

1947 年 3 月 12 日，美国总统杜鲁门在致国会的关于援助希腊和土耳其的咨文中，提出了以"遏制共产主义"为核心的对外政策的指导思想，这一思想被称为"杜鲁门主义"。

第二次世界大战后，德、意、日 3 个国家遭到重创，英、法的力量也严重削弱，美国却依仗在战争中发展起来的雄厚的经济、军事实力，在资本主义世界取得了主导地位。1947 年 2 月 21 日，英国照会美国国务院，声称由于国内经济困难，无法再给希腊和土耳其以经济和军事的援助，希望美国继续给予援助。

希腊和土耳其扼东地中海，地处国际交通要道的会合点，具有重要的战略地位，尤其黑海海峡，是黑海通往地中海、大西洋的门户，历来为大国必争之地。第二次世界大战前，希腊和土耳其一直是英国的势力范围。战后，由于英国实力的全面衰退，美、苏在这一地区的争夺异常激烈。1945 年 6 月，苏联向土耳其提出缔结新条约的要求，包括把 1921 年割让给土耳其的土卡尔斯和阿尔汉达两地归还苏联、苏联在达达尼尔海峡建立陆海空军基地等。

土耳其拒绝了苏联的要求，两国关系顿时紧张起来。美国乘机向土耳其提出开放和联合管制达达尼尔海峡的要求，并提供贷款，全面支持土耳其，美国在海峡地区的影响不断扩大。战后，希腊的人民武装力量蓬勃发展。1946 年秋，希腊共产党领导人民掀起了武装斗争，不断取得胜利，希腊政府处于风雨飘摇之中。在这种情况下，希腊向英国提出加紧援

▲杜鲁门

杜鲁门主义是美国旨在遏制共产主义在欧洲发展的重要政策之一，是冷战的宣言书，是美国全球扩张的标志。

助的要求。但英国已经难以收拾希腊的局面。1947年2月21日，英国照会美国，表示"由于军事和战略上的原因，不应该允许希腊和土耳其落入苏联控制之下"，要求美国挑起全面援助希、土的担子。"希土危机"不仅为美国提供了取代英国、夺取东地中海控制权的可能，而且为美国提出全球性

▲ 1946年3月，丘吉尔在杜鲁门陪同下，在富尔敦的威斯敏斯特学院发表了著名的"铁幕"演说。

扩张的纲领、抛出冷战政策提供了契机。

在咨文中，杜鲁门指出希腊遭到由共产党人领导的"恐怖主义活动的威胁"，一旦它作为独立国家"陨落"，不但将危及土耳其和整个中东地区，而且将给欧洲一些"力争维持其自由和独立地位"的国家带来"灾难性"的影响。

他把"希土危机"比喻为希特勒和第二次世界大战的再现，宣称世界已分为两个敌对营垒，一边是"自由制度"，一边是"极权政体"，每个国家都面临着两种不同生活方式的抉择，美国负有领导"自由世界"的使命，以抗拒共产主义。声称美国的政策必须是支持各国"自由人民"抵抗少数武装分子或外来压力所施行的"征服活动"，必须帮助各国人民以他们自己的方式去解决有关他们各自命运的问题。他要求"立即采取果断的行动……在1948年6月30日截止的期间向希腊和土耳其提供4亿美元的援助"，并要求选派文职和军事人员前往增援。杜鲁门在解释这篇咨文时说："这就是美国对共产主义暴君扩张浪潮的回答"，是"向全世界说明，美国在这个新的极权主义的挑战面前所持的立场"；"我相信，这是美国外交政策的转折点，它现在宣布，不论什么地方，不论直接或间接侵略威胁了和平，都与美国的安全有关"。由此可见，杜鲁门主义远不止援助希、土的决策，而是美国在全世界范围内扩张的宣言，是对苏联发动全面"冷战"的宣战书。它是美国对外政策转变的完成，标志着美国对外政策已彻底摆脱了孤立主义的影响，开始由局部扩张转变为全球扩张。1947年5月22日，

冷　战

　　冷战是指第二次世界大战后，以美、苏为首的帝国主义国家与社会主义国家之间除武力外的各方面的敌对活动和实力对峙局面。1947 年 3 月杜鲁门主义的出笼为冷战开始的标志，20 世纪 50 年代中期以前为冷战高潮阶段。美国为了遏制苏联，抛出马歇尔计划，组织北约集团。对此，苏联成立欧洲共产党九国情报局、经互会和华约集团与之对抗。除在欧洲形成美、苏为首的两大军事集团对峙外，冷战亦在亚洲、非洲、拉丁美洲展开。美国利用冷战，加强对广大中间地带的控制。20 世纪 50 年代中期至 60 年代是由全面冷战走向部分缓和的阶段。1959 年 9 月美、苏举行戴维营会谈，1961 年 6 月又举行维也纳会议，全面对峙逐步转向对话，但冷战仍然存在。20 世纪 70 年代以来进入全面缓和时期。冷战造成了第二次世界大战后初期两极对峙的世界格局。

杜鲁门正式签署《援助希、土法案》。1947 年—1950 年，美国援助希、土两国 6.59 亿美元。1949 年，希腊革命被扑灭。

　　杜鲁门主义是美国对外政策的重大转折点。它与马歇尔计划共同构成美国对外政策的基础，标志着美、苏两国由战时的盟国变为战后的敌国，美、苏之间的"冷战"正式开始。

欧洲复兴计划

　　每年的哈佛大学毕业典礼上，都会有一位政界要人或是工商巨子来到学校对即将离开学校的学子们发表演讲。1947 年 6 月 5 日，又是哈佛每年一度的毕业典礼的日子，今年请来的知名人士会是谁呢？

　　随着学生们的一片喧哗声，美国国务卿乔治·马歇尔走上了讲台。他频频挥手，向台下的同学们致意，然后开始了演讲。在这次演讲中，马歇尔描绘了欧洲面临的困难局面，提出了美国对欧洲进行援助的计划，即"欧洲复兴计划"。马歇尔说："在以后的几年中，欧洲的需要大大超过了它的支持能力，而美国应尽最大努力帮助恢复世界正常的经济繁荣……我们的目的就是恢复世界上行之有效的经济制度，从而使自由制度赖以生存的政治和社会条件能够出现……"

▲马歇尔

　　马歇尔用 15 分钟就把这一计划叙述得淋漓尽致。他非常投入，台下的学生们也听得入了神。马歇尔计划是当时美国对外政策的一个重要组成部分，也是杜鲁门主义自出笼以来的第一次大规模运用。

　　第二次世界大战期间，由于美国在战争中本土没有受到攻击，工业基础未遭到破坏，生产力继续提高，使其战后成为西方最强大的国家。

　　"欧洲复兴计划"虽然是马歇尔正式提出来的，但在马歇尔提出之前，美国政府早已经把这一计划的雏形进行了多次宣传。

　　1947 年 2 月 22 日，马歇尔刚刚上任，便在普林斯顿大学发表了对外政策演说，强调鉴于西欧各国经济处于困难，美国应给予各国强有力的援助。3 月 6 日，美国总统杜鲁门在得克萨斯州贝纳大学发表演说时，声称美国将决定世界经济关系的格局。5 月 8 日，受杜鲁门的委托，美国副国务卿艾奇逊在克利夫兰一个集会上发表了对外政策演说，强调欧洲重建要作为一个整体来考虑，要通过贷款或赠予方式解决，以此来保持欧洲的繁荣。艾奇逊的演说其实是马歇尔这次"欧洲复兴计划"的序幕。

▲在这幅广告画中，马歇尔计划成为新欧洲发展的有力夹板。

马歇尔在哈佛大学的演讲刚一发表，立即在世界范围内引起关注。英、法两国率先响应，6月17日—18日，英、法就"欧洲复兴计划"问题在巴黎举行会谈。19日，两国发表公报，对这一计划表示欢迎，并按照美国政府的意思，邀请苏联外长莫洛托夫前来参加讨论。6月27日，苏联派遣了庞大的代表团参加了在巴黎召开的讨论"欧洲复兴计划"的会议。英、法建议欧洲各国就各自的经济资源提出报告，然后拟出欧洲国家统一的经济复兴大纲，这一要求遭到了苏联代表的拒绝。7月2日，莫洛托夫发表声明表示欢迎基于民主的国际合作，但谴责西方各国的做法将导致某些国家对另一些国家内部事务的干涉，并宣布退出会谈。7月12日，英、法等西欧16国在巴黎继续举行会议，决定成立"欧洲经济合作委员会"。实际上，"欧洲复兴计划"应该叫作"西欧复兴计划"。

"欧洲复兴计划"在西欧得到热烈欢迎后，美国加紧将该计划的各项准备工作予以落实。首先，成立了直属总统的对外援助委员会，并制定了具体的方针、政策。作为复兴欧洲的有机组成部分，美国于6月20日给予希腊3亿美元援助，8月14日停止对意大利在美财产的冻结，等等。

欧洲国家经济的恢复发展

第二次世界大战给欧洲带来了重大灾难，战后初期，无论是英、法等战胜国，还是德、意等战败国，到处一片瓦砾，经济恢复困难重重。

战后初期，欧洲各国的工业水平只相当于战前的三分之一至二分之一。

第二次世界大战后，美国为了对付苏联，对欧洲资本主义各国给予大量援助。欧洲资本主义国家利用美国的援助，发挥本国良好的经济技术基础优势，采用最新的科学技术成果，奋发图强。到20世纪50年代，各国的工业生产已经大体达到甚至超过了战前水平。此后，各国经济更是步入高速发展时期。其中，联邦德国的发展尤其迅速，成为欧洲经济实力最强的资本主义国家。

1948 年 4 月 3 日，杜鲁门正式签署了国会通过的《对外援助法》。该法案规定各个参加"欧洲复兴计划"的受援国必须与美国就援助条件签订双边条约，并相对削减同社会主义国家的贸易额。为此，美国还特别成立了经济合作署，开始正式实施"欧洲复兴计划"。

1951 年 12 月 31 日，"欧洲复兴计划"执行完毕。在这一计划中，美国共向西欧各国援助了 131.5 亿美元，欧洲 16 个受援国都不同程度地获得了援助。

当该计划临近结束时，西欧绝大多数参与国的国民经济都已经恢复到了战前水平。在接下来的 20 余年时间里，整个西欧经历了前所未有的高速发展时期，社会经济呈现出一派繁荣景象，可以说这与马歇尔计划不无关系。美国和西欧的领导人普遍认为欧洲一体化可以长久地确保欧洲的和平与繁荣，而马歇尔计划正是促成欧洲一体化的重要因素之一，因为该计划消除了历史上长期存在于西欧各国之间的关税及贸易壁垒，同时使西欧各国的经济联系日趋紧密并最终走向一体化。该计划同时也使西欧各国在经济管理上系统地学习和适应了美国的经验。由马歇尔计划催生的美国和西欧之间的贸易关系也巩固并推进了北大西洋各国同盟，并使其战略意义之持续到冷战终结。

"欧洲复兴计划"稳定了资本主义社会的秩序，推动了欧洲经济的一体化。然而，让美国始料不及的是，这一计划不但没有遏制住苏联，反而进一步加剧了冷战。

《华沙条约》

北约组织使苏联感到自身面临着严重的威胁。苏联外交部针对美国国务院的声明进行严厉谴责，把北约称作"美国和英国统治集团推行侵略政策的主要工具"。此后，苏联在各种场合都猛烈地抨击北约组织，并向联合国大会上诉。1954 年 10 月 23 日，西方国家签订了《巴黎协定》，允许联邦德国建立正规军，并加入北约，公开重新武装德国。11 月 13 日，苏联政府立即向以美国为首的西方国家发布照会，要求他们不要批准《巴黎协定》，但遭到西方国家拒绝。11 月 29 日—12 月 2 日，苏联召集阿尔巴尼亚、保加利亚、匈牙利、波兰、民主德国、捷克斯洛伐克和罗马尼亚东欧七国政府代表在莫斯科会聚，警告西方国家，一旦《巴黎协定》被批准，苏联与东欧国家将采取共同措施，组建联合武装。但西方国家对苏联的警告置若罔闻。1955年5月5日，《巴黎协定》正式生效。5月14日，苏联与东欧七国在波兰华沙签订了友好互助合作条约，称为《华沙条约》，简称"华约"。

华沙条约组织具有军事同盟的性质。条约规定：当缔约国之一遇到武装威胁时，其他缔约国应采取一切必要的方式给予援助；设立统一的武装部队司令部和政治协商委员会；缔约国不参加与华约相反的任何联盟或同盟，不缔结与华约相反的任何协定。华约还欢迎一切赞同该条约的国家参加。华约组织的主要机构有政治协商委员会和联合武装部队司令部。前者由缔约国各派一名政府成员或一名特派代表参加，负责审议一切重要的政治、军事问题。从1960年以后，政治协商委员会一般由各缔约国执政党的第一书记或总书记，以及政府首脑、外交部长、国防部长和华约联合武装部队总司令参加。联合武装部队司令部负责统率根据缔约国各方协议拨归其指挥的各国武装部队。上述两机构总部均设在莫斯科。

华约的建立使东、西方最终形成了两个对立的军事集团，使两大阵营

经济互助委员会

简称经互会，1949年苏、罗、捷、保、匈、波六国在莫斯科成立的国际经济组织。此后，阿尔巴尼亚、民主德国、蒙古、古巴、越南陆续加入。经互会基本任务是：促成会员国之间经济合作；交流经济经验；相互给予技术援助；在原料、粮食、机器装备等方面相互协助。经互会的成立标志着欧洲经济上的分裂。其经济合作经历了进行商品交换和科技资料交换、推行生产的"国际分工"、实行"经济一体化"三个发展阶段。经互会对打破西方经济封锁、促进各成员国经济发展起到一定的积极作用，但受到苏联的控制，苏联与其他成员国之间关系不够平等。1991年，经互会正式解散。

带有强烈的军事对抗色彩，从而使冷战的气氛更加凝重。

1991年4月1日，华约组织宣布解散其军事机构。7月1日，华约6个成员国领导人在布拉格签署议定书，宣布华约结束。至此，华沙条约组织正式解散，两大阵营的对峙宣告结束。

亚非会议

20世纪50年代中期，亚非地区已经发生了巨大的变化。亚非地区已有近30个国家获得独立。许多亚非国家由于奉行独立自主的政策，已经开始在国际事务中发挥作用，宣告亚非国家任人摆布的命运和在国际事务中毫无发言权的时代结束。越来越多的亚非国家渴望把命运掌握在自己手中，反对侵略战争、维护和平，反对殖民压迫、争取和保障民族独立，反对帝国主义掠夺和奴役、发展民族经济，已成为亚非各国人民的共同愿望和要求。

许多亚非国家认识到，需要制定一个促进亚非国家友好合作、反帝反殖的共同纲领。亚非会议就是在这样的背景下召开的。

1954年，印度尼西亚政府首先提议，并获得缅甸、锡兰（今斯里兰卡）、印度和巴基斯坦等南亚东南亚国家的大力支持，决定在印尼召开一次亚非国家的国际会议来讨论世界局势，并就大家共同关心的问题交换意见，协调立场，以制订一个团结反帝反殖的共同纲领。这一倡议受到亚非各国的热烈欢迎。中华人民共和国应邀出席这次会议。这一切表明了亚非人民的觉醒和奋起已成为不可阻挡的历史潮流。1954年12月底，南亚五国总理在印尼茂物举行会议，研究召开

▲万隆会议会址

亚非会议问题。会议决定与会五国联合发起召开亚非会议，邀请包括中国在内的 25 个亚非国家和地区参加，并定于 1955 年 4 月在印尼万隆举行。

1955 年 4 月 18 日，有 29 个亚非国家参加的亚非会议在印度尼西亚万隆的独立大厦开幕。会议遭到帝国主义的阻挠和破坏。

中国代表的原则立场和发言博得了与会国代表的热烈欢迎和普遍赞扬。

4 月 24 日，亚非会议胜利闭幕，并发表《亚非会议最后公报》，宣布一切国家的人民享有自决的权利，支持殖民地和附属国的民族独立斗争，倡导以和平相处、友好合作十项原则为国与国之间关系的准则，强调促进经济发展的迫切性，号召亚非国家发展全面的经济与文化合作。会议体现了亚非人民团结一致、保卫世界和平和增进各国人民之间的友好合作的精神，促进了亚非各国人民反帝反殖斗争的发展。

不结盟运动

不结盟运动是当代国际政治舞台上一支重要的力量，它形成于 20 世纪 60 年代。它坚持独立自主、非集团的原则，坚持和平、中立、不结盟的宗旨，坚持反帝、反殖的方向，在国际事务中发挥着重要的作用。

不结盟运动的兴起是国际形势发展的必然结果。第二次世界大战结束

▲铁托

后，亚洲、非洲和拉丁美洲地区的民族解放运动蓬勃发展，出现了一系列新兴的民族独立国家。这些新兴国家大都选择了独立、自主、不结盟的发展道路。

在"万隆精神"的鼓舞下，非殖民化进程有了很大发展。但是，帝国主义、新老殖民主义都不甘心退出历史舞台。美、苏两国也开始进行全球性角逐，北约和华约两大军事集团重兵对峙，在亚非拉广大的中间地带展开激烈争夺。企图以新殖民主义取代旧殖民统治，对新独立国家的独立、主权和安全构成严重

威胁。在这种情况下，处在两大集团之外的许多国家不愿听任大国的摆布和控制，决心自己掌握国家和民族的命运，维护国家的独立和主权，捍卫世界和平。在这种历史环境下，不结盟运动应运而生。早在亚非会议后不久，1956 年 7

▲1956 年，纳赛尔当选埃及总统。

月，南斯拉夫总统铁托、埃及总统纳赛尔、印度总理尼赫鲁在南斯拉夫举行会谈，并发表联合公报，强调坚持民族独立，反对参加两大军事集团，主张各国之间和平共处与友好合作。柬埔寨国家元首西哈努克亲王和印度尼西亚总统苏加诺也签署了上述公报。1961 年初，铁托在非洲国家的独立高潮中，遍访非洲九国，提出各不结盟国家举行首脑会议的建议，得到纳赛尔等人的响应。1961 年 6 月，不结盟国家首脑会议在开罗召开筹备会议，规定参加不结盟会议的五项准则：①它的政策应当是在和平共处和不结盟基础上的独立政策；②它应当支持民族解放运动；③它不应当是任何会使其卷入大国冲突的集体军事同盟的成员国；④它不应当同某个大国缔结双边联盟；⑤其国家领土不应当有它同意下建立的外国军事基地。

在不结盟运动刚刚兴起之时，美国以对付"共产主义威胁"为借口，在世界各地组建了各种军事和政治联盟。苏联出于同美国争霸的目的，也竭力分化瓦解不结盟运动。他们都企图把别国拉入自己的集团。但是，不结盟运动还是不可阻挡地发展起来，成为国际舞台上不可忽视的一支政治力量。

1961 年 9 月 1 日—6 日，第一次不结盟国家首脑会议在贝尔格莱德召开，有 25 个国家出席了会议。会议通过了《不结盟国家政治首脑宣言》和《关于战争的危险和呼吁和平的声明》。宣言指出："只有殖民主义、帝国主义和新殖民主义的各种表现形式都被消除……之后，持久和平才能实现。"不结盟国家"决意协同做出努力来制止各种新殖民主义和帝国主义统治的

埃及七月革命

1952 年埃及"自由军官组织"发动的推翻法鲁克封建王朝，建立资产阶级共和国的革命。第二次世界大战后，埃及人民反对英国殖民者和封建王朝反动统治、争取民族独立的斗争不断高涨。由青年军官秘密组织的"自由军官组织"在纳赛尔的领导下，积极准备推翻王室。1952 年 7 月 23 日，"自由军官组织"发动起义，并控制了首都。26 日，法鲁克国王被迫宣布退位，逃往意大利。起义者成立"革命指导委员会"，没收王室的土地，取消社会等级和贵族封号，清洗腐败的国家机构，颁布土地改革法，废除了 1923 年宪法。1953 年正式宣布废除君主政体，成立埃及共和国。纳吉布任总统兼总理，纳赛尔任副总理。1954 年 10 月 19 日，签订了《关于苏伊士运河基地的协定》（又称《开罗协定》)，规定英军于 1956 年 6 月 12 日前撤离埃及领土。1956 年 6 月 23 日制定新宪法，纳赛尔当选总统。

一切形式和表现"。宣言宣布与会各国全力支持阿尔及利亚、安哥拉、突尼斯、古巴以及其他为争取和维护民族独立而斗争的各国人民。宣言要求各大国签订全面彻底的裁军条约，以缓和国际紧张形势；认为"现在的军事集团……不时引起国际关系恶化"，"不结盟国家应该参与有关世界和平与安全"的国际问题的解决。宣言要求消除殖民主义遗留下来的经济不平衡状态，废除国际贸易的不等价交换，稳定原料和初级产品价格。宣言还要求恢复中华人民共和国在联合国的合法权利。不结盟国家和政府首脑会议的举行，标志着不结盟运动正式开始，它推动了国际政治力量由美苏两极向多极化方向转化。不结盟运动所确立的不结盟、独立自主的原则和反帝、反殖的立场，受到越来越多的第三世界国家的承认和支持，从而促进了第三世界的壮大。

不结盟运动在反对帝国主义、殖民主义，促进亚、非、拉各国民族解放运动的深入发展，反对霸权主义、强权政治，维护第三世界国家的独立、主权和平等地位，反对超级大国的侵略和战争政策，保卫世界和平，改革旧的国际经济关系，建立国际经济新秩序等方面，做出了不懈的努力。

不结盟运动开始后，其队伍不断扩大。到 1983 年，已有 119 个国家加入，占世界国家总数的三分之二；人口 20 多亿，占世界总人口的三分之一。不结盟运动作为第三世界最大的政治性国际组织，已成为当代国际社会中强大而充满生气的政治力量，在国际事务中的作用越来越显著。会议主张用和平共处的原则来代替"冷战"和可能发生的全面核战争。会议决定把上述宣言递交联合国。这次会议标志着不结盟运动的正式形成。

第三次科技革命

第三次科技革命，又称新科技革命，兴起于 20 世纪四五十年代。它以原子能技术、航天技术和电子计算机的应用为代表，另外还包括人工合成材料、生物技术和遗传工程等高新技术。它极大地推动了人类社会的发展，这一浪潮至今方兴未艾。

19 世纪末 20 世纪初，科学理论的重大突破成为新科技革命的理论基础。爱因斯坦相对论的提出和量子力学的诞生，在物质观、时空观、运动观和方法论方面，将人类对自然界的认识从宏观世界引向微观世界。原子物理学揭开了核裂变的奥秘，使人工利用原子能成为可能。在第二次世界大战中，由于战争的需要，各国都集中物力、财力和人力，研究威力巨大的新式武器。战后，苏、美、英等国为了增强在国际

▲首次进入太空

苏联宇宙飞船"东方 1 号"升空，标志着一个旅行的新纪元从此开始。苏联宇航员加加林是世界上第一个乘坐宇宙飞船进入太空的人，加加林在宇宙舱里绕地球飞行了 108 分钟，然后在 7000 米的高空从宇宙飞船上弹出降落。

市场上的竞争能力，加大科研方面的投入，大力开发新产品，促使科研水平不断提高。而战后初期形成的控制论、信息论和系统论成为第三次科技革命的理论依据。

第三次科技革命具有不同于先前科技革命的明显特征。首先，科学技术在推动生产力的发展方面起着越来越重要的作用，科学技术直接转化为生产力的速度加快。其次，科学和技术密切结合，相互促进，具有科学、技术、生产一体化的趋势。最后，科学技术各个领域之间相互渗透和分化，在高度分化的基础上又高度综合。现代科技发展出现了两种趋势：一方面，学科越来越多，分工越来越细，研究越来越深入；另一方面，学科之间的联系越来越紧密，科学研究朝着综合的方向发展。

无论在广度上还是在深度上，第三次科技革命都对世界产生了极其深刻的影响。

第一，它极大地推动了生产力的发展，促进了劳动生产率的提高和国民财富的增长。据统计，从18世纪以来，世界工业的年增长以1951年到1976年间的速度为最快。如果以1950年各国农业生产指数为100计算，那么到1977年各主要西方国家的农业生产指数分别是：法国187，英国171，联邦德国181，意大利170，美国181，日本248。可以说，当代资本主义经济所取得的成就及其优势地位，主要是通过科学技术的进步和知识创新实现的。在新科技革命下，劳动生产率的提高，主要是通过生产技术的进步、劳动者素质和技能的不断提高实现的。而电子计算机控制的自动化技术，使人的劳动从直接参加生产转变为对生产过程的控制，这就要求

指令舱进入地球上空120千米处的大气层。

靠近地球时，指令舱与服务舱分离。

指令舱、服务舱和登月舱继续飞往月球时，火箭的其余部分脱落。

登月舱降落在月球表面。

从卡纳维拉尔角发射。

"十星"5号的引擎点燃，准备将"阿波罗"宇宙飞船送往月球。

宇航员对接进入太空舱，登月舱被丢弃。

指令舱和服务舱围绕月球做轨道运行，等待登月舱的返回。

指令舱降落坠入大海。

▲登月示意图

这是"阿波罗"宇宙飞船登月到返回的全过程示意图。科学家在20世纪50年代就掌握了这个理论，但把它变为现实则是1969年7月的事。

劳动者必须具备相应的文化水平和科技水平，否则无法同现代化的生产资料相结合。新科技革命由于采用现代管理与决策理念，使劳动组织的管理日益科学化，对企业管理的"民主参与"也就应运而生。

第二，它促进了社会经济结构和社会生活结构的变化。在发达资本主义国家，国民经济中的第三产业的比重上升，超过了第一、第二产业；产业结构中的技术密集型企业发展速度大大超过传统的劳动密集型企业，信息产业逐渐兴起。

人们的日常生活也发生变革。它所创造的大量新产品改变了人类的生活，甚至影响了人类的思想道德观念。现代化通信手段的出现，改变了人们交流信息的传统方式，也改变了传统的人际交往方式。国际互联网使人们观察、认识外部世界的方式和方法也发生变化。

第三，它推动了国际经济格局的调整，拉大了发达国家和发展中国家的差距。科技在国际经济竞争中的地位越来越重要。新科技革命加速了生产和资本的国际化、一体化和集团化。随着各国经济的相互依存、相互渗透，经济区域化趋势加强，如以欧共体为中心的欧洲，以美国为中心的北美经济一体化，以日本为中心的亚太经济圈。这对发展中国家的地位越来

转基因技术

转基因技术又称为 DNA 重组技术，即将不同种生物携带的遗传物质进行重新组合，进而培育出新的生物种类或特性。目前，人们已经能够用微生物将固氮基因转移到谷物等非豆科植物中去，以期产生更为优良的作物品种。这是该技术的有益应用。但有人妄图通过转基因技术打破人和动物之间的界限，制造出生理上的"狼人"等，就显得离经叛道。另外，科学家在实验室中把高等生物的遗传物质同细菌的遗传物质结合，造出自然界原本不存在的"杂种生物"，是否会具有某种致病性也值得考虑。21世纪，生物科技有着更为广阔的发展空间，但任何人都不应只凭个人兴趣或猎奇心理来进行科学探索，而要以全人类的幸福与进步为底线。

越不利。西方七国 1987 年的经济实力占世界的 60%，而人口只占 12%。1950 年，发达国家与发展中国家的国民生产总值相差 23 倍，1985 年扩大为 44 倍，1990 年更扩大为 56 倍，并且有进一步扩大的趋势。

随着第三次科技革命的发展，知识经济已经初露端倪。为了增强自己的地位，科技立国、科技兴国、科技强国日益成为许多国家的国策。

古巴导弹危机

冷战前期，美、苏均以核武器向对方进行威慑。20 世纪 50 年代，美国部署在欧洲的中程导弹及战略轰炸机，直接对苏联本土构成威胁。1959 年 1 月，古巴人民在卡斯特罗的领导下推翻了亲美政权，动摇了美国在西半球的霸主地位。1961 年 4 月，美国入侵古巴失败。卡斯特罗为抗击美国，迅速向苏联靠拢。苏联乘机向古巴扩展势力，并试图在古巴部署核武器以直接威胁美国本土。1962 年 7 月，苏联开始向古巴秘密运输中程导弹。8 月 29 日，美国 U–2 型飞机发现苏联在古巴建造萨姆导弹发射场。9 月 4 日，肯尼迪在声明中指责苏联。赫鲁晓夫一面矢口否认，一面加速向古巴运送萨姆导弹和伊尔 –28 型轰炸机。10 月 22 日，肯尼迪向美国和全世界发表广播讲话，通告苏联在古巴部署核导弹的事实，认为美国必须立即对古巴实行“隔离”，以阻止进攻性武器运入古巴。讲话还包括以下内容：增强对古巴一切行动的监视；从古巴发射的任何导弹都被认为是苏联对美国的攻击，必须对苏联做出充分的报复性反应；加强美国在古巴境内关塔那摩海军基地的力量，命令其他部队随时做好准备；要求美洲国家组织和联合国开会讨论苏联对西半球安全的威胁并采取必要的行动；要求赫鲁晓夫从古巴撤走所有导弹。23 日，肯尼迪签署公告，从 24 日起对古巴实施海上“隔离”，拦截检查一切前往古巴的船只；

▲部署在古巴的苏联导弹

在实施"隔离"期间，美国在加勒比海域部署了舰只，在佛罗里达集结重兵，数百架战略轰炸机携带核弹升空待命；海外的军事基地也进入戒备状态，并通过卫星密切监视古巴的一切军事活动。

△ 1962 年 10 月 22 日，肯尼迪宣布实行海上封锁，并且要求苏联立即撤出核导弹。

危机之初，苏联做出了强硬的反应。赫鲁晓夫宣称，对于美国"史无前例的侵略"和走向"发动世界热核战争"的行为，苏联将进行最强烈的回击，苏联船只不会听从美国海军的封锁，不会停航和接受检查。苏联还要求美国从世界各地拆除其军事基地，要求安理会讨论制止美国破坏和平的问题。同时，苏联和华沙条约组织的武装力量，进入戒备状态。一时之间，世界濒临核大战的边缘。

但是，美苏并不愿意真的触发双方之间甚至世界范围的核大战。1962 年 10 月 24 日，苏联驶往古巴的船只开始返航。26 日，赫鲁晓夫提出，愿意在联合国监督下从古巴撤出进攻性武器，并表示不再向古巴运送这种武器，交换条件是美国撤销对古巴的封锁，并保证不再入侵古巴。27 日，肯尼迪发表声明，要求苏联在联合国监督下从古巴撤出导弹，美国保证不入侵古巴。28 日，赫鲁晓夫表示同意撤除在古巴的核武器，让联合国代表到古巴核实。11 月 1 日，卡斯特罗宣布，拒绝联合国视察，并提出维护古巴主权和领土完整等要求。11 月 8 日—11 日，苏联从古巴运走了 42 枚导弹，并在公海上接受美国"船靠船的观察"。20 日，肯尼迪宣布赫鲁晓夫答应将在 30 天内撤走

▲载有进攻性导弹的苏联舰艇从古巴返航。

导　弹

　　导弹是依靠自身动力装置推进、依靠制导系统控制其飞行轨迹的火箭或无人驾驶飞机式的武器，它的炸药弹头或核弹头可以摧毁目标。导弹是第二次世界大战时期由纳粹德国发明的。1944 年 2 月 15 日，德国 V-1 导弹进行第一次发射试验。V-1 导弹外表与普通飞机相似，弹长 7.9 米，重 2180 千克，最大射程可达到 280 千米。1944 年，德国军队向英国发射了数千枚 V-1 导弹，给英国带来了巨大的损失。不久，在 V-1 的基础上，德国又研制出了更先进的 V-2 导弹。V-2 导弹长 14 米，能把 1 吨重的弹头运送到 260 千米以外。它同样也给英国带来了巨大损失。同时，德国还研制出了地空导弹、反坦克导弹、反舰导弹等。

在古巴的全部伊尔 -28 型轰炸机，并宣布取消对古巴的海上封锁。双方的武装力量先后解除戒备状态，危机终于结束。

　　现在，导弹已成为具有战略地位的主要武器。

　　古巴导弹危机是美苏用包括核武器在内的军事力量进行的一次空前的对抗。危机的解决虽然避免了核大战，但其影响却是深远的。它暴露出核时代超级大国对抗的风险。结果，这场危机加上此前发生的柏林危机，戏剧性地成了美苏冷战以至整个国际关系缓和中一个转折点。在以后的斗争中，两国都较为谨慎地避免直接对抗，特别是避免核武器对抗，并谋求妥协与合作以维持核垄断，约束无核国家。

——"布拉格之春"——

　　20 世纪 50 年代初期，捷克斯洛伐克实行高度集中的中央计划管理体制。1958 年 2 月，捷共中央全会通过了《关于实行管理计划与财政新体制》和《提高国民经济管理体制的经济改革效率的原则》，开始进行改革探索。从 20 世纪 60 年代初开始，捷国经济严重衰退，生产停滞，政府财政赤字高达 50 亿克朗，人民不满情绪日益增长，捷国内改革呼声越来越高。

1963 年，捷克斯洛伐克成立了由经济学家和管理干部组成的全国性的改革委员会。1964 年 1 月，报刊发表了改革委员会制定的改革方案。经过广泛讨论，1965年，捷共中央通过了《关于

▲一位苏联士兵试图向布拉格的市民解释他们的入侵举动。

改进国民经济计划管理工作的主要指示》。1966 年又颁布了《关于加速实施新管理体制的原则》。这次改革虽然比 50 年代的改革前进了一步，但在这次改革过程中，党政领导机构和经济理论界都出现了严重的意见分歧，致使改革未能取得实质性进展。

经济停滞促使社会矛盾和政治斗争日益激化。1968 年 1 月，捷共中央全会决定，将共和国总统和捷共中央第一书记的职务分开，解除诺沃提尼中央

▲一位布拉格市民爬上坦克抗议苏联军队的入侵。

第一书记的职务，选举改革派代表人物杜布切克接任。3 月，诺沃提尼又被迫辞去所兼总统一职，由斯沃博达接任。1968 年 4 月，捷共中央召开全会，通过了《行动纲领》，宣布将进行试验，创立一个新的、适合捷克斯洛伐克情况的、富有人情味的社会主义模式。在政治方面，主张党政分开，不能用党的机构代替国家机构、经济领导机构和社会组织；坚持和发扬社会主义民主，保证集会、结社、迁徙、言论和新闻自由；主张以民族阵线为基础，实行社会主义的多元化政治体制。在民族问题上，主张建立捷克和斯洛伐克两个民族的联邦制国家。在经济方面，提出实行有计划的市场经济。其主要内容是：第一，改革计划体制。主张国家主要职能应是制定

长远发展战略，确定重大比例关系，并对特别重要的部门规定指令性指标。此外，一切经济活动都应利用税收、价格、利润等经济手段，通过市场机制进行调节。第二，规定工商企业和农业合作社都有独立自主权，包括自聘自选领导人、自主经营、自由竞争、自愿联合等。第三，成立工厂委员会，该委员会有权决定厂长的任免、利润的分配和职工的福利待遇等。第四，取消外贸垄断，企业有权独立进行外贸活动，国家只根据市场情况采取相应的调节措施。第五，改革价格政策，缩小固定价格范围，逐步向自由价格过渡。在对外政策方面，主张在进一步发展同苏联的"联盟和合作"的同时，加强同一切国家的互利关系。

▲ 1968 年春天，温和派领导人杜布切克（左一）推行一系列改革措施，受到人民的欢迎。这一改革运动曾被西方报刊称为"布拉格之春"。

苏联侵捷事件

　　1968 年苏联武装入侵捷克斯洛伐克的事件。1968 年 1 月，捷共中央全会后，以杜布切克为代表的改革派取得了党政大权，决定进行政治、经济体制方面的改革，与发达资本主义国家保持友好关系等。1968 年 8 月 20 日深夜，苏军出兵占领布拉格机场和主要据点，绑架了杜布切克等人。同时，苏、波、匈、保和民主德国的 50 余万军队越过捷克斯洛伐克边境，控制各战略要地。捷共宣布不进行抵抗。8 月 26 日，捷克斯洛伐克领导人被迫在莫斯科签署两国会谈公报，称五国出兵是为镇压帝国主义策划的反社会主义阴谋而提供的国际主义援助。10 月 16 日，苏联又迫使捷克斯洛伐克政府签订关于苏军留驻捷克的协定，使苏军占领合法化。捷克斯洛伐克人民多次举行集会示威，采取各种方式抗议苏军入侵。苏联出兵捷克斯洛伐克是苏联强权政治和霸权主义的典型表现。

《行动纲领》把经济和政治体制改革结合起来，受到了广大人民的欢迎。各界群众举行各种集会讨论国家生活中的各方面问题，出现了"布拉格之春"的民主、开放局面。但不久，捷克斯洛伐克的政治经济改革由于苏军侵占而未能全面付诸实施，便夭折了。

日本经济高速发展

1945 年 8 月，日本推行了一系列的民主化改革，主要有 3 个方面的内容：

（1）修改宪法。1946 年 10 月，新宪法经日本国会通过，并于 1947 年 5 月 3 日生效。新宪法规定"主权属于国民"，废除天皇的绝对统治权，而只将其作为日本国的象征；日本为议会制国家，内阁对国会负责，行政权由内阁执掌；保障人民享有基本公民自由；永远不以战争为国策，不得保持陆、海、空军和其他武装力量。日本实现了政治体制的民主化，从而保证了战后日本政局的稳定和经济的迅速发展。

（2）解散财阀，禁止垄断。日本的财阀把持总公司，分派家族成员掌管各公司，派至亲和心腹控制各公司重要部门。他们控制了国家经济命脉，使财阀成为日本法西斯的经济基础。为此，日本首先解散财阀，指定三井总公司和三菱总公司等 83 家公司为持股公司，指定三井、三菱等十大财阀的 56 人为财阀家族以及与这些财阀有关的 625 家公司为"限制公司"，规定上述被指定者的所有股票必须交给"持股公司管理委员会"公开出售，勒令财阀家族及财阀公司负责人一律辞去职务，并解

▲ 20 世纪 70 年代初日本商业一派繁荣景象。

散持股公司。1947 年 4 月，公布了《禁止私人垄断法》和《经济力量过度集中排除法》，成立"公正交易会"，以此防止被解散的财阀复活。这次对日本垄断资本的改组，促进了战后日本企业管理体制的改革和企业经营的现代化，为战后日本经济的高速发展创造了条件。

（3）进行农业改革。废除了寄生地主制，促进了日本农业的恢复与发展。1945 年—1955 年是日本经济恢复时期，到 20 世纪 50 年代中期，日本主要经济指标已达到战前水平。1955 年—1973 年是日本经济高速发展时期。到 1968 年，日本的国民生产总值跃居资本主义世界第二位，仅次于美国。20 世纪 50 年代中期—70 年代初，日本经济的高速发展是与国内外一系列的有利条件分不开的。

国际上的有利条件主要有以下几点：首先，战后科技革命浪潮的兴起为日本战后经济高速发展提供了可能性。日本抓住这一有利时机，引进先进技术，迅速缩小了与国外技术的差距。其次，战后世界市场的原料、燃料价格长期稳定、低廉，而工业品价格偏高。这种情况对本身缺乏资源而工业产品竞争力较强的出口贸易型的日本非常有利。再次，有美国的大力扶植。从国内有利条件来看，战后的民主改革为日本经济的发展开辟了道路。

除了上述有利的国内外客观条件外，日本经济高速发展的具体原因还有：第一，把发展国民经济作为压倒一切的中心任务来执行。第二，以资本高积累为基础，进行大规模的固定资本投资，增强各工业部门的生产能力，推动了整个国民经济的发展。第三，大力引进国外先进技术，实行以引进、模仿加改良为起点的技术革命战略。第四，吸收和参考欧美先进国家的企业经营管理制度，结合日本传统的"集团意识"和中国的儒家思想，创造日本式管理体制。第五，

▲ 1970 年日本大阪世界博览会上的太阳神塔，象征了日本的重新崛起。

充分发挥政府干预经济的作用，对经济生活实行方向性的指导。第六，把发展教育作为经济发展战略的重要组成部分，大力培养人才，充分发挥开发智力的先锋作用。最后，扩大进出口贸易，以产品出口带动资源进口，把"出口第一"作为经济纲领，将"贸易立国"当作基本国策。

▲日本的消费电子产业异军突起，成为日本经济快速发展的领头羊，诸如松下、索尼等品牌的产品已进入世界千千万万的家庭。上图为日本松下电器集团的洗衣机生产流水线。

松下与索尼

松下电器公司的创建者是松下幸之助，1894年出生于日本和歌。父母双亡的他9岁就不得不离开学校去当学徒。1918年他创立了松下电器公司的前身——松下电器器具制作所。由于采取了高效科学的管理模式，公司得到迅猛的发展，市场得到迅速的拓展。在60年的经营生涯中，松下幸之助把毕生的精力投注于事业中，企业发展蒸蒸日上。松下公司1935年转变成股份公司，很快发展为日本最大的家用电器企业和世界最大的家用电器企业。

索尼公司成立于1946年，从生产收音机等小型电器起家，1950年开始生产录音机及磁带等。袖珍收音机是它首创的产品，继而生产录像机、摄像机以及各种声像设备。松下与索尼在相互竞争的过程中不断完善经营理念和管理方式，找到了一条最适合自己的创业道路，它们生产的家用电器、声像设备都是日本乃至世界首屈一指的。

越南战争

1961 年 5 月，美国破坏《日内瓦协议》，扶植西贡政权，在越南南方发动"特种战争"。1962 年 2 月，美国在西贡设立军事司令部，由保罗·哈金斯将军指挥。

1963 年 1 月，美萩省丐礼县北村击伤、击落美直升机 15 架，到年底，共打死打伤美军 2000 余人，南方大部分地区获得解放。

1964 年 8 月 5 日，美国借口其驱逐舰"马多克斯号"在越南领海被北越鱼雷袭击，制造了"北部湾事件"。美军开始对北越义安、清化、鸿基等地进行连续空中轰炸，将侵略战火扩大到越南北方。接着，美军实行焦土政策，对北方进行大规模的轰炸，对南方不断增兵。

越南军民极其愤怒，他们采用奇袭战、游击运动战、伏击战，围点打援，给美军及伪军沉重打击，歼灭美军 6000 余人。

1968 年 1 月 30 日，越南南方人民武装开始对大中城镇进行攻击，对西贡、岘港、顺化等 64 个城市展开全面的"新春攻势"。经过 45 昼夜的激战，越南赢得了新春大捷。美军虽然拥有各种兵种 54.5 万人，但在战场上完全陷入被动防御。

1968 年 3 月 11 日，美国被迫提出和谈。企图一面和谈，一面继续增兵，搞战争升级。越南军民的顽强反击，使美军计划屡遭失败。美国总统尼克松上台后，迫于国内及国际压力，不得不调整侵越政策。

1973 年 1 月 27 日，美国被迫签订《关于在越南结束战争、恢复和平的

▲越战期间，美国向越南投下了 800 万吨炸药，远超过第二次世界大战各战场投弹量的总和，这场战争造成越南 160 多万人死亡和整个中印半岛 1000 多万难民流离失所，家破人亡、妻离子散的场景随处可见。

协定》(即《巴黎协定》),宣告结束其在越南的军事行动。主要内容有:美国和其他国家尊重越南的独立、主权、统一和领土完整;在协定签字后60天内从越南南方撤出全部美国及其同盟者的军队和军事人员,不干涉越南南方的内政等。

《巴黎协定》签订后,美军被迫撤出越南南方。1975年春,越南军民对西贡政权发动总攻,于4月30日解放西贡,5月1日解放整个南方。

中东战争

▲ 1978,以色列总理贝京(左)与埃及总统萨达特(右)握手,美国总统卡特站在中间,三方达成和平协议。

　　自公元前12世纪犹太人的祖先希伯来人来到巴勒斯坦建立希伯来王国时起,巴勒斯坦一直处在周围大国的侵占与争夺之中,它先后被波斯、希腊、罗马和土耳其等外族占领。在此期间,绝大部分犹太人被驱逐出巴勒斯坦。因此,犹太人流散到世界各地。1917年,英国占领了巴勒斯坦。当时犹太资产阶级鼓吹的犹太复国主义已经兴起,他们谋求在巴勒斯坦建立犹太民族的国家,欧洲各地犹太人也在巴勒斯坦移民置产。巴勒斯坦的犹太人,从1880年的不足2万人增加到1917年的5.6万人。英国为了便于统治,采取了"分而治之"的政策。1917年11月,英国外交大臣贝尔福发表宣言,赞成巴勒斯坦建立一个犹太人之家。1920年,巴勒斯坦正式变成英国的委任统治地。在英国统治期间,巴勒斯坦的犹太移民急剧增加。

　　第二次世界大战后,美国取代了英国在中东的地位,犹太复国主义得到了美国的支持。1947年11月,联合国通过巴勒斯坦"分治"的决议。根据决议,占人口总数三分之二强的巴勒斯坦人只占面积不到43%的丘陵和贫瘠地区,而占人口总数不到三分之一的犹太人却占面积57%的肥沃土

▲在 1973 年对埃、叙的军事突袭中，以色列士兵将国旗竖起在叙利亚国土上。

地。1948 年 5 月 14 日，以色列国单方面宣布成立。以色列建国的第二天，埃及、外约旦、伊拉克、叙利亚和黎巴嫩等国家出动 4 万军队，联合进攻以色列。第一次中东战争爆发，刚刚建国的以色列伤亡惨重。在美、苏、英等国的活动下，双方同意停火 4 周。这给了以色列喘息之机，以趁机迅速扩充军队，从法、英、捷等国购进大批武器装备，迅速组建了陆海空三军，调整作战部署。经过充分准备，以军于 7 月 9 日向阿军队发起"十天进攻"行动。阿方由于内部矛盾，缺乏统一指挥而战败。1949 年 2 月—7 月，埃、黎、约、叙分别同意签订停战协定，巴勒斯坦除加沙和约旦河西岸部分地区外，均被以军占领。战争激化了参战国之间的矛盾，中东局势混乱不堪。

石油危机

第二次世界大战后，石油在世界能源消费结构中的地位日趋重要，西方工业国对亚非拉石油的依赖日益严重。为了满足迅速增长的市场需求，国际石油卡特尔加紧控制和掠夺亚非拉的石油资源，引起了亚非拉产油国的强烈不满和反抗。

20 世纪 50 年代初期，沙特阿拉伯、科威特、伊拉克等国为实现利润对半分成的税收法与石油公司展开斗争，并获得胜利。伊朗由于提出实现利润对半分成的要求遭到英国石油公司的拒绝，便效法墨西哥，开展了石油国有化运动。亚非拉产油国通过与石油垄断资本的长期较量，逐步认识到要摆脱国际石油公司的控制，必须摆脱自发的、分散的、孤军作战的不利状况，只有组织起来进行联合，才能保障产油国的利益。

1956 年 7 月 26 日，埃及宣布将苏伊士运河总公司收归国有。10 月 29 日深夜，以色列 10 万大军突然侵入埃及西奈半岛，第二次中东战争爆发。为配合以军的进攻，英法两国出动飞机轰炸埃及军事基地，吸引埃军主力。接着，以色列军队大举进攻，英法军队也从塞得港登陆，向运河区进攻，切断埃军退路，围歼埃军。埃及总统纳塞尔识破英法企图，命东部军区切断以军空降兵退路，利用地形优势将以军围困于米特拉山口。为实现"中间突破"，以军迂回攻击埃军防守薄弱的达卡山口，威胁西奈北部埃及主力。10 月 31 日，以军攻占阿布奥格拉。11 月 6 日，英法炮轰塞得港，企图利用陆战队一举占领运河区，但遭到埃及军民的奋勇反击。英、法、以的武装入侵激起全世界人民的愤怒，英法军队被迫撤出埃及，以色列军队撤出西奈，第二次中东战争以侵略者的失败而宣告结束。

1967 年 6 月 5 日，以色列再次向埃及、叙利亚和约旦发动进攻，挑起第三次中东战争。在美国的支持下，以色列在 6 天内侵占了约旦河西岸加沙地带、西奈半岛、戈兰高地，共 6.5 万平方千米。

1973 年 10 月 6 日，埃及、叙利亚军队发动第四次中东战争。战争进行了 18 天，双方出动军队达 110 万人。战争发生后，埃及军队越过苏伊士运河，摧毁以色列的"巴列夫防线"，夺回西奈半岛 8000 平方千米的地带，叙利亚军队一度攻占了戈兰高地的一些据点。但是，10 月 15 日，以色列军队偷渡运河成功，战争的形势发生逆转，以军取得了战争的主动权，渡过运河在东岸作战的埃及第三军有被包围歼灭的危险。面对这种形势，联合国安理会通过"338 号决议"，要求立即停止战斗。在联合国的干预下，以色列被迫同意停火。1978 年 9 月，在美国倡议下，美、埃、以三国举行关于中东问题最高会议，会后埃以双方签署《关于实现中东和平的纲要》：1979 年 3 月，埃及和以色列签订《埃以和平条约》，从而结束了两国间历时 30 年之久的战争状态。

动荡的阿富汗

19 世纪 70 年代，阿富汗沦为英国的半殖民地。1919 年 8 月，阿富汗人民在苏俄的支持下，打败英国侵略军，宣布独立。第二次世界大战后，

▲苏军坦克开进阿富汗山区。

阿富汗实行和平、中立的外交政策，参加了万隆会议，成为不结盟运动的发起国之一。万隆会议后，苏联加强了对阿富汗的援助，试图把它置于自己的势力范围之内。在阿富汗接受的外援和对外贸易中，苏联均占第一位。苏联从经济上控制阿富汗后，积极扶植亲苏势力，策划政变，谋求把阿变为自己的附庸国。

1973年7月，阿首相达乌德发动政变，成立阿富汗共和国，但其内外政策并无重大变化，苏联对此大为不满。1978年4月，亲苏的人民民主党总书记塔拉基发动政变，成立革命委员会，改国名为阿富汗民主共和国。此后，苏联顾问、专家和军事人员大批涌入阿富汗，控制了塔拉基政府和军队。塔拉基依靠苏联的势力，无视人民权利，大肆镇压前政府高级官员和王室家族，取缔在野的一切政党。在塔拉基统治的1年多时间内，有40万人遭屠杀，50万难民流入巴基斯坦和伊朗，还有众多的政治犯被关押、处决。

塔拉基的高压政策激起各阶层人民的强烈不满，各种反政府武装力量纷纷组织起来，开展游击战争。1979年9月，哈菲佐拉·阿明发动政变，杀死塔拉基，自任人民民主党总书记。

阿明上台后，国内形势异常紧张，反政府武装力量日益发展壮大。苏联提出出兵，被阿明拒绝。1979年12月27日，当西方世界的人们欢度圣诞节的时候，在空降兵的配合下，苏联军队以10多万人的兵力，兵分两路对阿富汗进行武装入侵，从而开始了对阿富汗长达9年之久的军事占领。

阿富汗位于亚洲中南部，是苏联"南方战区"的一部分，具有非常重要的战略地位。苏联对阿富汗已有一定程度的影响和控制。但是，阿富汗逐渐加剧的动荡局势和领导人违背苏联意志的行为，使苏联领导人勃列日涅夫认为只有诉诸武力才能加强对阿富汗的全面控制。

入侵之前，苏联通过经济援助和军事援助，在阿富汗进行了大量的战场建设。而在阿富汗的几千名军事顾问和技术专家，早已控制着阿军一些要害部门和部队，对阿军情况比较熟悉。入侵阿富汗的最后决心和入侵方案，在 1979 年 11 月 26 日正式确定。

1979 年 12 月上旬，1500 名配备有坦克、火炮的苏军人员被空运进阿，驻扎在萨兰山口，一些工兵部队也进入阿境，同时以"军援"为名通过公路向阿运进大批武器装备。圣诞节前夕，苏军先期占领、控制了一些要害地区。

在阿富汗，苏联顾问以冬季装备更换和检查维修为名，集中和拆卸了阿军的主要武器装备，而且限制作战飞机飞行，使阿军实际上被解除武装，处于无法作战的状态。阿总统阿明被诱骗离开总统府，转移到郊区行宫，失去了与各战斗部队的联系。

苏联还对西方发动了外交和宣传攻势，大肆宣扬苏联从东德部分撤军，抨击北约在西欧部署中程导弹，在伊朗扣留美国人质事件上推波助澜，以此转移西方对其侵阿行动的注意力。

12 月 27 日晚 7 时 30 分，先期在喀布尔机场空降的苏军空降师经过集结整顿，在克格勃的配合下，迅速占领阿富汗首都各要害部门。苏军与总统卫队在阿首都与驻军激战 4 个小时，击毙总统阿明，逮捕了政府重要官员，解除了政府军抵抗部队的武装。此后不久，边境的苏军部队陆续大举越境，并快速开进。苏军只遇到轻微的抵抗。1980 年 1 月 2 日，进行地面主要突击任务的东路集群第 306 摩步师一个团和辅助突击的西路集群第 357 摩步师主力在坎大哈会师。1 月 3 日，苏军封锁了霍贾克山口。一周之内，苏军控制了阿富汗全国主要城市和交通干线。至此，苏军基本实现了对阿富汗的占领。

苏军占领阿富汗，遭到了阿富汗各族各阶层人民的反抗。游击组织多达几十个，游击活动遍及全国各地区。苏军为了巩固自己的战绩，积极镇压阿富汗各族人民的抗苏运动。从此，阿富

▲ 1989 年 2 月，最后一批苏联军队撤离阿富汗。

汗开始了一场持久的抗苏游击战和苏军反游击战的较量。

面对游击抵抗运动的日益加强，苏军采取以军事手段为主，结合政治、经济和外交的措施，从根本上打击各种抵抗力量。苏军占领阿富汗后，建立了反游击战体制，并不断增强反游击战力量，除直接增加驻阿苏军人员外，还大力扩充阿政府军。

尽管苏军采取了种种办法，但都未能达到预期目的。苏军已陷入反游击战争的泥潭之中。随着苏军伤亡的逐渐增加，苏联国内人民的不满情绪也不断增大。旷日持久的战争给其国民经济背上了沉重包袱。面对国内严峻的经济形势和社会危机的不断加重，苏联总统戈尔巴乔夫决心尽快结束这场战争。

苏联入侵阿富汗同时引起全世界的公愤，许多重要国际会议也接连要求苏联撤军。

经过6年谈判，1988年4月14日，巴基斯坦、喀布尔政权和美、苏外长于日内瓦签订了《政治解决阿富汗问题协议》。规定苏军1988年5月15日起撤出阿富汗，9个月内全部完成，巴阿互不干涉，美苏提供国际保证，联合国实行监督。1989年2月，苏军全部撤出阿富汗。

非洲民族解放运动

第二次世界大战后，非洲的黄金海岸（加纳）、几内亚、塞内加尔、肯尼亚和坦噶尼喀等国家都先后兴起了民族运动。在20世纪40年代末，肯尼亚一些爱国的吉库尤族青年开始组织秘密队伍，称为"茅茅"。其反对英国殖民主义，主张把欧洲人驱逐出肯尼亚，把白人抢去的土地夺回来，废除种族歧视，争取民族独立，得到各族人民的支持。从1952年起，"茅茅"领导农民展开了大规模的武装斗争，以森

▲ 1963年，肯尼亚独立之梦终于实现，图为英国菲利普亲王向乔莫·肯雅塔祝贺国家独立。

▲ 1957年加纳人民庆祝国家独立的情景

林地带为基地，开展游击战，袭击殖民军的兵营和警察所，捣毁种植园，破坏铁路，大力打击英国殖民者，并在丛林中建立军事和行政组织，成立政府和议会等。1952年10月，英国宣布肯尼亚进入紧急状态，调动军队对"茅茅"战士进行围剿和镇压，"茅茅"大批战士牺牲和被捕，剩余力量退入山林继续斗争。"茅茅运动"虽然失败了，但它给英国殖民者以沉重打击，推动了整个东非的民族解放运动。肯尼亚终于在1963年12月获得独立。

"茅茅运动"在坦噶尼喀、乌干达、尼亚萨兰和罗得西亚也得到热烈的响应。1957年3月5日，战后非洲第一个黑人独立国家——加纳诞生了。1958年9月，几内亚共和国成立。

1954年11月1日，阿尔及利亚爱国者在民族解放阵线领导下，在奥雷斯山区首先发动起义，建立民族解放军，开始了抗法民族解放战争。起义很快发展到全国各地，形成了全民解放运动。1956年，民族解放阵线在苏马姆举行代表大会，通过政治纲领，宣布革命目标是废除殖民制度，建立共和国。1958年，阿尔及利亚共和国临时政府成立。1959年1月，民族解放阵线由战略防御转入战略进攻。法国调动各种武装100万人进行"围剿"，

▲ 1990年，纳尔逊·曼德拉与妻子温妮庆贺他被释放出狱，在此之前，他被种族隔离政权监禁了27年之久。曼德拉后来通过协商结束了占人口少数的白人在南非的统治。1994年，他成为南非首位黑人总统。

非洲统一组织

　　非洲统一组织是非洲独立国家组成的区域性组织。1963 年 5 月 22 日—26 日，31 个非洲独立国家元首、政府首脑或他们的代表在埃塞俄比亚首都亚的斯亚贝巴举行会议，25 日通过了《非洲统一组织宪章》，决定成立非洲统一组织，总部设在亚的斯亚贝巴。会议还决定将每年的 5 月 25 日定为"非洲解放日"。非洲统一组织的宗旨是：促进非洲国家的统一与团结；协调和加强非洲国家在各个方面的合作；努力改善非洲各国人民的生活；保卫和巩固非洲各国的独立及主权、领土完整；从非洲根除一切形式的殖民主义；促进国际合作。国家和政府首脑会议是该组织的最高权力机构，每年举行一次。此外有部长理事会和秘书处等。2001 年 3 月 2 日在利比亚举行的第五届非洲统一组织特别首脑会议闭幕式上，宣布成立非洲联盟。

　　但阿尔及利亚革命组织发动人民群众进行反抗，越战越强，解放了大片地区。法国殖民者陷入战争的泥沼，处于完全被动地位。1962 年 3 月，法国承认阿尔及利亚人民行使自决权。阿尔及利亚人民经过 7 年多的民族解放战争终于赢得胜利。

　　1955 年在摩洛哥，人民展开了反法武装斗争。法国出动飞机、坦克，但压不垮摩洛哥人民独立的意志。11 月，法国被迫释放被流放的苏丹。次年 3 月，摩洛哥终于获得独立。

　　1956 年 2 月，突尼斯向法国提出独立的要求。经谈判达成协议，法国承认突尼斯独立。次年 7 月，突尼斯共和国成立。

　　早在 1910 年 5 月，英国将开普敦、纳塔尔、德兰士瓦、奥兰治 4 个自治州合并成"南非联邦"，成为英国的自治领地。南非白人资产阶级掌握了统一后的南非政权，当权者对黑人和有色人种推行种族歧视和种族隔离政策。1955 年 6 月，非洲人国民大会等组织召开南非人民代表大会，提出一切民族有平等权利。1959 年，从非洲人国民大会中分离出来的一部分成员，组成泛非主义者大会。1960 年 3 月，南非黑人在德兰士瓦省举行大规模示威，反对"通行证法"。南非当局派出大批军警进行血腥镇压，造成震惊世界的惨案。随后，非洲人国民大会和泛非主义者大会被取缔，近2万人被捕。这次惨案激起黑人的强烈抗暴运动。随着反种族主义斗争的发展，南非统治集团内部也滋生了矛盾，执政的国民党分成"开明派"与"保守派"。后来，"开明派"基本占了上风，他们运用政府权力，在社会生活方面，取消了一些歧视黑人的规定，但是并没有改变种族歧视和种族隔离的基本政策。到20世纪80年代末，在国内黑人解放运动和国际社会的压力下，白人统治阶级不得不做出让步，对国内种族关系进行调整。

第三世界国家的民主运动

20世纪70年代以后，一股民主运动的浪潮席卷了世界。先是希腊、葡萄牙和西班牙3个专制政体的欧洲国家建立了资产阶级代议制政权。此后，第三世界国家也广泛兴起了以西方政体取代传统的集权政体和军人政权、以多党制取代一党制或无党制的民主运动。

战后第三世界国家大都建立起民族主义政权，采取保护民族资本和国有化的政策，并确立了西方式政体。政体现代化是改造殖民经济、建设新型民族经济的一个前提条件。实施西方政体的第三世界国家，在20世纪50年代后期纷纷陷入政治动荡。在经历长期集权统治的第三世界国家中，有的国家在集权统治下，经济有了长足发展。而促进经济的进一步发展，就必须相应地实行政治现代化——建立民主政治。

民主运动自20世纪70年代中期以来，20余年间遍及拉美、亚、

▲拉莫斯

非三洲的近百个国家，其中拉美以反对军人独裁政权为特征的运动成为民主运动的先声。自 1978 年巴拿马率先以和平方式"还政于民"结束军人统治开始，到 1989 年的 106 年间，拉美军人政权纷纷倒台，都以较为和平的方式将权力移交给民选的文官政府。民主运动在亚洲兴起于 80 年代中期，在非洲大陆兴起于 80 年代后期。在此之前，非洲 53 个国家中有 37 个实行一党专制，民主化运动迅速改变了非洲各国的政治格局，到 1991 年，非洲实行或宣布实行多党制的国家达到 30 个。如此巨大的变化，足以说明民主运动在非洲的兴起不是偶然的。

以民主政体取代集权政体，还只是民主化运动的初步成果。民主化运动作为一场进步与反动两种政治倾向、革新与保守两股政治势力之间复杂的政治较量，在经过广泛的兴起阶段之后，转入动荡前进的深化阶段：

首先，集权政体在运动的广泛兴起阶段，由于形势所迫，以表面上的妥协退让做出推进民主的承诺，随后故意制造事端，阻挠民主进程。其次，集权势力兴风作浪，进行反击，使民主进程出现反复或停滞。在菲律宾，阿基诺夫人领导的文官政府曾遭遇多次军人未遂政变。前总统马科斯势力依然强大，民主派联盟又不团结，最终有军人背景的拉莫斯取代阿基诺夫人执政。巴拿马、阿根廷等国家的民主运动在文官政府与军事政变的反复较量中动荡推进。再次，在民主进程中，各种政治势力纷纷走上前台，继而各自为政，使民主运动陷入一片混乱之中。最后，集权统治时期积累起来的诸多经济、政治和社会问题，在短时期内不能得到解决，导致民主政府威信下降，社会出现动荡。

德国统一

战后，东西方特别是美苏之间长期而全面的对抗，致使德国统一的问题迟迟得不到解决。1949 年，联邦德国和民主德国先后建立，1955 年两德分别加入北约和华约，1973 年又同时加入联合国，1975 年一起参加"欧安会"首脑会议最后文件的签字，两德并存进一步得到确认。直到 1989 年秋东欧形势出现急剧变化之前，两德和美、苏、英、法四大国都没有认真考虑过德国统一的现实性和可能性。

民主德国的经济是东欧国家中最好的，但它的人均国民总收入仅及联邦德国的一半。民主德国百姓被联邦德国的高生活水平所吸引，不少人逃往联邦德国。民主德国政府筑柏林墙阻止居民外流，但收效不大。1989 年 10 月 7 日，民主德国庆祝建国

▲柏林墙的拆除开创了德国统一的新时代

40 周年。柏林、莱比锡等城市爆发示威游行，要求扩大民主，实行改革，放宽出国旅行限制。警察用高压水枪冲散游行队伍，拘捕数百人。全国形势动荡不安。执政 18 年之久的昂纳克被迫于 10 月 18 日辞职，各级党政领导也大量易人。12 月 8 日—9 日和 16 日—17 日，统一社会党举行非常代表大会，决定将党的名称改为"德国统一社会党 – 民主社会主义党"，宣称民主德国应建立一个实现民主、建立法制、社会平等的民主社会主义社会。

1989 年 11 月 9 日，民主德国开放柏林墙，允许居民自由过境。两天中，有 75 万民主德国人涌进联邦德国。这股洪流把象征分裂的柏林墙"推倒"，使统一问题成为全德人民共同关心的焦点。联邦德国总理科尔抓住时机，于 11 月 28 日提出德国统一的十点计划。民主德国政府反对科尔的计划，但是不久，就改变了态度，于 1990 年 2 月 1 日建议两德通过缔结睦邻条约、建立邦联、主权移交邦联、民主选举等四个阶段实现统一。

在迅猛的统一浪潮推动下，美、苏、英、法四大国不断调整对德政策。1990 年 2 月 13 日，两德同四大国在渥太华共同制定了先由两德解决与统一有关的"内部"问题，再由两德同四大国一起解决与统一有关的"外部"问题的方案，即所谓"2+4"方案。

1990 年 3 月 18 日，民主德国举行人民议院选举，结果基督教民主联盟、德国社会联盟和民主觉醒三党组成的德国联盟选胜。4 月 12 日，新政府组成，有 24 名成员，民主社会主义党被排除在外。5 月 18 日，两德财

戴维营会谈

1959 年 9 月 25 日—27 日，美苏两国首脑艾森豪威尔与赫鲁晓夫在美国总统别墅戴维营举行的会谈。20 世纪 50 年代中期，东西方的年冷战开始出现缓和。1959 年 9 月，赫鲁晓夫应艾森豪威尔邀请访问美国。25 日—27 日在戴维营举行会谈，双方就德国的统一、柏林的地位、裁军、禁止核武器、美苏关系等问题交换了意见。会谈中，赫鲁晓夫做出让步，最后双方发表了联合公报。苏联同意取消 1958 年提出的关于在一定期限内解决柏林问题并与民主德国签订和约的最后通牒，美国同意就柏林地位和德国统一问题召开四大国最高级会议，苏联还正式邀请美国总统于 1960 年春访苏。这是二战后美苏首脑的第一次会晤，没有取得实质性成果，但使紧张的柏林局势得以缓和，美苏关系有所改善。会后，赫鲁晓夫大肆宣扬美苏合作主宰世界的"戴维营精神"。

政部长签署了关于建立货币、经济和社会联盟的国家条约。7 月 12 日起，东西柏林的边界卡全部撤销，柏林墙被拆除。两德于 7 月 6 日开始关于政治统一问题的谈判。1990 年 8 月 31 日，两德签署了实现政治统一的第二个国家条约，规定东西柏林合并，民主德国加入联邦德国。

德国统一涉及欧洲各国的利益和安全，而德国作为第二次世界大战中的战败国，一直受美、苏、英、法四大战胜国的某种监控。因此，科尔政府利用"2+4"外长会议，积极开展外交活动。科尔政府"保证忠于北约和欧共体"，明确表示承认波兰西部边界，并在第三次"2+4"巴黎外长会议上就德波边界问题达成全面协议。苏联坚决反对统一后的德国归属北约。科尔为争取苏联交出德国统一的"最后一把钥匙"，决心从德苏之间的双边交易突破。7 月 15 日，他表示永远承认战后边界，答应把德国统一后的武装力量裁减到 37 万，允诺向苏联提供 120 亿马克的无偿援助和近 100 亿马克的低息贷款等，从而换取了戈尔巴乔夫的点头。1990 年 9 月 12 日，在莫斯科举行了第四次"2+4"会议，各国外长签署了《最后解决德国问题的条约》。

条约照顾到各方的利益。它宣布，统一的德国对内对外拥有完全的主权并可自由结盟。条约确定德国现有领土和边界的最终性，规定苏军在 1994 年底前撤离原民主德国的地区。德国声明奉行和平政策，放弃制造、拥有和控制核武器、生物武器以及化学武器，并保证在四年

▲统一之夜
柏林议会大厦前悬挂的是联邦德国的国旗。

内裁军 45%。10 月 1 日，四大国外长在纽约发表联合宣言，宣布从 10 月 3 日起中止四大国对德国和柏林的权利和责任。至此，德国统一的一切问题都已完满解决。

1990 年 10 月 3 日，民主德国正式并入联邦德国。柏林国会大厦升起了联邦德国国旗。分裂了 40 多年的德国重新实现了统一。

苏联解体

1991 年，随着华约的解散，世界上又发生了一件重大的事件：由列宁开创的具有 70 年历史的苏联迅速走向解体，存在了半个世纪之久的美苏对峙的两极格局，彻底瓦解。

1985 年 3 月，戈尔巴乔夫执政于苏联与发达国家差距拉大的停滞时期，面对处于危机边缘的国内形势，他上台后便在苏共召开的全会上提出了经济改革的任务，并在干部问题上做了一系列调整，以期从组织上保证改革的顺利进行。由于改革顺应了民意，因而在改革之初，苏联的社会生活一扫以往的沉闷气氛。然而，戈尔巴乔夫急于求成，在没有明晰的改革蓝图的情况下，就轰轰烈烈地展开改革，从而把改革引入歧途。

苏联在经济体制改革过程中首先出了问题。1989 年，苏联提出"关于经济健康化的七年计划"，要用二至三年的时间实现向市场经济的过渡，但

▲图为戈尔巴乔夫（右）与叶利钦（左）。

由于在如何过渡到市场经济的问题上缺乏共识，经济体制改革的方案一变再变，不仅未能克服经济发展的停滞状态，反而使经济形势更加恶化。面对这种情况，戈尔巴乔夫错误地认为，经济改革之所以出师不利，就是因为旧的政治体制在起阻碍作用，因此必须进行政治体制改革。由于改革重点的匆忙转移以及政治体制改革措施和路线的错误，结果导致了苏联政局的动荡。经济改革方案的争论转化为政治斗争，权力之争取代了经济合理性的考虑，经济改革变成了政治和权力斗争的附属品和牺牲品，以至于经济改革和建设难以维系。当各族人民的现实经济利益在改革中得不到满足之时，他们的不满便会通过民族主义的形式表现出来，从而使民族矛盾空前激化，并与政治、经济、社会等一系列问题混在一起，最终导致联盟国家的解体。

面对日益严峻的民族分离主义运动，戈尔巴乔夫于1990年6月提出建立"主权的社会主义国家联盟"的构想。1991年3月17日，苏联就是否保留联盟进行了全民投票，76.4%的人投了赞成票，但中央与共和国之间对此存在尖锐的分歧。5月，戈尔巴乔夫和15个加盟共和国领袖达成协议，同意组成"新苏联"。8月14日，苏联公布了新联盟条约文本。条约规定，结成联盟的各共和国保留独立决定涉及本国发展的一切问题的权利；在国际关系中苏联为一个主权国家，但结成联盟的各共和国有权同外国建立直接的外交、领事和贸易关系。

苏联时间1991年8月19日，苏联副总统亚纳耶夫突然发布命令宣布，鉴于总统戈尔巴乔夫健康状况已不能履行总统职务，他本人即日起履行总统职务。亚纳耶夫同时宣布，成立苏联"国家紧急状态委员会"，在苏联部分地区实施为期6个月的紧急状态。在此期间，国家全部权力移交给苏联国家紧急状态委员会行使。

苏联国家紧急状态委员会发表《告苏联人民书》说，戈尔巴乔夫倡导的改革政策已"走入死胡同"，"苏联国家和人民的命运处在极其危险的严重时刻"。该委员会同日发布了"第一号命令"：各级政权机关和管理机关必须无条件实施紧急状态；立即改组不按苏联宪法和苏联法律行事的政权机关；停止阻碍局势正常化的政党、社会团体的活动；等等。此时正在黑海海滨克里米亚半岛休养的戈尔巴乔夫被软禁在别墅里，他同莫斯科的联系完全中断。

"八·一九"事件发生后，代理总统亚纳耶夫发布了在莫斯科市实施紧急状态的命令，坦克和军队出现在莫斯科街头。时任俄罗斯联邦总统的叶利钦没有听命于紧急委员会的命令，他跳到议会大厦前的坦克上发表演讲，指责国家紧急状态委员会要恢复苏联的政治铁幕统治，并号召群众进行总罢工。国家紧急状态委员会未能果断肃清议会大厦的反对派。在叶利钦的鼓动下，情况发生逆转。8月20日晚，议会大厦前已聚集了数万示威群众。有些人构筑了堡垒，要誓死保卫议会。21日下午，苏联国防部命令军队撤回驻地，国家紧急状态委员会领导人放弃了行动。

8月21日晚8时，戈尔巴乔夫发表声明，强调他已完全控制了局势。22日凌晨，他乘飞机返回莫斯科。22日上午，俄罗斯联邦总统叶利钦宣布，苏联前副总统亚纳耶夫等已于22日凌晨被拘留。

以维护苏联原有的联盟体制为目标的"八·一九"事件失败后，苏联解体的形势已无法逆转。8月24日，叶利钦宣布俄罗斯联邦承认爱沙尼亚和拉脱维亚独立。同一天，《真理报》"暂停"出版。12月1日，第二大加盟共和国乌克兰宣布独立。

12月8日，俄罗斯、白俄罗斯、乌克兰宣布成立独立国家联合体。同时宣称，苏维埃社会主义共和国联盟已不存在。1991年12月21

▲叶利钦在向市民发表演说。

日，俄罗斯等 11 个独立国家领导人在哈萨克斯坦首都阿拉木图举行首脑会议，通过了《阿拉木图宣言》等文件，正式宣告建立独立国家联合体，1922 年成立的苏维埃社会主义共和国联盟不复存在。

25 日 19 时 25 分，戈尔巴乔夫在电视讲话中宣布辞职。19 时 32 分，克里姆林宫屋顶旗杆上，那面为几代苏联人熟睹的镰刀锤子旗开始徐徐落下。19 时 45 分，一面三色的俄罗斯联邦国旗升上了克里姆林宫上空。此时此刻，广场上的人们意识到，克里姆林宫已成为俄罗斯的总统府，一个昔日的超级大国——苏联已经成为历史。

海湾战争

1990 年 8 月 2 日，伊拉克军队占领了科威特，宣布科威特为伊拉克的第 19 个省，伊拉克的侵略行径导致了海湾战争。

伊拉克公然吞并一个独立国的举动引起了国际社会的谴责。其中以美国的反应最为强烈，因为中东的石油是美国和西方国家的经济命脉。为了确保海湾的石油通道，也为了确保美国在中东地区的战略地位，1990 年 8 月 2 日—3 日，美国总统布什主持召开国家安全委员会全体会议，研究对策。会议最终决定，采取大规模军事部署行动，迫使伊拉克撤军，并为必要时采取军事打击行动做好准备。根据这一精神，美军中央总部拟定了"沙漠盾牌"行动计划。8 月 7 日，布什总统正式批准了该计划。

"沙漠盾牌"行动计划确定后，美军制定了具体部署方案，其他国家也展开了各自的部署出兵行动。经过紧张行动，美军分别于 11 月 8 日和 11 月底完成了两个阶段的部署。是时，美军在海湾地区的总兵力达到 43 万人，主要武器装备有：坦克 1200 辆，装甲车 2000 辆，作战飞机 1300 架，直升机 1500 架，军舰 100 余艘。其他国家出动的总兵力达 50 万人。部分未出兵国家提供了武器装备、舰船、飞机和医疗队。

面对美国和其他国家的出兵行动以及国际社会的经济制裁，伊拉克做出了一系列应对措施的同时，在经济上采取了内部紧缩，对外寻求突破口的政策；在军事上则加紧了扩军备战，恢复和新建 24 个师，使军队总兵力达到 77 个师，120 万人。伊拉克在科战区的兵力部署也得到了加强，三道防线共部署

43 个师，约 54 万人，坦克 4280 辆，火炮 2800 门，装甲输送车 2800 辆。

美军在开始执行"沙漠盾牌"计划时，即已估计到伊拉克拒不撤军的情况，于是拟定了代号为"沙漠风暴"的军事打击行动计划。1990 年 11 月 29 日，联合国安理会通过第 678 号决议，规定 1991 年 1 月 15 日为伊拉克撤军的最后期限。1991 年 1 月 9 日，美国国务卿贝克和伊拉克外长阿齐兹在日内瓦举行战争爆发前的最后一次会晤。但是，会谈没有取得结果。1 月 16 日，布什总统签署了国家安全指令文件，命令美军向伊拉克开战。

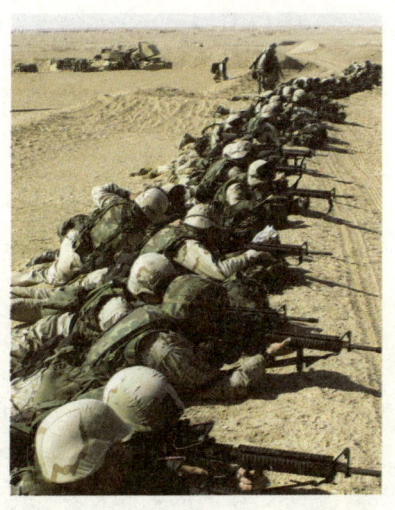

▲海湾战争期间美军士兵在伊拉克境内进行模拟攻击训练。

两伊战争

两伊战争是指 1980 年—1988 年伊拉克和伊朗之间的战争。伊拉克和伊朗长期以来一直存在着民族、领土等争端。1980 年 9 月 22 日，伊拉克军队向伊朗发起了进攻，伊朗军队仓促迎战，纷纷败退，伊拉克军队占领了伊朗 2 万平方千米的土地。1981 年 9 月，经过调整部署的伊朗军队发起反攻，重创伊拉克军队，收复了全部领土。为了扭转败局，伊拉克单方面宣布停火，并撤出伊朗。但伊朗拒绝了伊拉克的停火建议，于 1982 年 7 月 13 日攻入伊拉克，企图夺取伊拉克第二大城市巴士拉，但遭到了伊拉克军队的围歼。从此战争陷入僵局。随后几年，双方又进行了"袭船战""袭城战"，但始终无法打破战争僵局。1988 年，伊拉克和伊朗达成停火协议，两伊战争正式结束。战争开始时，伊拉克采取突然袭击的方式，取得了重大战果，但伊朗军队随即调整部署，集中兵力，最终扭转了战局。两国虽然都拥有坦克等先进武器，但都采用一线平推的战术，无法达到速战速决的目的。

1月17日凌晨，美军的空袭行动开始。整个空袭包括"沙漠风暴"计划在内的四个作战阶段的前三个。按计划，三个阶段同时开始，齐头推进，逐一达到既定目标。美军飞机日出动量2000—3000架次。据美军统计，到地面进攻开始时，科威特战区伊军部队54万人中伤亡达25%以上，重装备损失30%—45%。为了实施地面进攻作战，美国中央总部陆军也制订了具体战役计划，这就是"沙漠军刀"计划。该计划实际上是"沙漠风暴"计划的组成部分。计划制定以后，从1月17日空袭开始到2月24日，多国部队进行了大规模的部署调整。1991年2月24日，当地时间凌晨4时整，多国部队向伊军发起了大规模诸军兵种联合进攻，将海湾战争推向了最后阶段。伊军在多国部队进攻面前进行了抵抗，后逐渐向北和西方向撤退，并点燃了科威特境内的大量油井。28日晨，科威特城已全部被阿拉伯部队控制，多国部队也大多完成了各自任务。在这种情况下，布什总统下达了当日当地时间8时暂时停火的命令。整个地面进攻历时100小时。

暂时停火以后，伊拉克表示接受美国提出的停火条件，愿意履行联合国安理会历次通过的有关决议。4月3日，联合国安理会通过了海湾正式停火决议，海湾战争宣告结束。

海湾战争是世界进入后冷战时期后发生的第一次带有全局性的地区性冲突，它打破了中东和海湾地区原有的格局和力量组合，影响了世界的局势。更为严重的是，海湾战争的结束并未从根本上解决海湾危机，围绕着核查与反核查、制裁与反制裁的问题，伊拉克与联合国尤其是与以美国为首的西方国家发生了无数次争吵和冲突。为此，伊拉克多次招致美国的军事威胁和空中打击。1998年12月17日—20日，美、英对伊拉克发动了代号为"沙漠之狐"的军事行动，这次空中打击共向伊拉克发射了数百枚巡航导弹。面对从天而降的远程精确制导武器，伊拉克毫无还手之力。然而，当"沙漠之狐"行动停止后，人们却惊奇地发现，海湾地区的国际战略格局正在发生一场巨大的变化。美、英的这次军事行动不仅无助于伊拉克问题的解决，反而为联合国在伊拉克开展武器核查设置了更大的障碍。海湾战争和海湾危机是冷战结束后众多地区冲突的一个缩影，表明了世界两极体制正在走向崩溃。